Luc Bürgin

GEHEIMAKTE Archäologie

Luc Bürgin

Geheimakte Archäologie

Unterdrückte Entdeckungen, verschollene Schätze, bizarre Funde

Mit 147 Schwarzweißfotos
und 18 Dokumenten

bettendorf

Bildnachweis

Abbildungen:

»Ancient American«: 51; Archiv Luc Bürgin: 23–26, 41–45, 47, 48, 58, 63, 67–69, 73–75, 78, 80–82, 91, 92, 94; Russell Burrows/James Scherz: 4, 7, 8, 12, 13, 15; Erich von Däniken: 17–22, 59–62; Gregory Deyermenjian: 64–66; Rudolf Gantenbrink: 79; Evan Hansen: 6, 14; Hartwig Hausdorf: 70–72; Michael Hesemann: 89, 90; Harry Hubbard: 5, 9–11, 16; »The INFO Journal«: 34–38, 83–85; Frank Joseph: 54–57; Masaaki Kimura: 49, 50, 53; Robert Liris: 27–33; Ulrich Magin: 46; Andreas Mehzoud: 93; Naturhistorisches Museum Basel: 1–3; Holger Preuschoft: 39, 40; Andreas Reinecke: 76, 77; Christian Sollner: 86–88; Britta Tschopp: 52; William Wallace/»FATE«: 95

Fotos:

Ximena Lasso Alvarez: 29, 30; Erich von Däniken: 31–39; Evan Hansen: 11, 12; Harry Hubbard: 1–10, 13–28; Robert Liris: 40–52

Besuchen Sie uns im Internet unter
www.herbig-verlag.de

11. Auflage 2004 – Sonderproduktion

Umschlagentwurf: Atelier Bachmann und Seidel, Reischach
Umschlagbild: Archiv Luc Bürgin
Satz und Lithos: Schaber Datentechnik, Wels
Gesetzt aus 11/13 Punkt Stempel Garamond
Druck: Jos. C. Huber, Garching
Binden: Oldenbourg Buchmanufaktur
Printed in Germany
ISBN 3-88498-7002-9

Inhalt

Vorwort

Dieses Buch ist gefährlich.
Es birgt genügend Dynamit, um unser Geschichtsbild in die Luft zu jagen. Die Zündschnur ist gelegt. Denn eines ist gewiß: Unsere Vorfahren waren weitaus fortschrittlicher, als wir heute ahnen mögen. Sollte sich bewahrheiten, was sich derzeit abzeichnet, dann steht uns eine wissenschaftliche Revolution ersten Ranges bevor.
Dieses Buch will keine Fragen beantworten. Es will Fragen aufwerfen und an archäologischen Glaubenssätzen rütteln. Wo Glaubenssätze vorherrschen, da regiert das Establishment. Das Plädoyer der Gegenseite ist überfällig. Es soll zeigen, was andere verstecken, und berichten, was andere verschweigen.
Zu oft habe ich mich beim Durchblättern umfangreicher Werke über unsere Vorgeschichte geärgert: überall dieselben Bilder, überall dieselben Geschichten. Hübsch geordnet wird uns ein wohlpräparierter Ausschnitt der Vergangenheit präsentiert, der sich mit den herrschenden Lehrmeinungen vereinbaren läßt. Antworten ohne Ende. Die Fragezeichen fehlen.
Mancher wissenschaftliche Laie nimmt derlei gefilterte Informationen dankbar entgegen. Immerhin ermöglichen sie es ihm, sich ein schlüssiges Bild unserer Vergangenheit zu machen. Wissen gibt Sicherheit. Sicherheit beruhigt. Und wer beruhigt ist, stellt keine unbequemen Fragen.
Wer weiß denn schon, daß in den Archiven wissenschaftlicher Institute sensationelle Relikte schlummern? Wer weiß schon, daß in den Kellern archäologischer Museen Tau-

sende von kontroversen Fundgegenständen verrotten? Irgendwann einmal von wissenschaftlichen Experten als »Fälschungen« etikettiert, wurden sie dem Blick der Öffentlichkeit geschickt entzogen. In Schubladen gesteckt oder in Kisten verpackt, fristen sie heute in der Dunkelheit des Vergessens ein Schattendasein.

Über archäologische Stätten wie Tiahuanaco oder Sacsayhuaman sind Hunderte von Büchern geschrieben worden. Wo aber finden wir Informationen über die spektakulären Funde im französischen Weiler Glozel? Wo lesen wir von den geheimnisvollen Unterwasser-Städten vor der japanischen Küste oder den Dinosaurier-Skulpturen von Acambaro? Und wo erfahren wir mehr über die Gerüchte, wonach die Cheops-Pyramide eine bislang unentdeckte Kammer birgt?

Abgesehen von schwer zugänglichen Fachzeitschriften und einigen Büchern spekulativen Inhalts werden diese Themen konsequent übergangen. Denn auch sie werfen Fragen auf. Es steht mir nicht zu, diese Fragen zu beantworten. Dafür ist die Wissenschaft zuständig. Aber ich nehme mir das Recht, die Fragezeichen zu benennen und sie zu dokumentieren.

Viele Bilder in diesem Werk werden zum ersten Mal veröffentlicht. Oft bedurfte es einiger Geduld und Überredungskunst, sie zu beschaffen. Mit jedem Tag meiner Recherchen wuchs denn auch mein Unmut über die »Universitätspäpste«. Anfragen wurden nicht beantwortet oder aber mit Killerphrasen abgeschmettert. »Die von Ihnen beschriebene Fundstätte ist uns nicht bekannt«, bekam ich zu hören. Oder: »Die fraglichen Gegenstände sind bereits vor Jahrzehnten als Fälschungen entlarvt worden. Aus Platzgründen wurden sie deshalb auch nicht archiviert.«

Kaum ein wissenschaftliches Werk, das mir bei meiner Spurensuche weiterhalf. Immer wieder war ich auf Hinweise von Amateurforschern und Journalisten angewiesen. Ihnen und einigen aufgeschlossenen Gelehrten ist es zu verdanken, daß wir von den in den folgenden Kapiteln dokumentierten Funden heute überhaupt Kenntnis haben.

Mein Dank gilt deshalb allen, die mich während der Arbeit an diesem Bildband tatkräftig unterstützt haben. Speziell erwähnt seien in diesem Zusammenhang: Ximena Lasso Alvarez, Erich von Däniken, Greg Deyermenjian, Ulrich Dopatka, Dr. Burkart Engesser, Dr. Johannes Fiebag, Ruth Gremaud, Evan Hansen, Hartwig Hausdorf, Michael Hesemann, Dr. Hans-Rudolf Hitz, Harry Hubbard, Frank Joseph, Prof. Masaaki Kimura, Walter-Jörg Langbein, Prof. Robert Liris, Prof. Holger Preuschoft, Clemens von Radowitz, Paul Schaffranke, Prof. James Scherz und Valery Uvarov.

Luc Bürgin

Einleitung

»Nachdem die Wissenschaft des vorigen Jahrhunderts aufgrund des ihr damals vorliegenden Materials ein ebenso einleuchtendes wie übersichtliches System aufgestellt hatte, in dessen Fächer – Steinzeit, Bronzezeit, Eisenzeit – sich alles so bequem einordnen ließ, fällt es ihr heute offenbar schwer, sich von dieser Errungenschaft zu trennen.«

KARL F. KOHLENBERG

»Zur Zeit meldet sich die halbe Welt bei mir«, schmunzelte Burkart Engesser, als ich ihn Ende Oktober 1997 in seinem Institut im Naturhistorischen Museum Basel besuchte.
Der Osteologe hat gut lachen: Seit Meike Köhler und Salvador Moyà Solà vom Paläontologischen Institut im spanischen Sabadell über ihre Untersuchungen an in Basel gelagerten Oreopithecus-Knochen berichteten, ist in der Fachwelt der Teufel los. Grund: Mit ihrer Arbeit rehabilitieren die beiden Engessers Vorgänger, den 1995 verstorbenen Basler Professor Johannes Hürzeler.
Hürzeler hatte 1958 in einer italienischen Kohlengrube ein vollständiges Oreopithecus-Skelett freigelegt. Der sensationelle Fund sollte für ihn freilich zum akademischen Stolperstein werden: Mit seiner Interpretation, wonach der Oreopithecus mit dem Menschen verwandt sei und sich bereits durch einen aufrechten Gang auszeichnete, erntete der Basler Professor in der Fachwelt nur Hohn und Spott. Immerhin stammten die Knochen aus dem Miozän, einer Jahrmillionen alten geologischen Epoche also, in der

höhere Primaten nach Ansicht der Experten nichts zu suchen hatten.
»Bei seinen Untersuchungen am Skelett fielen Hürzeler viele Merkmale auf, die sonst nur beim Menschen vorkommen«, erklärt Burkart Engesser. »Daraus folgerte er, daß es sich beim Oreopithecus um einen Seitenzweig der menschlichen Stammeslinie gehandelt hat. Die Spanier konnten Hürzelers Beobachtungen jetzt insofern bestäti-

gen, daß der Oreopithecus tatsächlich aufrecht gegangen sein muß.«

Meike Köhler und Salvador Moyà Solà interpretieren den Oreopithecus als ausgestorbenen Menschenaffen und dessen menschenähnliche Merkmale als Folge einer Parallelentwicklung. Engesser: »Auch wenn der Oreopithecus nicht mehr als naher Verwandter des Menschen gilt, so erwiesen sich Hürzelers Beobachtungen doch als richtig.« Lediglich bei der Datierung dürfte sich der Basler Professor verschätzt haben. Mit einem Alter von sieben bis acht Millionen Jahren werden die Knochenfunde heute deutlich später angesiedelt, als er es seinerzeit vorgeschlagen hatte.

Burkart Engesser ist an der Rehabilitierung seines früheren Lehrers nicht ganz unbeteiligt: In nächtelangen Diskussionen lieferte er seinen spanischen Kollegen in den vergangenen Jahren immer wieder Tips und Hinweise, benannte Schwachpunkte in ihrer Argumentation und versorgte sie mit Dutzenden der von Hürzeler zutage geförderten Fossilien. Darüber sprechen mag er nicht so gerne. »Viel wichtiger ist, daß Hürzeler, den ich sehr geschätzt habe, endlich rehabilitiert wird.«

Wo aber liegen die Gründe dafür, daß der Oreopithecus – im Gegensatz zum Menschen – plötzlich von der Bildfläche verschwunden ist? »Zahlreiche anatomische Anpassungen lassen darauf schließen, daß seine Evolution auf einem inselartigen Gebiet abgelaufen ist«, erklärt Engesser. Mit der Verbindung zum Festland dürfte vor fünf Millionen Jahren denn auch sein Untergang besiegelt worden sein. Da ihm sein Fluchtinstinkt im Laufe der Evolution

---

Abb. 1: Wurde Zeit seines Lebens verspottet: Oreopithecus-Experte Johannes Hürzeler.

abhanden gekommen war, wurde er für die einfallenden Raubtiere zu einer willkommenen Beute.

Hürzelers Rehabilitierung ist kein Einzelfall. Während Forscher, die für eine Revision unseres vorgeschichtlichen Weltbilds kämpfen, vor einigen Jahren noch als Spinner abgetan wurden, jagen sich die Sensationsmeldungen mittlerweile nur noch so. Alle paar Monate jubeln Paläoanthropologen derzeit neue Fossilienfunde hoch. Danach wird solange revidiert und umdatiert, bis die spärlich vorhandenen Puzzlesteine wieder ein schlüssiges Bild ergeben – ehe schließlich ein weiterer Fund auftaucht, der die neuesten Erkenntnisse wieder über den Haufen wirft. Auch Lehrmeinungen haben offenbar ein Verfallsdatum.

Einige Beispiele aus den vergangenen Jahren:

– »Lucy«, der mit 3,5 Millionen Jahren älteste, jemals gefundene weibliche Australopithecus, bekommt Konkurrenz: In Ostafrika werden 4,4 Millionen Jahre alte Knochen eines Wesens ausgegraben, das sich ebenfalls durch einen aufrechten Gang auszeichnete. Der Entdecker, Professor Tim White von der Universität Berkeley: »Das ist der älteste Fund in der Abstammungskette des Menschen zu den gemeinsamen Vorfahren von Affe und Mensch!« (»Der Spiegel«, Nr. 39/1994)

– Schädelfragmente vom Typ Homo erectus, welche in Java entdeckt wurden, sind nicht wie ursprünglich angenommen 700 000 bis 1 Million Jahre, sondern 1,8 Millionen Jahre alt. Die javanischen Knochenfragmente sind damit älter als die meisten ihrer Gegenstücke in Afrika, das bisher als »Urheimat« des Homo erectus eingestuft wurde. (»Universitas«, Nr. 1/1995)

– Anthropologen der Rutgers-Universität in New Jersey melden den Fund der ältesten jemals entdeckten Steinwerkzeuge. 2,6 Millionen Jahre sollen die äthiopischen Artefakte alt sein. Die Nachrichtenagentur SDA: »Die Entdeckung

stellt die lange gehegte These in Frage, daß die Fertigung von Werkzeugen mit der Entstehung der Gattung Mensch begann, also etwa erst eine halbe Million Jahre später.« Um wen es sich bei den Werkzeugmachern gehandelt hat, ist nicht bekannt. (SDA-Meldung vom 27. April 1995)
– Bis vor kurzem galt ein 1908 in Mauer bei Heidelberg ausgegrabener Unterkiefer als ältestes menschliches Knochenrelikt des europäischen Kontinents. Das Alter des Kiefers wird auf 500 000 bis 700 000 Jahre veranschlagt. Da in Orce (Spanien) aber mittlerweile ein Schädelfragment entdeckt wurde, das auf rund 1,6 Millionen Jahre beziffert wird, muß die Besiedelung Europas jetzt neu überdacht werden. (»Bild der Wissenschaft«, Nr. 11/1995)
– 20 Kilometer südlich des Yangtse-Flusses, in der chinesischen Provinz Sichuan, stoßen Anthropologen auf menschliche Relikte der Gattung Homo erectus, deren Alter von Wissenschaftlern der Universität Iowa (USA) und des Instituts für Paläoanthropologie in Peking auf mindestens 1,9 Millionen Jahre beziffert wird. Damit muß der Zeitpunkt der menschlichen Besiedelung Asiens zurückdatiert werden. (»Basler Zeitung« vom 22. November 1995)
– Die frühesten Vorfahren des Menschen haben nicht nur in Afrika, sondern auch in China gelebt. Dieser Meinung sind Wissenschaftler, die in der Provinz Shanxi 1995 die Versteinerung eines bisher unbekannten Primaten fanden, der vor 40 Millionen Jahren gelebt hat. Die Kreatur soll nicht viel größer als eine Maus gewesen sein. Christopher Beard vom Carnegie Naturgeschichtsmuseum in Pittsburgh (Pennsylvania): »Der Winzling könnte fünf Millionen Jahre früher als andere Primaten auf der Erde geweilt haben.« (APA-Meldung vom 5. April 1996)
– 1921 entdeckte Knochenreste des sogenannten Peking-Menschen sind nach neuen Datierungen nicht wie bisher

angenommen 200 000 bis 300 000 Jahre, sondern mindestens 400 000 Jahre alt, wie Vertreter der Universität von Kalifornien sowie der chinesischen Guizhou-Universität melden. (APA-Meldung vom 2. Mai 1996)

– Die Entdeckung von Steinwerkzeugen in Nordaustralien läßt darauf schließen, daß die Vorfahren der Aborigines bereits vor 176 000 Jahren mit der Besiedelung des australischen Kontinents begonnen haben. Die Migration fand damit gut 100 000 Jahre früher statt als bisher angenommen. (»Basler Zeitung« vom 23. September 1996)

– Die Homo-Gattung ist offensichtlich 400 000 Jahre älter als angenommen. Dies ergab die Analyse eines in Nordäthiopien entdeckten menschlichen Oberkiefers. (APA-Meldung vom 20. November 1996)

– Auf gut 400 000 Jahre schätzen Archäologen das Alter dreier hölzerner Wurfspeere, die in einem Braunkohletagebau bei Schöningen (Niedersachsen) entdeckt wurden. Robin Donnel von der Universität Sheffield: »Damit muß die Ansicht, daß die organisierte Jagd erst vor rund 40 000 Jahren mit dem Aufstieg des modernen Menschen begann, revidiert werden.« (APA-Meldung vom 27. Februar 1997)

– Mindestens 800 000 Jahre alt sind die Steinwerkzeuge, welche australische Paläontologen auf der indonesischen Insel Flores fanden. Da Flores nur über den Seeweg erreichbar ist, müssen unsere Urahnen per Schiff dorthin gelangt sein. Bisher ging man davon aus, daß der Mensch erst vor 60 000 Jahren mit dem Schiffbau begann. (»Facts«, Nr. 11/1998)

Die Tendenz ist klar: Auf allen Kontinenten wird zurückdatiert. Parallel dazu werden unseren Vorfahren heute Fähigkeiten zugebilligt, die ihnen noch vor wenigen Jahrzehnten abgesprochen wurden. So plädiert etwa der Hamburger Archäologe Helmut Ziegert für eine Revision unse-

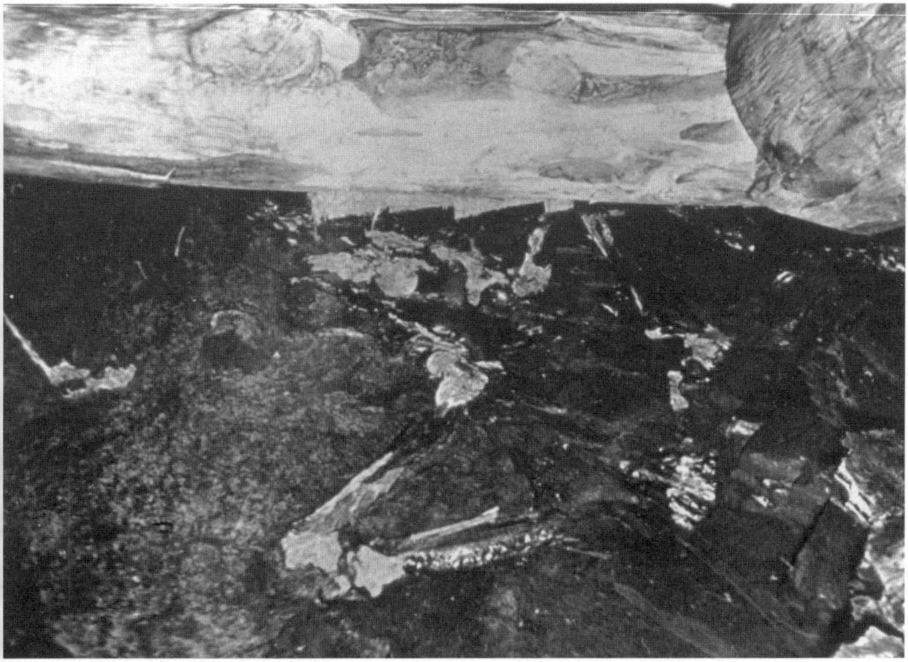

Abb. 2: Das von Johannes Hürzeler in einer italienischen Kohlenmine entdeckte Oreopithecus-Skelett.

rer Vorstellungen vom Homo erectus. Uralte Schmuckfunde in Libyen zeugen seiner Meinung nach davon, daß der Vorgänger des Homo sapiens lange Zeit unterschätzt worden ist. Seine Forschungen lassen Ziegert annehmen, daß der Homo erectus bereits seßhaft und der Sprache mächtig war. Er sei ein »viel differenzierteres Zivilisationswesen gewesen, als wir uns bisher vorgestellt haben«.

Der Neandertaler wiederum trottete bisher als grunzendes, grobschlächtiges Wesen durch die Schul- und Lehrbücher, weswegen Forscher, die sich öffentlich gegen diese Vorstellung wehrten, um ihren wissenschaftlichen Ruf fürchten mußten. Auch in diesem Fall findet derzeit ein Meinungswandel statt, wie die Ausführungen des Paläontologen Wilfried Rosendahl auf einem 1995 in Berlin abgehaltenen Fachkongreß zeigen. Nach Rosendahl konnte der vor rund 30000 Jahren ausgestorbene Neandertaler »sprechen wie wir und hat wahrscheinlich eine hochentwickelte Sozialkultur besessen«. Der Darmstädter bezeichnet den Neandertaler gar als »direkten Vorfahren der Europäer«.

Untermauert wird Rosendahls These durch eine sensationelle, in der Nähe von Idrija (Slowenien) gemachte Entdeckung: In einer ehemals von Neandertalern benutzten Höhle förderte Ivan Turk von der Akademie der Wissenschaften in Ljubljana eine Flöte ans Tageslicht, die nach Ansicht der Experten zwischen 43000 und 82000 Jahre alt sein dürfte.

Musizierende Neandertaler – welch ein Bild! Jean Clottes, Präsident des Internationalen Komitees für vorzeitliche Felsmalereien, fordert von seinen Kollegen denn auch ein generelles Umdenken, was die bislang vertretene Anschauung von der »Primitivität« unserer prähistorischen Ahnen angeht. Originalton Clottes: »Sie waren so klug – oder so dumm – wie wir heute. Würde man sie aus ihren Fellen pellen, in Anzüge stecken und ihnen Krawatten umbinden, fielen sie in einer belebten Einkaufsstraße kaum auf.«

Hintergrund seiner Äußerungen bildet die Entdeckung bemerkenswerter Höhlenmalereien in der südfranzösischen Ardèche. Die urzeitlichen Gemälde sind ihren weltweiten Gegenstücken nicht nur künstlerisch überlegen: Mit einem Alter von rund 31000 Jahren gelten sie heute als die ältesten bekannten Darstellungen ihrer Art. Kein Wunder, daß es in der Fachwelt rumort, denn die bisher vertretene These einer kontinuierlich vonstatten gegangenen kulturellen Entwicklung des Menschen wird durch die Ardèche-Funde endgültig ad absurdum geführt.

Paläoanthropologen tun sich oft schwer damit, die Umdatierungen zu kommentieren. »Neue Funde lassen sich aufgrund verbesserter Ausgrabungs- und Datierungsmethoden eben oft exakter datieren als früher«, wiegelte etwa Michael Hoeper, wissenschaftlicher Mitarbeiter am Institut für Ur- und Frühgeschichte an der Albert-Ludwigs-Universität Freiburg, ab, als ich 1996 mit ihm sprach. »Das hat natürlich zur Folge, daß wir damit auch ältere Funde ähnlicher Art zurückdatieren können.« Von einem eigentlichen Trend will Hoeper nicht sprechen. »Zeiträume von 100 000 Jahren sind bei der Erforschung und Datierung der ersten Menschen sowieso kaum von Bedeutung.«

Auch Professor Gerhard Bosinski, Vorstand des Instituts für Ur- und Frühgeschichte an der Universität Köln, mißt der Aufregung um die sich ständig ändernden Datierungen wenig Bedeutung zu. »Die alten Vorstellungen haben sich bis auf einige Ausnahmen nicht verändert«, versicherte er mir. Dennoch wies er gleichzeitig darauf hin, daß man – zumindest, was die erste Besiedelung Eurasiens betrifft – umdenken müsse. »Diese fand nämlich erheblich früher statt, als man lange Zeit angenommen hatte.«

Funde wie die seines Kollegen Ziegert wollte Bosinski nicht näher kommentieren. Denn: »Nur weil Ziegert und einige andere Forscher unseren Vorfahren heute mehr Fähigkeiten zubilligen als früher, kann man noch lange nicht von einer Tendenz sprechen.« Daß sich der Professor erst gar nicht mit der Entdeckung seines Kollegen beschäftigt hatte, gab er unverhohlen zu. Bosinski wörtlich: »Kommt dazu, daß ich Ziegerts Funde nicht kenne, aber von Forscherkollegen weiß, daß sie seine Interpretationen stark in Zweifel ziehen.«

Weitaus kritischer gegenüber seiner Zunft äußerst sich der Anthropologe Peter Schmid von der Universität Zürich. »Bei älteren Professoren, die jahrzehntelang die gleiche Theorie vertreten, wächst mit der Zeit oft die Überzeugung, recht zu haben«, schmunzelt er. Die gelehrten Damen und Herren würden, was die Akzeptanz neuer Ideen und Vorstellungen anbelangt, deshalb oft ablehnend reagieren.

Im gleichen Atemzug weist Schmid darauf hin, daß das Bild, das wir von unseren Urahnen besitzen, längst nicht so exakt ist, wie gemeinhin behauptet. »Wir haben derzeit für einen Zeitraum von ein paar Millionen Jahren gerade mal 5000 Fossilienfunde. Und diese sind nicht einmal gleichmäßig verteilt, was Zeitepoche und Fundorte betrifft.«

Im Zeitraum zwischen acht Millionen und vier Millionen Jahren vor unserer Zeit schließlich besäße man lediglich zwölf Fragmente, die in einer einzigen Schuhschachtel Platz fänden. Schmid: »Daraus Schlüsse zu ziehen über rund vier Millionen Jahre Entwicklungsgeschichte, scheint

Abb. 3: Minenarbeiter beäugen das von Hürzeler freigelegte Skelett.

mir mehr als gewagt.« Dennoch stoße er mit seiner Zurückhaltung nicht immer auf Verständnis. »Wer bei uns zögert, einen Stammbaum zu rekonstruieren, wird schnell als Ketzer gebrandmarkt.«

Schützenhilfe erhält Peter Schmid von Burkart Engesser. Auch er sei immer wieder überrascht, mit welcher Selbstverständlichkeit seine Kollegen die menschliche Stammeslinie rekonstruieren würden, meint der Basler Osteologe. »Kaum einer zieht in Betracht, daß uns erst ein winziger Bruchteil aller Formen bekannt ist. Kein Wunder, daß die Darstellungen in den Fachbüchern alle paar Jahre umgekrempelt werden müssen.«

Wissenschaftler wie Peter Schmid oder Burkart Engesser geben mir Anlaß zur Hoffnung. Denn sie gehören zur seltenen Sorte jener Gelehrten, die auch Fehler einräumen und daraus lernen können. Anders viele altgediente Professoren: Zweifellos hochgelehrt, aber mehrheitlich konservativ legen sie dem Fortschritt immer wieder Steine in den Weg. Fatalerweise haben gerade sie oft das letzte Wort über die tatsächliche Relevanz neuer Entdeckungen.

Zugegeben: Immer häufiger gelingt es der nachrückenden Forschergeneration heute, auch umstrittene Funde in den Mittelpunkt der öffentlichen Diskussion zu stellen. Kontroverse Beweisstücke aber, die bereits vor Jahrzehnten einer Diskussion für unwürdig erklärt wurden, werden von den Universitäten weiterhin unter Verschluß gehalten.

Ein gutes Beispiel dafür liefern uns die Amerikaner Michael Cremo und Richard Thompson, die es sich zur Aufgabe gemacht haben, unterdrückte Entdeckungen aus der Vergangenheit zu dokumentieren. Bei ihren Recherchen gelangte den beiden unter anderem eine Publikation des amerikanischen Geologen J.D. Whitney in die Hände. Whitney war Mitte des letzten Jahrhunderts auf eine sensationelle Fundstätte in den Bergen von Tuolumne (Kalifornien) gestoßen, die menschliche Relikte, Speerspitzen und Steinmörser enthielt. Cremo zufolge sollen die dortigen Gesteinsschichten sagenhafte 10 bis 55 Millionen Jahre alt sein.

»Als wir 1996 von der NBC-TV-Station für die Sendung ›The Mysterious Origins of Man‹ eingeladen wurden, erzählte ich den Fernsehmachern auch von der Fundstätte in Kalifornien«, berichtet er. »Die Funde befinden sich noch heute in der Universität von Berkeley, dort, wo Whitney sie vor über 100 Jahren hingebracht hatte. NBC wollte diese Artefakte filmen, wurde aber abgewiesen. Diese Dinge herauszusuchen sei eine zu große Arbeit, hieß es. Außerdem sei man momentan unterbesetzt. Die reiche NBC-Station roch Lunte, hakte nach und bot jede Geldsumme an, die nötig sei, um diese Arbeit zu verrichten. Doch dann kam die Antwort vom Direktor des Institutes, und die war unmißverständlich: Diese Objekte dürfen nicht gefilmt werden…«

I *Unterdrückte Entdeckungen*

»Manchmal erinnert mich das Verhalten der Gelehrten an die finstere Welt des Mittelalters: Korrespondiert neues Material mit den traditionellen Vorstellungen einer Gesellschaft, dann wird es akzeptiert. Steht es im Widerspruch dazu, wird es abgelehnt.«

JAMES SCHERZ

Immer wieder werden Archäologen mit Ausgrabungsstücken konfrontiert, die sich herkömmlichen Erklärungen entziehen. Je widersprüchlicher die zutage geförderten Gegenstände sind, desto stärker wird auch ihre Authentizität in Frage gestellt.
Um die unwillkommenen Objekte aus dem Blickfeld des Interesses verschwinden zu lassen, bedient man sich verschiedener Tricks. So wird dem Entdecker im Zweifelsfall gerne unterschoben, die Fundstücke selbst angefertigt zu haben, um aus ihrem Verkauf Profit zu schlagen. Um so besser, wenn er nicht der Gilde der Gelehrten angehört.
Reicht das nicht aus, um die Sache zu den Akten legen zu können, wird das Alter der Fundstücke angezweifelt. Auch Datierungsmethoden haben bekanntlich Schwachstellen. Bei Bedarf erlauben sie es, Resultate so zurechtzubiegen, daß die Fragezeichen verblassen. Ist erst einmal einige Zeit verstrichen und das Fundgut aus dem Bewußtsein der Öffentlichkeit verschwunden, kann man es getrost ignorieren.
Viele sensationelle Fundstücke erlitten dieses Schicksal in den letzten hundert Jahren. Ihre Spuren haben sich längst

in irgendwelchen düsteren Archiven verloren, und so ist es heute oft unmöglich, die Objekte einer erneuten Untersuchung zu unterziehen, um das Geheimnis ihrer Herkunft vielleicht doch noch zu lüften. Hätten Amateurforscher einige der umstrittenen Sammlungen vor ihrem Verschwinden nicht dokumentiert und fotografiert, wüßten wir heute vielleicht nicht einmal von ihrer Existenz …

1 *»Burrows' Cave«: Goldschatz verhökert*

Steht uns die spektakulärste archäologische Entdeckung dieses Jahrhunderts bevor? Oder ist alles nur ein großangelegter Schwindel? Unter den involvierten Parteien ist längst ein handfester Streit entbrannt. Unerbittlich reiten Befürworter und Gegner Attacken gegeneinander. Verbale Tiefschläge sind an der Tagesordnung. Im Zentrum der Kontroverse: Gold, das es eigentlich nicht geben dürfte …

Worum geht es? 1982 will der Amerikaner Russell Burrows aus Olney im US-Bundesstaat Illinois auf ein unterirdisches Tunnelsystem gestoßen sein. Sarkophage mit mumifizierten Leichnamen sollen sich darin befinden. Aber auch Tausende von gravierten Steinen, Skulpturen und Tafeln will der Amerikaner in der mysteriösen Unterwelt aufgestöbert haben.

Die Entdeckungsgeschichte liest sich spannend wie ein Abenteuer-Roman: Im April 1982 war Burrows in einem abgelegenen Tal zufällig auf ein verschlossenes Eingangsportal gestoßen. In mühseliger Arbeit schaufelte der Amerikaner den Eingang frei. Anschließend kroch er durch das so entstandene Loch in die Dunkelheit.

Schritt für Schritt, Meter für Meter arbeitete sich Russell Burrows durch das unterirdische Labyrinth vor: Die Gänge waren übersät mit geheimnisvollen Zeichen und Darstellungen. Am Boden lagen bearbeitete Steine; an den Wänden hingen seltsame Steinköpfe, die wohl einst als Lampenhalter gedient hatten. Die Neugier des Amerikaners wurde aber vor allem durch verschlossene Durch-

gänge geweckt, die in loser Reihenfolge an den Seitenwänden auftauchten. Burrows entschloß sich, einen davon aufzubrechen. Keine leichte Aufgabe, doch nach einiger Zeit gelang es ihm, eine provisorische Öffnung freizulegen.
Ein modriger Geruch schlug ihm entgegen. Burrows zückte seine Taschenlampe und leuchtete in den Raum. Zentimeter für Zentimeter tastete sich der Lichtkegel seiner Lampe durch die Dunkelheit, bis er an einem großen Gegenstand hängen blieb. Burrows stockte der Atem: Da lag – aufgebahrt auf einer massiven Steinplatte – ein Skelett. Daneben Äxte, Speerspitzen und Metallgegenstände.
Burrows vergrößerte die Öffnung und zwängte sich schwitzend und keuchend hindurch. Am Boden lagen Kupfer- und Bronzewerkzeuge. Daneben standen einige Gefäße. Aber auch Schmuck blitzte im Schein seiner Taschenlampe auf. Das Herz des Amerikaners raste; Gedanken schossen in wilder Abfolge durch seinen Kopf. Was

Abb. 4: Eine der rund 4000 Grabbeigaben aus »Burrows' Cave«.

Abb. 5: Material und Beschaffenheit der einzelnen Fundgegenstände unterscheiden sich beträchtlich.

mochte sich wohl hinter den übrigen Steinportalen befinden? Burrows beschloß, eine zweite Kammer zu öffnen. Dort stieß er auf die Überreste einer Frau und zweier Kinder. Alle drei waren offenbar umgebracht oder geopfert worden.

1987 entdeckte der Amerikaner einen weiteren Raum, den er heute als »Main Tomb«, als Hauptkammer, bezeichnet. Der Eingang war mit einem großen, steinernen Rad verschlossen, auf dem seltsame Schriftzeichen prangten. Burrows meisterte auch dieses Hindernis und trat schließlich in eine geräumige Kammer ein, in der – umringt von Waffen und Statuen – ein massiver Steinsarkophag stand.

Mit dem Brecheisen gelang es ihm, den Sargdeckel zu öff-

nen: Darin eingebettet lag ein zweiter Sarg aus purem Gold. Burrows öffnete auch diesen – und seine Augen weiteten sich: Vor ihm lag eine in Tücher eingehüllte Mumie...
Außer Russell Burrows hat bisher niemand das ominöse Höhlensystem betreten, denn der Amerikaner weigert sich bis auf den heutigen Tag, dessen Lage zu benennen. Abenteuerlustige Schatzsucher könnten die Fundstätte plündern, so fürchtet er. Außerdem würde sie im Fall einer öffentlichen Bekanntmachung automatisch dem amerikanischen Staat zufallen.
Als Beweis für seine kontroverse Behauptung trug Burrows statt dessen Tausende von gravierten Steinen, aber auch Gold-Artefakte an die Oberfläche. Merkwürdige Motive sind auf den handtellergroßen Stücken abgebildet: geflügelte Wesen etwa – halb Mensch, halb Tier –, behelmte Gestalten oder Darstellungen der Gestirne. Selbst Medaillons, die an Armbanduhren erinnern, befinden sich darunter.
Nur wenige amerikanische Wissenschaftler haben sich den Grabbeigaben von »Burrows' Cave«, wie das umstrittene Höhlensystem mittlerweile genannt wird, bisher angenommen. Einige wollten die Artefakte bereits nach einem kurzen Augenschein als zeitgenössische Fälschungen entlarvt haben, denn die abgebildeten Motive und Schriftzeichen weisen Einflüsse unterschiedlichster kultureller Stilrichtungen auf.
Selbst Darstellungen, die Assoziationen zur altägyptischen oder zur phönizischen Kultur wecken, finden sich in Burrows' Sammlung. Kulturen also, die nach gängiger Auffassung keinerlei Kontakte mit dem amerikanischen Kontinent unterhielten. Aber auch der Umstand, daß sich die Gravuren sämtlichen Entzifferungsversuchen entzogen, verärgerte die Experten.
Ich bat einen guten Freund und Archäologen, mir die

Skepsis seiner Zunft zu erläutern. Seine lapidare Antwort: »›Burrows' Cave‹ zu akzeptieren, hieße, alles, was wir heute wissen, zu ignorieren.« Konsequenz: Das Thema landete in der berüchtigten Schublade für mutmaßliche Fälschungen. Die allgemein akzeptierte Vorstellung, wonach Kontakte zwischen Alter und Neuer Welt erst mit Kolumbus begannen, war vorläufig gerettet.
Einer der wenigen, der sich spontan gewillt zeigte, die Sache einer seriösen Untersuchung zu unterziehen, ist der amerikanische Professor James Scherz von der Universität

Abb. 6: Geheimnisvolle Schriftzeichen:
Was haben sie zu bedeuten?

Wisconsin. Als ich 1994 zum ersten Mal mit ihm korrespondierte, berichtete er mir ausführlich über seine Studien, die ihn davon überzeugten, daß es sich bei den von Russell Burrows vorgelegten Gegenständen tatsächlich um uralte Grabbeigaben handelt.

Seine Ergebnisse hat Scherz 1992 in einem ausführlichen Report dokumentiert. Darin plädiert er vehement für mehr Offenheit gegenüber kontroversen Entdeckungen. Unsere Vorfahren, so betont Scherz, seien »weitaus fortschrittlicher« gewesen, als man bisher gedacht habe: »Die seltsamen Motive auf den Steinen sind für mich kein Beweis für eine Fälschung. Vielmehr scheinen sie darauf hinzudeuten, daß die präkolumbianische Geschichte Amerikas erheblich seltsamer und interessanter sein könnte, als es unsere besten Historiker vorgeschlagen haben.«

Scherz' Report ist ein Glücksfall: Hätte sich der Professor aus Wisconsin der Sache nicht angenommen, dürfte die Burrows-Kollektion mittlerweile wohl über die halbe Welt verstreut sein. Doch obwohl sich Scherz alle nur erdenkliche Mühe gab, die außergewöhnliche Sammlung so detailliert wie möglich zu dokumentieren, liegen von einigen der zutage geförderten Steine heute nur noch Fotos vor. Wie ist es dazu gekommen?

Kurz nach der Entdeckung habe er rund 2000 Gegenstände aus der Höhle entfernt, um eine Untersuchung der Anlage zu finanzieren, erklärte Burrows 1994 gegenüber der US-Zeitschrift »Ancient American«: »Ich verkaufte sie an einen privaten Sammler, der sich damit einverstanden erklärte, die Artefakte auf Anfrage für wissenschaftliche Untersuchungen zur Verfügung zu stellen. Leider will er davon mittlerweile nichts mehr wissen.«

Abb. 7: Unheimlicher »Grabwächter« mit Helm und Kopfschmuck.

Es sei jener ominöse Sammler gewesen, der ihn in Kontakt mit dem amerikanischen Vorzeit-Forscher Jack Ward gebracht habe, behauptet Burrows. Ward unterhielt in Vincennes damals ein Museum und zeigte sich an »Bur-

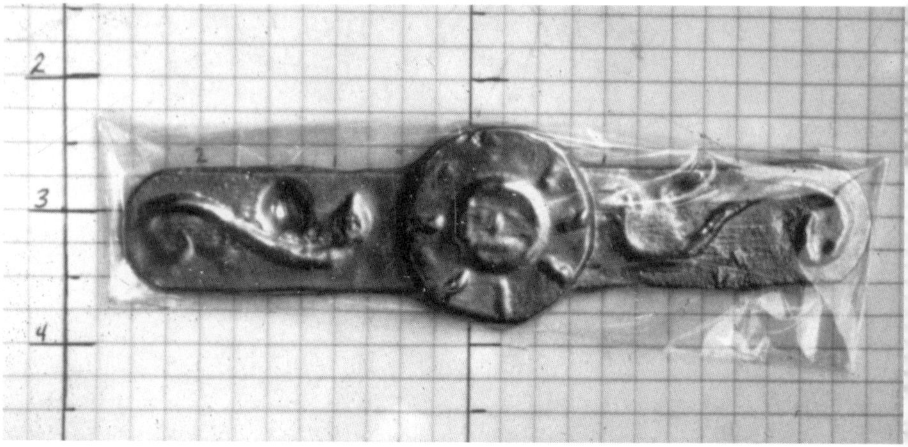

Abb. 8: Dieses Gold-Medaillon erinnert an eine moderne Armbanduhr.

rows' Cave« sehr interessiert. Burrows: »Nach einem Jahr entschloß ich mich dazu, ihm gegen Ausstellung einer Quittung 1993 Artefakte für sein Museum auszuhändigen. Im Gegenzug sollte er die Untersuchung der Höhle mitfinanzieren.«

Im Laufe der Jahre will Burrows festgestellt haben, daß die Zahl der Steine in Wards Museum ständig abnahm. »Am Ende waren gerade noch 356 übrig.« Als Ward 1991 unerwartet starb, händigte ihm dessen Witwe knapp 120 Stücke aus. »Damals meldeten sich verschiedene Personen bei mir, denen Ward offenbar Steine verkauft hatte«, erinnert sich Burrows. »Doch obwohl wir seinerzeit eine Vereinbarung getroffen hatten, wonach ein allfälliger Verkaufsgewinn unter uns aufgeteilt würde, habe ich von ihm nie einen einzigen Cent gesehen. Als ich später auch noch erfuhr, daß Ward offensichtlich in erheblichen finanziellen Schwierigkeiten steckte, wurde mir einiges klar.«

Laut Burrows soll Ward insgesamt rund 250 000 US-Dollar

mit dem Verkauf der Artefakte verdient haben. Außerdem soll er Gold-Objekte im Wert von knapp 39 000 US-Dollar verhökert haben. Dies gehe aus Quittungen hervor, die in seinem Nachlaß aufgetaucht seien.

Harry Hubbard aus Melbourne (Florida) kann über derlei Aussagen nur den Kopf schütteln. Als Gründer der Forschungsgesellschaft »Ptolemy Productions« hat er es sich zum Ziel gesetzt, den exakten Standort von »Burrows' Cave« ausfindig zu machen. Unterstützt wird er dabei vom Schriftexperten Paul Schaffranke, dem es offenbar gelungen ist, einen Teil der rätselhaften Zeichen zu übersetzen. Nach Meinung von Hubbard und Schaffranke enthält die Höhle das kulturelle Vermächtnis nordafrikanischer und europäischer Seefahrer, die den amerikanischen Kontinent lange vor Kolumbus betreten haben sollen.

Gut 350 000 US-Dollar investierte »Ptolemy Productions« bereits in ihre Suche. Sehr zum Leidwesen von Russell Burrows freilich, der Harry Hubbard im Internet 1997 wütend als notorischen Lügner beschimpfte. Grund: Hubbard ist zwar von der Existenz der Höhle überzeugt, nicht aber von Burrows' Aufrichtigkeit. Für ihn hat dieser einfach kräftig in die eigene Tasche gewirtschaftet. »Russell dürfte mit dem Verkauf der Steine eine schöne Stange Geld verdient haben«, ist er überzeugt.

»Ancient American«-Herausgeber Wayne May wollte es genauer wissen. Im Oktober 1996 traf er sich mit Hubbard, um den Burrows-Kritiker persönlich über die Gründe seiner Zweifel zu befragen. Und May staunte nicht schlecht, als ihm Hubbard bei dieser Gelegenheit spektakuläre Fotos vorlegte, die über Umwege in seinen Besitz gelangt waren: Sie zeigen ganze Berge von Goldgegenständen!

Wie Hubbard ausführte, sind die Bilder 1988 in Wards Museum geschossen worden. Grund genug für ihn, mißtrauisch zu werden: Wo war all dieses Gold geblieben? Warum war bisher immer nur von »einigen« Gold-Artefakten die Rede, die Ward verhökert haben soll? Und warum hatte Burrows in all den Jahren niemanden über die fraglichen Bilder informiert? Hatte er neben all den Steinen womöglich weitaus mehr Goldgegenstände aus der Höhle geschmuggelt, als bisher zugegeben?

Hubbard: »Aus den mir vorliegenden Akten geht klar hervor, daß zwischen 1987 und 1989 Gold im Gesamtwert von fast sieben Millionen US-Dollar über die Tische des ›Burrows' Cave Research Center‹ wanderte. Es sieht so aus,

als ob ein großer Teil davon eingeschmolzen und über Fort Knox an U.S. Mint verkauft wurde. Wohin der Rest des Goldes im Wert von drei Millionen verschwand, ist unklar. Ich vermute, daß es sich immer noch im Besitz von Burrows befindet.«

Einige der Dokumente hat Hubbard mittlerweile veröffentlicht. So etwa einen Rapport vom 26. August 1987, in dem Burrows eigenhändig festhält, wie er – angeblich auf Druck des Landeigentümers – »etwas mehr als 500 Unzen Gold aus dem Raum mit den Statuen herausschaffte«. Ebenfalls brisant: Ein Schreiben vom 31. März 1989 an Jack Ward, in dem Kongreßmitglied Frank McCloskey mitteilt, über wen ein allfälliger Goldverkauf abgewickelt werden müsse. (Als Ansprechpartner genannt wird Michael Iacangelo von Fort Knox.)

Über den Verbleib des Goldes darf also spekuliert werden. Um so mehr, als selbst Burrows-Intimus James Scherz darüber nur Vages zu berichten weiß. Er habe sich bei seinen Untersuchungen vor allem auf die gravierten Steine konzentriert, teilte er mir im September 1997 mit. »Hauptsächlich wegen des Fiebers, welches das gelbe Metall bei allen auslöst, die damit in Berührung kommen.«

Scherz ließ es sich allerdings nicht nehmen, die Stücke einem kurzen Augenschein zu unterziehen, als sich ihm Gelegenheit dazu bot. »Bei einigen handelte es sich offensichtlich um Abgüsse. Ich habe aber auch metallische Originalstücke gesehen. Sie wiesen einen rötlich-gelben Glanz auf. Vermutlich eine Legierung aus Gold, Silber und vielleicht auch Blei. Es steht für mich außer Zweifel, daß es sich dabei um echte, historische Artefakte handelt und nicht um moderne Fälschungen. Nach Aussagen von

---

Abb. 9: Stein mit Darstellungen von Sonne und Mond.

Burrows stammen die Gegenstände alle aus dem von ihm entdeckten Höhlensystem. Er versicherte mir, daß zumindest ein Teil davon nach der Herstellung der Kopien in den späten 80er Jahren wieder dorthin zurückgebracht wurde.«

Auf die Frage, was er von Hubbards Vorwürfen halte, wonach Russell Burrows einen Teil des Goldes verkauft habe, gab sich Scherz auffällig zurückhaltend. »Ich denke, die besten Informationen zu dieser Frage sind bereits im ›Ancient American‹ veröffentlicht worden. Außerdem sind nach Jack Wards Tod Aufzeichnungen aufgetaucht, die klar beweisen, daß Ward Goldverkäufe getätigt hat. Burrows informierte mich seinerzeit aufgebracht über diesen Umstand.«

James Scherz scheint also nach wie vor von Burrows' »Unschuld« überzeugt zu sein. In einem ausführlichen Leserbrief an die Zeitschrift »Ancient American« äußerte er kurz nach Publikation des aufgetauchten Materials denn auch Zweifel an der Echtheit der von Hubbard zur Diskussion gestellten Korrespondenz: »Immerhin beteuert Burrows, die betreffenden Briefe nie gesehen zu haben.« Hinzu komme, daß Russell Burrows bereits einige Zeit zuvor mit einem Schreiben konfrontiert worden sei, das zwar seine Unterschrift trug, »in Wahrheit aber nie von ihm unterschrieben wurde«.

Argumente, die »Ancient American«-Chefredakteur Frank Joseph reichlich fadenscheinig vorkommen. Wie mir Joseph am 31. August 1997 mitteilte, besteht für ihn kein Zweifel an der Echtheit der brisanten Korrespondenz. Auch Harry Hubbard kann Burrows' Erklärungsversuch nur ein müdes Lächeln entlocken: »Über 60 weitere Briefe befinden sich in meinem Besitz«, meint er schmunzelnd. »Und ich mache jede Wette, daß Burrows auch diese nie gesehen haben will.«

Mitte September 1997 gelang es mir, Russell Burrows direkt zu den gegen ihn erhobenen Vorwürfen zu befragen:
»Wie viele Objekte haben Sie ingesamt aus der Höhle geholt?«
Burrows: »Rund 4000 Stück. Jack Ward hat fast alle davon hinter meinem Rücken verkauft. Immerhin konnte ein Großteil davon wieder beschafft werden.«

Abb. 10: Woher bezogen die Künstler ihre Inspiration?

Abb. 11: Figur mit Scheibe auf der Brust.

»Woher stammen die von Ihnen unterschriebenen Briefe, die im ›Ancient American‹ veröffentlicht wurden? Handelt es sich dabei ausnahmslos um Fälschungen? Und wenn ja, wer steckt dahinter?«
Burrows: »Die Briefe wurden von Ward gefälscht. Er wollte gewisse Leuten glauben machen, er habe die ultimative Kontrolle über das Höhlensystem. Gleichzeitig zog er damit vielen Leuten das Geld aus der Tasche.«
»Was ist mit den übrigen Briefen, die Hubbard in seinem Besitz haben will?«
Burrows: »Sie existieren nicht.«
»Wo ist all das Gold hingekommen, das auf den Fotos zu sehen ist? Handelt es sich dabei überhaupt um Gold?«
Burrows: »Das Gold liegt immer noch in der Höhle und wurde auch nie von dort entfernt. Von jedem Stück wurde ein Abdruck genommen und eine Kopie angefertigt. Auf den Fotos sind ausschließlich Duplikate zu sehen. Ward wollte damit wohl Investoren für seine zwielichtigen Geschäfte anlocken. Ich erfuhr davon leider erst nach seinem Tod. Er hat verschiedene Leute finanziell betrogen – sogar seine eigene Frau.«
»Haben Sie Teile des Goldes eingeschmolzen, wie Ihnen Hubbard vorwirft?«
Burrows: »Nein, das habe ich nicht. Solche Dinge tue ich nicht.«
»Warum veröffentlichen Sie dann keine Videoaufnahmen aus dem Innern des Höhlensystems?«
Burrows: »In die Höhle einzudringen, käme einer Verletzung der Gesetze von Illinois gleich. Außerdem könnten Leute wie Hubbard dadurch ihren Standort eruieren. Hubbard würde sie plündern, wenn er könnte.«
»Sie bezeichnen Hubbard als notorischen Lügner. Was für Motive könnte er für seine Anschuldigungen haben?«
Burrows: »Er denkt wohl, er kann mich mit seinen Äuße-

rungen zu einem Fehler verleiten, der ihm womöglich einen Hinweis auf den exakten Standort des Höhlensystems liefert.«
Russell Burrows' Antworten vermochten mich nicht zu befriedigen. Im Gegenteil: Die emotionale Heftigkeit, mit der er Hubbard attackierte und beleidigte (»ein Lügner, Geisteskranker, Dieb und Krimineller«), nährten meinen Verdacht,

Abb. 12: Links vom Kopf schwebt ein unbekanntes Flugobjekt.

daß dieser mit seinen Vorwürfen wohl nicht so falsch liegen konnte, wie mich Burrows glauben machen wollte.
Stutzig machte mich außerdem, daß Burrows die Existenz der von Hubbard zur Diskussion gestellten Briefe in Abrede stellte. Immerhin bot Hubbard die Schreiben – sie sollen mehrheitlich aus dem Nachlaß von Jack Ward stammen – auf seiner Internet-Seite feil. Ich bat den Burrows-Kritiker deshalb, mir Kopien aller Briefe zukommen zu lassen.
Anfang November 1997 setzte sich Harry Hubbard mit mir in Verbindung und ließ mir Hunderte von Seiten an Informationsmaterial über seine Recherchen zukommen. Als ich die Unterlagen zu studieren begann, kam ich aus dem Staunen nicht mehr heraus: Äußerst detailliert wird darin beschrieben, wie Burrows seit 1983 Jack Ward, aber auch dessem Partner Norman Cullen, immer wieder Geld abluchste, um seine illegalen Aktivitäten im Höhlensystem zu finanzieren. Allein bis Ende 1987 hatten ihm die beiden rund 20000 Dollar vorgeschossen, wie Burrows in einem Papier vom 29. Dezember 1987 eigenhändig festhielt. 1990 entledigte er sich seiner Schulden, indem er seine Partner mit Gold auszahlte.
Hubbard stellte mir außerdem viele der ihm vorliegenden Briefwechsel und Abrechnungen zur Verfügung: Entgegen Burrows' Aussagen existieren diese Dokumente also sehr wohl (vgl. Anhang).
Zu denken gaben mir vor allem die Schreiben des angeblichen Landeigentümers »George Neff«. Seltsamerweise zog es Neff über all die Jahre vor, ausschließlich über Burrows zu korrespondieren: Niemand außer dem Entdecker selbst hatte jemals persönlichen Kontakt mit ihm. Kommt dazu, daß Burrows mittlerweile behauptet, »George Neff« sei lediglich ein Pseudonym, das sich der Landeigentümer aus Sicherheitsgründen zugelegt habe.

»›George Neff‹ ist eine Erfindung von Burrows«, ist Hubbard überzeugt. »Mit gefälschten Briefen setzte er Jack Ward und andere Interessierte unter Druck, um sie für seine Interessen und Zwecke gefügig zu machen und ihnen das Geld für weitere Untersuchungen aus der Tasche zu ziehen.«

Nach dem Studium von Neffs Briefen kann ich mich Hubbards Zweifeln vorbehaltlos anschließen: Auf alle nur erdenklichen Arten versuchte der fiktive Landbesitzer, Wards und Cullens Bedenken an der illegalen Basis der Plünderungen zu zerstreuen. Immer wieder forderte er sie auf, die von Burrows ans Tageslicht geförderten Artefakte käuflich zu erwerben, andernfalls er sich neue Partner suchen müsse. Am 6. Dezember 1987, kurz nachdem Burrows zum ersten Mal Gold aus der Höhle entwendet hatte, versprach Neff den beiden sogar erhebliche Profite, falls sie Burrows weiterhin unterstützten (»Russell ist auf dem Weg nach Hause, ich habe ihm rund 150 000 Dollar in Gold mitgegeben«).

Nach Aussagen von Burrows soll George Neff 1995 verstorben sein. Wenn aber Neff lediglich in Burrows' Phantasie existiert, wem gehört das Land dann tatsächlich? »Die wirklichen Landeigentümer sind sowohl Burrows als auch mir bestens bekannt«, meint Hubbard. »Ich möchte ihre Namen nicht öffentlich preisgeben. Nur soviel: Sie hatten keine Ahnung von der Existenz der Höhle oder den Berichten, die darüber geschrieben worden sind. Sie erkennen die Tragweite der Entdeckung nicht, wissen sehr wenig über vorzeitliche Geschichte, und auch von Archäologie verstehen sie eigentlich gar nichts.«

Rund 30 Duplikate der Gold-Artefakte befinden sich mitt-

Abb. 13: Indianer mit Federschmuck.

lerweile im Besitz von Hubbard, andere gelangten über Umwege in verschiedene Privatsammlungen. Insgesamt habe er gegen 600 Abgüsse persönlich im Augenschein

KAMENSTEIN

nehmen können, teilte er mir mit. »Der große Rest befindet sich nach wie vor im Besitz der Familie von Jack Ward.« Laut Hubbard ließ Burrows von allen Gold-Artefakten Kopien anfertigen. Die Originale seien anschließend eingeschmolzen worden.

Die von Hubbard genannte Summe von »sechs bis sieben Millionen US-Dollar«, die auf diese Weise zusammengekommen sei, könnte durchaus der Wahrheit entsprechen. So liegen mir Aufzeichnungen vor, in denen der Wert der einzelnen Gegenstände detailliert festgehalten ist. Außerdem sind mir drei Schweizer Nummernkonten bekannt, auf die das Geld überwiesen worden sein soll. Der Vollständigkeit halber will ich sie hier wiedergeben:

- Jack Ward: 01-311-59-011
- Norman Cullen: 01-000-58-001
- Russell Burrows: 01-035-57-000

(Code Prefix 9162681)

Seltsamerweise haben sich die amerikanischen Behörden bislang nicht eingeschaltet. Dies, obwohl Hubbard die zuständigen Stellen mehrfach auf Burrows' Aktivitäten aufmerksam gemacht hat. »Ich habe das FBI mit allen notwendigen Informationen versorgt«, ärgert er sich. »Unternommen wurde gar nichts.« Auch Amerikas Archäologen sehen offenbar keinen Anlaß, gegen Russell Burrows vorzugehen. Zwar stellte Thomas Emerson, Chefarchäologe der Illinois Historic Preservation Agency, in einem Schreiben klar, daß sich Burrows strafbar mache, falls er die Grabstätte tatsächlich plündere, gleichzeitig ließ er aber durchblicken, daß er nicht an die Existenz der geheimnisvollen Höhlenwelt glaubt.

Am 17. November 1997 konfrontierte mich Harry Hub-

Abb. 14: Schriftzeichen und Kometendarstellungen.

Abb. 15: König oder Krieger?
Die Objekte aus »Burrows' Cave« haben in Amerika einen handfesten Streit ausgelöst.

bard mit einer weiteren, aufregenden Information: Offenbar weist die Burrows-Kollektion auch einige Dutzend Motive auf, die als Darstellungen extraterrestrischer Besucher interpretiert werden können. Hubbard: »Neben prähistorischen Land- und Seekreaturen und seltsamen Wesen in Anzügen, finden sich Abbildungen von Flugobjekten verschiedenster Art, manche in der Luft, manche am Boden.«

Auch Büsten von Wesen mit reptilienartigen Gesichtszügen will der Amerikaner gesehen haben: »Sie wechselten im März 1997 auf einer Auktion in Peoria ihre Besitzer.« Die Motive seien außerordentlich plastisch ausgearbeitet: »Die Künstler müssen ihre Motive selbst gesehen haben«, ist Hubbard überzeugt.

Hubbards Interpretation der Motive deckt sich mit den Erkenntnissen des 1995 verstorbenen Joseph Mahan. Der renommierte Indianer-Experte und Präsident des Institute for the Study of American Cultures (ISAC) hatte sich bis kurz vor seinem Tod intensiv mit »Burrows' Cave« beschäftigt.

Mahans spektakuläre Schlußfolgerung: »Die Leute, die dort bestattet liegen, sind – so glaube ich – Sonnenkönige, beerdigt mitsamt ihren Frauen und Kindern, ihrer Kleidung und Ausrüstung sowie Nahrungsmitteln, die sie auf ihrem Weg nach dem Tod benötigten. Diese halbgöttlichen Sterblichen waren Nachkömmlinge jener unsterblichen außerirdischen Wesen, welche einst in Feuerschiffen zur Erde hinabstiegen, dort für eine Weile residierten und gezielt Genmanipulationen vornahmen. Sie lehrten diese Nachkommen Dinge, die von Generation zu Generation weitergegeben und bewahrt werden sollten. Sie lehrten sie, Krankheiten zu behandeln, weise zu herrschen, und sie unterrichteten sie in allen möglichen Künsten, von der Schiffahrt bis hin zur Architektur. Als sie

die Erde wieder verließen, versprachen sie, dereinst zurückzukehren.«
107 Steine aus »Burrows' Cave« hatte Mahan käuflich erworben. Nach seinem Tod wurden sie weggepackt und eingelagert. Einige davon wurden an private Sammler verkauft. Andere Objekte aus dem Höhlensystem befinden sich heute im Besitz von Dr. Beverley Moseley, einem renommierten amerikanischen Kunstsammler und Museumsbesitzer. Gut 500 Artefakte soll der Vizepräsident der Midwestern Epigraphic Society auf dem Schwarzmarkt bereits zusammengekauft haben. Eine Kooperation mit Hubbards Organisation lehnt er ab. Hubbard: »Falls wir ›Burrows' Cave‹ finden und öffnen, müßte Moseley seine gesamte Kollektion an den Bundesstaat Illinois abtreten. Kein Wunder, daß er uns nicht mag.«
Tatsächlich scheint sich Hubbard mit seiner Hartnäckigkeit wenig Freunde gemacht zu haben. Russell Burrows warnte mich am 9. Dezember 1997 jedenfalls erneut vor dessen Aktivitäten. (Originalton Burrows: »Überlege Dir bitte sehr, sehr genau, wieviel Vertrauen Du seinen Aussagen schenkst.«) Ausdrücklich stellte er dabei auch die Authentizität der Hubbard und mir vorliegenden Briefe ein weiteres Mal in Abrede. »Es gibt überhaupt keine Briefe von mir. Wenn ich Ward etwas mitteilen wollte, rief ich ihn an, oder ich stattete ihm einen Besuch ab. Schließlich trennten uns lediglich 20 Meilen.«
Was die Neff-Briefe betreffe, so könne es schon sein, daß diese von Wards Familie an Hubbard verkauft wurden, räumt Burrows ein. »Lediglich drei davon dürften echt sein. Die Ward-Familie ist eben auch nicht viel besser als Hubbard.«
Den vorläufigen Schlußpunkt unter seine Geschichte setzte Russell Burrows im Januar 1998. Via Internet informierte er die Öffentlichkeit darüber, daß der Anwalt, der

1

1–12 Authentisch oder gefälscht? Steine und Gold-Objekte, die Russell Burrows in einem unterirdischen Höhlensystem im US-Bundesstaat Illinois gefunden haben will.

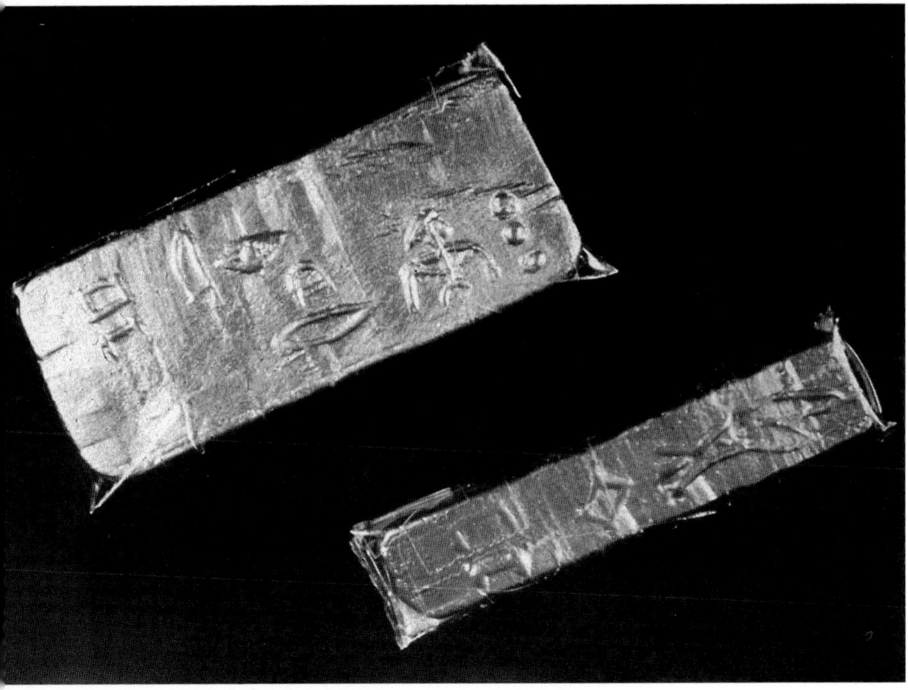

2

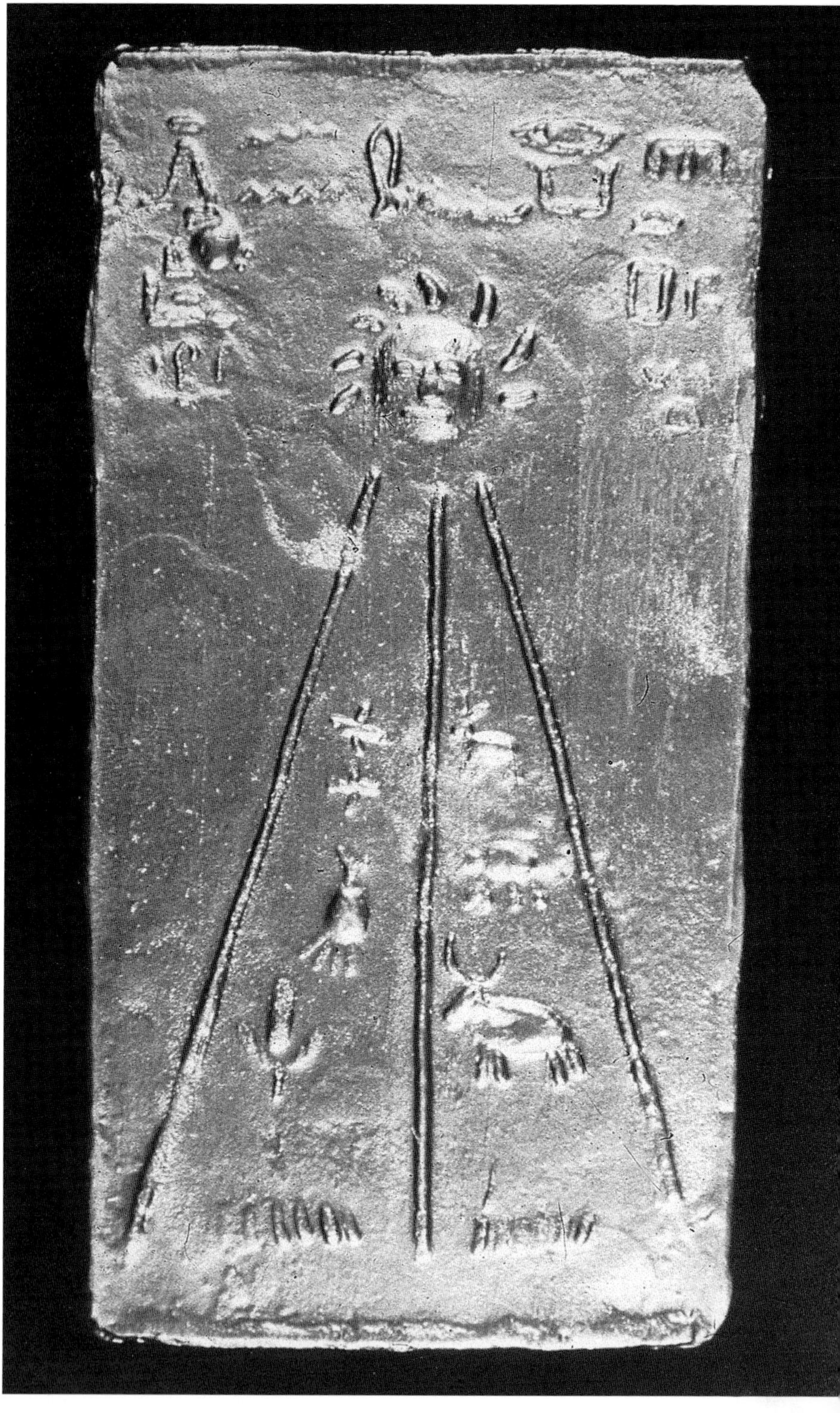

3

4

5

6

7

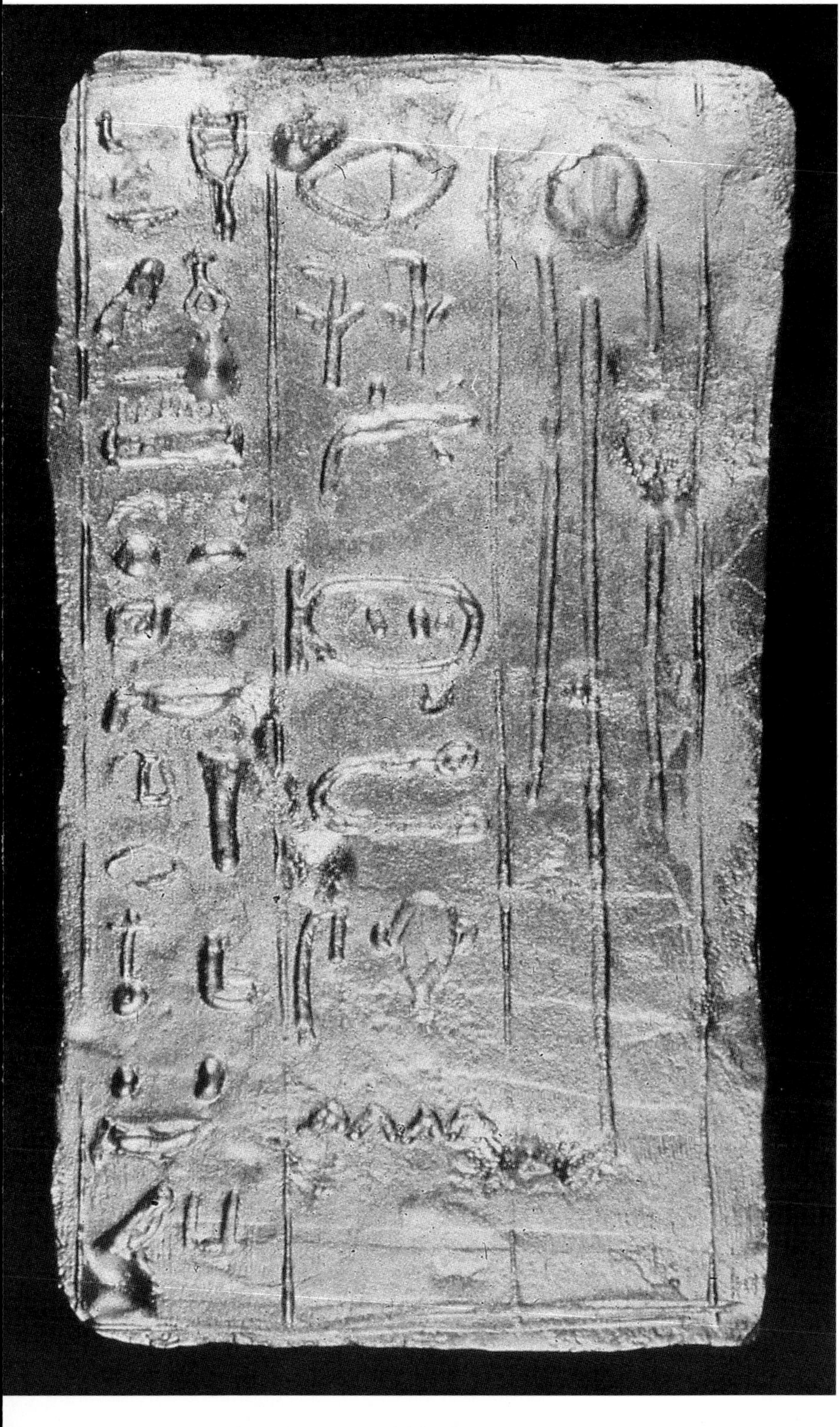

9

10

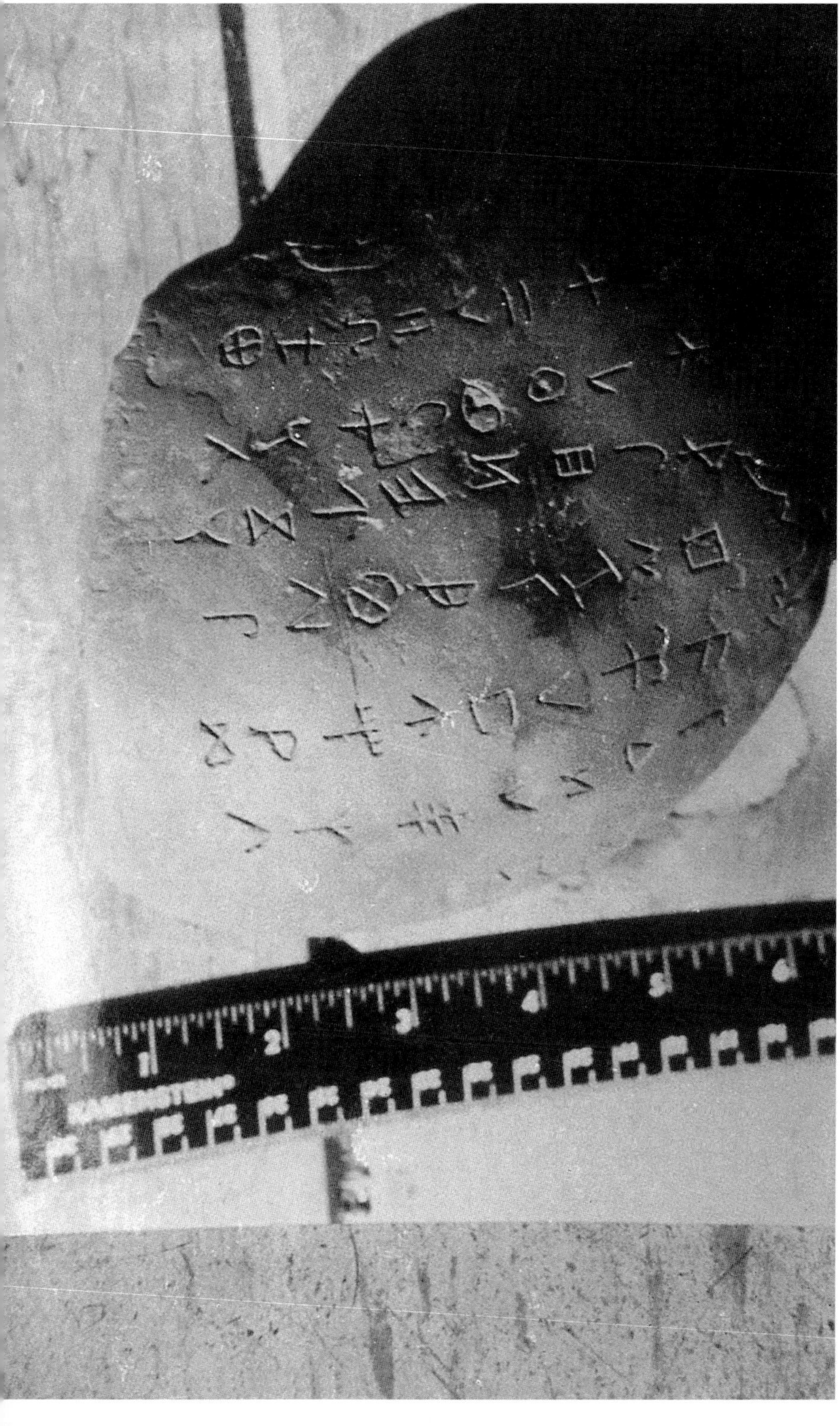

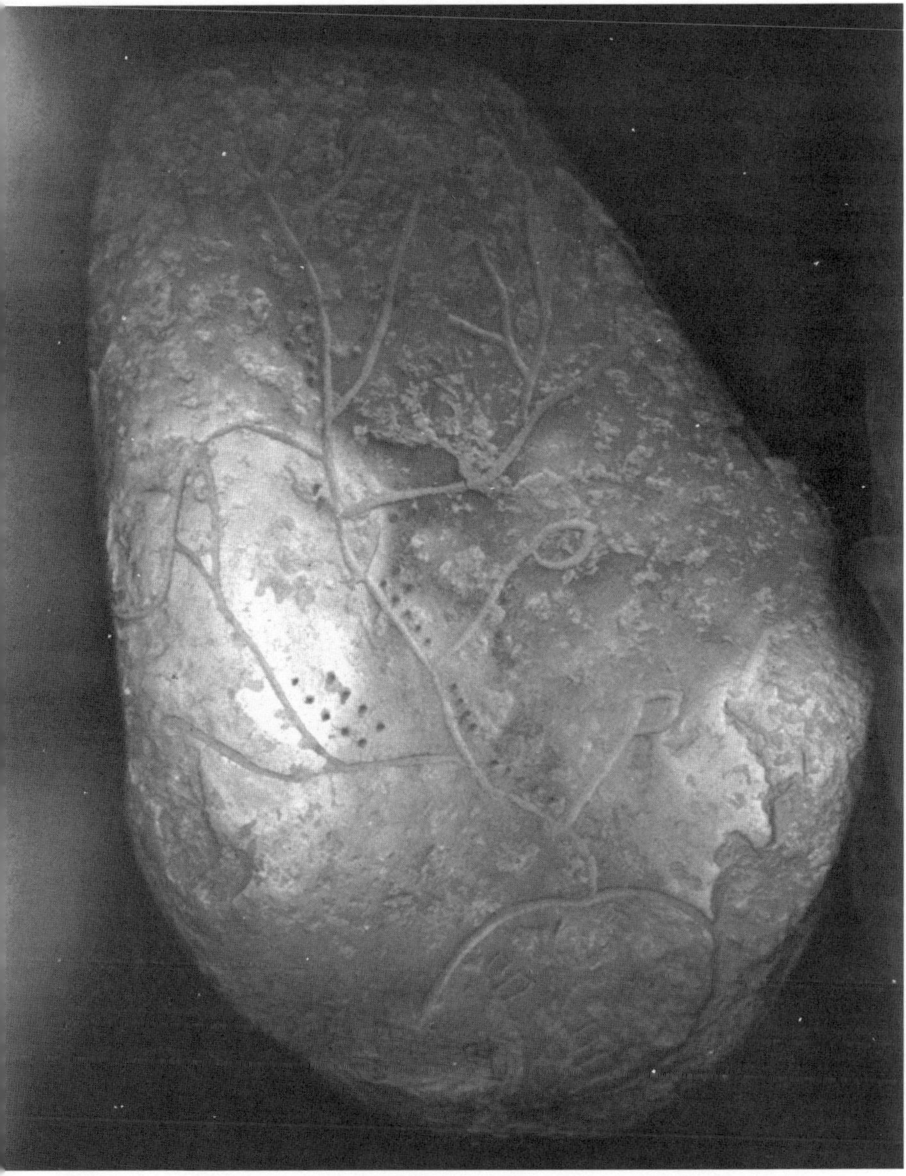

Abb. 16: Kartographierte Flußläufe. Liefert diese Darstellung Hinweise zur Lage von »Burrows' Cave«?

das »Neff«-Grundstück heute verwalte, den Standort des Höhlensystems einem Anthropologen gegenüber offengelegt habe. »Alle weiteren Schritte und Entscheidungen – so wurde mir mitgeteilt – fallen jetzt in dessen Zuständigkeitsbereich. Um wen es sich dabei handelt, weiß ich nicht.« Mit der Untersuchung des Höhlensystems werde demnächst begonnen. Burrows: »Ich selbst habe ab sofort nichts mehr mit der ganzen Sache zu tun.«

2 *Ecuadors »Metallbibliothek«*

»Burrows' Cave« ist kein Einzelfall: Auch die umstrittene Kollektion des 1982 verstorbenen Paters Carlo Crespi in Cuenca (Ecuador) wurde von der Wissenschaft jahrzehntelang ignoriert. Auf den von Crespi zusammengetragenen Metall- und Steinarbeiten wimmelt es ebenfalls von merkwürdigen Darstellungen: Dinosaurier und Fabelwesen sind darauf zu sehen, Götter und Pyramiden, aber auch geheimnisvolle Schriftzeichen. Ihre Hersteller: unbekannt.

Auf einigen der Metallarbeiten tauchen sogar Elefanten auf. Auch das ist erstaunlich, denn Elefanten sollen auf dem amerikanischen Kontinent nach allgemeiner Ansicht vor über 10000 Jahren ausgestorben sein. Zu Lebzeiten der Inka (um 1200 n. Chr.) existierten die imposanten Dickhäuter längst nicht mehr. Woher also bezogen die damaligen Künstler ihr Wissen?

Als einer der ersten auf die Crespi-Sammlung aufmerksam gemacht hat im europäischen Raum der Forscher und Schriftsteller Erich von Däniken. 1972 reiste er nach Cuenca, wo er tagelang damit beschäftigt war, die seltsamen Kunstgegenstände im improvisierten Museum des Paters auf Film zu bannen. »Es war unglaublich«, erinnert sich der Schweizer. »Crespis Räume waren bis an die Decke vollgestopft mit Stein-Figürchen aller Art. Ein unbeschreibliches Durcheinander. Unmittelbar daneben lagerten gravierte Metallplatten. Ich kam aus dem Staunen nicht mehr heraus.«

Wie Crespi gegenüber Däniken ausführte, habe er einen Großteil seiner Sammlung von den Indios erhalten. Diese

Abb. 17: Steindarstellung aus der Sammlung von Carlo Crespi und Juan Moricz.

hätten die Schätze »aus den geheimen Lagern ihrer Vorfahren zusammengetragen«, um sie seiner Obhut anzuvertrauen. Einige der Gegenstände sollen gar aus einem bislang kaum erforschten, kilometerlangen Höhlensystem stammen.

Zusammen mit dessen Entdecker, dem Argentinier Juan Moricz, sowie Moricz' Rechtsanwalt Matheus Pena konnte Däniken einen Teil davon persönlich in Augenschein nehmen. Beschriftete Metallplatten bekam der Schweizer in der unterirdischen Welt zu Gesicht, aber auch seltsame Stühle sowie Skulpturen zahlreicher Tiere – darunter sogar Saurier.

Kritiker warfen ihm in der Folge vor, die ganze Geschichte frei erfunden zu haben. Grund: In seinen Buch »Aussaat und Kosmos« erweckt Däniken den Anschein, er habe die sogenannten »Cuevas de los Tayos« durch den Haupteingang betreten, während er gegenüber Journalisten später differenzierte, lediglich einen abgelegenen Seiteneingang des Höhlensystems benutzt zu haben.

Weshalb? »Ich mußte mich gegenüber Moricz seinerzeit zu gewissen Bedingungen bereit erklären«, erläutert Däniken. »So durfte ich nichts von einem Nebeneingang verlauten lassen und mußte so tun, als sei ich in den sogenannten Tayos-Höhlen gewesen. Moricz begründete diese Bedingung damit, daß der Nebeneingang ›relativ leicht‹ erreichbar sei und er verhindern müsse, daß nachher alle möglichen Schatzsucher die Höhle plünderten. Was hätte ich tun sollen? Ich war erpicht darauf, wenigstens einen kleinen Teil seiner Schilderung mit eigenen Augen bestätigt zu sehen, und ich hätte damals vermutlich noch ganz andere Bedingungen akzeptiert.«

Der Beschreibung der eigentlichen Sensation, der »Halle mit der Metallbibliothek«, widmete der Schweizer in seinem Buch »Aussaat und Kosmos« nur wenige Abschnitte.

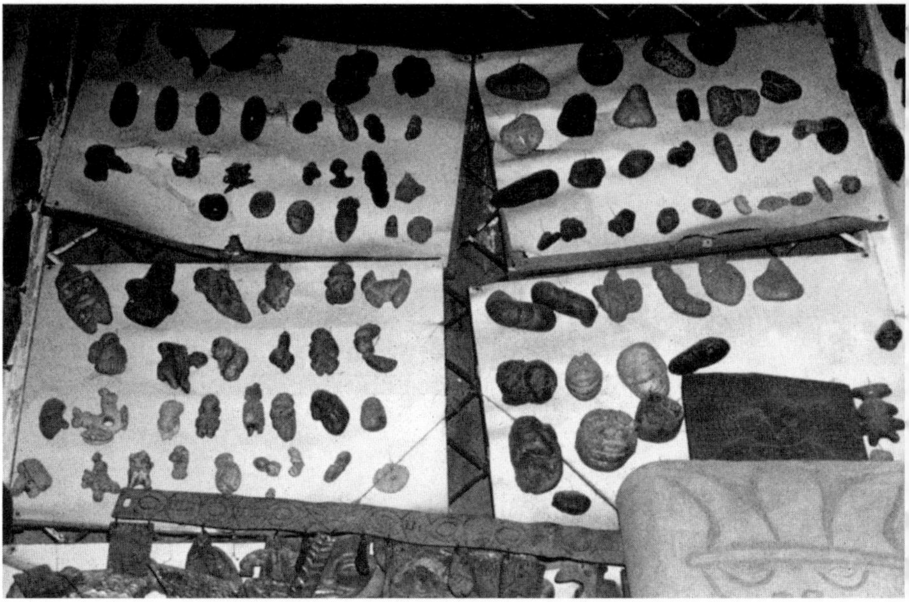

Abb. 18: Fotos mit Seltenheitswert – weitere Figuren aus der Sammlung von Carlo Crespi.

Dennoch waren es gerade diese Zeilen, welche seine Kritiker auf den Plan riefen. Ich bat ihn deshalb, mir nochmals zu schildern, was er bei seinem Gang in die Unterwelt zu Gesicht bekam.

»Da war ein Tisch und einige Stühle – hart wie Stahl«, erzählte mir Däniken. »Die Stühle hatten keine Lehnen. Sie bestanden jeweils aus zwei gebogenen Teilen. Die Sitzfläche war nach oben, die Beine nach unten gewölbt. Darunter befand sich eine Art viereckiger Kasten. Am Boden und in Steinnischen standen goldene ›Tierfiguren‹. Sie schienen aus Metall gefertigt und fühlten sich kalt an, als ich sie berührte. Da gab es Echsen mit extrem langen Schwänzen, aber auch ›Monster‹ mit riesigen Rachen, die teilweise an Dinosaurier erinnerten. Moricz hatte einige von ihnen kreisförmig auf dem Boden angeordnet. Dahinter funkelte im Schein unserer Taschenlampen die ›Metallbibliothek‹: Dünne Platten, mit Karrees verziert, die wiederum unzählige seltsame Zeichen und Figuren beinhalteten.«

So sehr der Schweizer auch insistierte: Fotografieren durfte er die imposanten Relikte nicht. Däniken: »Zu Beginn unseres Trips habe ich einige Figuren geknipst, die in den Felsnischen standen. Danach bat mich Moricz, den Fotoapparat zu versorgen.«

Längst nicht alle dieser Aufnahmen fanden auch den Weg in von Dänikens Bücher. So wollte es Moricz, und Däniken hat sich bis heute daran gehalten. Immerhin durfte ich einige der restlichen Bilder in seinem Archiv persönlich in

Abb. 19: In Crespis Räumen herrschte ein unsägliches Durcheinander.

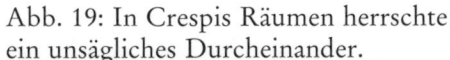

Augenschein nehmen. Kommt dazu, daß der Schweizer in seinem Buch seinerzeit auch die Visitenkarte von Moricz' Rechtsanwalt Matheus Pena inklusive Telefonnummer abbilden ließ, »um jedem seriösen Forscher Kontakt zu Juan Moricz herzustellen«. Handelt so jemand, der seine Leser bewußt in die Irre führen will?!

Es erstaunt nicht, daß Juan Moricz entgegen ersten Aussagen gegenüber der deutschen Presse 1973 plötzlich abstritt, Däniken in »seine« Unterwelt geführt zu haben. Kurz darauf flatterte dem Schweizer Autor nämlich eine Schadenersatzforderung von Rechtsanwalt Pena über 200 000 US-Dollar ins Haus. Begründung: Däniken habe mit der Veröffentlichung von Juan Moricz' Entdeckung »ein Geschäft« gemacht.

Abb. 20: Viele von Crespis »Schätzen« gelten heute als verschollen.

Die Medien kümmerte das wenig. Die Schlagzeilen waren gesetzt, Däniken war als Angeber »entlarvt«. Daß Moricz' Höhlensystem bereits 1969 Zielpunkt einer von ihm geleiteten Expedition war, wurde unterschlagen. Ebenso, daß sich die damaligen Teilnehmer schriftlich verpflichtet hatten, »keinerlei Kommentare an Zeitungen, Radio, Fernsehen oder andere ähnliche Einrichtungen zu geben, über die Expedition zu schweigen und insbesondere über die geographischen Orte der Eingänge und die wertvollen Objekte im Innern der Kavernen nichts verlauten zu lassen«.

In den Zeitungsberichten aus der damaligen Zeit wurden denn auch spektakuläre Fotos vom Höhleneingang herumgereicht, aber kaum ein Wort über den Inhalt der unterirdischen Welt verloren. Lediglich in einem notariell beglaubigten Schreiben an den ecuadorianischen Staat vom 21. Juli 1969 benannte Moricz, was er Däniken später zeigen sollte:

»Im Ostgebiet, Provinz Morona-Santiago, innerhalb der Grenzen der Republik Ecuador, habe ich kostbare Gegenstände von großem kulturellen und historischen Wert für die Menschheit entdeckt. Sie bestehen aus Metalltafeln, die von Menschenhand geschaffen worden sind und den historischen Bericht über eine verlorene Zivilisation enthalten, von der das menschliche Geschlecht bisher weder Wissen noch Spuren besitzt. Die erwähnten Gegenstände befinden sich gruppenweise innerhalb mehrerer verschiedener Höhlen, und ein jeder von ihnen ist anders gestaltet.

Ich habe die Entdeckung ganz zufällig gemacht, als ich in meiner Eigenschaft als Wissenschaftler die folkloristischen, ethnologischen und linguistischen Züge einiger ecuadorianischer Stämme untersuchte. Die von mir entdeckten Gegenstände weisen die nachstehend erwähnten Merkmale auf, die ich persönlich habe feststellen können:

1. Gegenstände aus Stein und Metall in verschiedenen Größen, Formen und Farben.
2. Metalltafeln, die mit ethnographischen Schriften und Zeichen versehen sind, eine wahre Bibliothek aus Metall, welche die chronologische Geschichte der Menschheit, den Ursprung des Menschen auf der Erde und die wissenschaftlichen Erkenntnisse einer erloschenen Zivilisation enthält.«

Mitte der 90er Jahre begab sich der deutsche Forscher und Autor Walter-Jörg Langbein auf die Spuren meines Landsmannes. Aufgeschreckt durch verschiedene Gerüchte, machte er sich nach Cuenca auf, um im örtlichen Kloster – Crespis ehemaliger Wirkungsstätte – herauszufinden, was nach dem Tod des Paters aus dessen Sammlung geworden war.

»Es gelang uns, in das Kloster eingelassen zu werden«, erzählt Langbein. »Die ›letzte Tür‹ vor dem Raum mit Crespi-Artefakten blieb uns aber verschlossen. Widersprüchliche Auskünfte wurden uns gegeben. ›Da ist nichts mehr da. Und es lohnt sich nicht, die Sachen anzusehen, da sie wertlos sind!‹ Enttäuscht haben wir uns im Kloster umgesehen. Mit meinen Reisegefährten fand ich Teile der Crespi-Sammlung. Metallplatten mit rätselhaften Schriftzeichen, aber auch mit mehr als merkwürdigen Bildern und Symbolen, gab es zu sehen. Doch in was für einem Zustand waren die Kunstgegenstände. Wie war man mit ihnen umgegangen! Beschriftete Metallplatten wurden dazu verwendet, man glaubt seinen Augen nicht zu trauen, um zum Beispiel eine schadhafte Holztreppe auszubessern. Großflächige Metallfolien wurden an mehrere Holzwände genagelt, um brüchige Stellen zu überdecken. ›Das ist noch gar nichts!‹ vertraute mir ein ältlicher Pater an. ›Wenn Sie wüßten, was

Abb. 21: Skelett aus Stein. Wo befindet es sich heute?

alles bei den Renovierungsarbeiten in den Fundamenten einbetoniert worden ist...‹«

Das niederschmetternde Resultat: Von Crespis Kunstgegenständen sind heute nur noch kärgliche Reste übrig. Die wertvolleren Stücke wanderten bereits 1971 gegen 433 000 US-Dollar in den Besitz der Banco Central del Ecuador, wie mir deren Sprecher Ximena Lasso Alvarez 1998 bestätigte: »Wir haben nicht alles gekauft, denn unsere Verantwortlichen waren der Auffassung, daß sich unter dem Material auch moderne Stücke befanden. Crespis Keramik-Objekte dagegen sind allesamt authentisch. Wir stellen sie hin und wieder im Museum unserer Bank aus.«

Die Zink-, Kupfer- und Metallarbeiten habe man zurückgewiesen, weil einige der Motive offensichtlich aus Büchern abkopiert worden seien, erklärt Alvarez weiter. »Beweis dafür bildeten einige Platten, die aus Überresten alter Benzintanks hergestellt waren. Das gesamte ethnographische Material befindet sich heute in den Händen des Salesianer-Ordens von Cuenca und ist für die Öffentlichkeit nicht zugänglich.«

Däniken hat nie einen Hehl daraus gemacht, daß sich unter Crespis Schätzen auch moderne Stücke befinden. Bereits 1972 schrieb er der Zeitschrift »Stern«: »Ich weiß sehr wohl, daß der Alte oft ein bißchen spinnt und in den beiden Räumen, welche er üblicherweise Besuchern zugänglich macht (es gibt einen dritten Raum, und den zeigt er nicht!), neben sehr wertvollen Stücken eine Unmenge Kram und Kitsch aufbewahrt. Wesentlich ist, daß er neben dem Kram tatsächliche Kostbarkeiten in Stein und Gold besitzt, um die sich die Archäologie endlich kümmern sollte.«

Aufbewahrt hatte Crespi diese Gegenstände in einem drit-

Abb. 22: Metallarbeit mit rätselhaften Zeichen und Symbolen.

ten Raum, den er eifersüchtig hütete. Däniken: »Juan Moricz meinte, ich sei erst die fünfte Person, welche diesen Raum zu Gesicht bekommen hat. Und es gelang mir nur deshalb, weil Moricz und Rechtsanwalt Pena dem Pater versicherten, ich sei einer der ihren, also einer der ›Wissenden‹. Als ich später wieder in Cuenca weilte, zeigte mir Crespi diesen Raum Nr. 3 nicht mehr!«

Was aber ist aus Moricz' Schätzen geworden? Eine von Hobby-Archäologe Stanley Hall und NASA-Astronaut Neil Armstrong geleitete Expedition kehrte 1976 mit leeren Händen aus den Cuevas de los Tayos zurück. Keine Spur der von Däniken beschriebenen Artefakte hatte man gefunden. Das war auch nicht verwunderlich, denn nach den mysteriösen Skulpturen und Metallplatten wurde gar nicht erst gesucht. Armstrong höchstpersönlich bestätigte dies in einem Brief vom 24. Februar 1977. Kommt dazu, daß die Indios ihre Schätze nach dem ganzen Medienwirbel sowieso an einen anderen Ort gebracht haben dürften. Dennoch ließen zahlreiche Zeitungen und Illustrierte auch diese Gelegenheit nicht ungenutzt, ihren Lesern in reißerischer Aufmachung einmal mehr den großen »Däniken-Schwindel« zu verkaufen.

Mittlerweile hat sich einiges getan. So hielt Däniken um 1990 in Quito einen vielbeachteten Vortrag, dem auch der damalige Expeditionsleiter Stanley Hall beiwohnte. »Hall erklärte bei dieser Gelegenheit vor allen Anwesenden, er habe den Ort mittlerweile gefunden, an den die Schätze verlegt worden seien«, berichtete mir Däniken. »Die von mir beschriebenen Dinge entsprächen der Wahrheit. Mehr war ihm nicht zu entlocken. In den nächsten Tage nutzte ich die Gelegenheit, um Hall näher kennenzulernen. Dabei verriet er mir, daß er zur Zeit an einem Buch arbeite, in dem er die Ergebnisse seiner Recherchen inklusive Fotografien der Objekte demnächst vorstellen werde.«

3 *Michigan-Tafeln: Wer hat sie versteckt?*

Ebenso wie die Sammlungen von Russell Burrows und Carlo Crespi werden auch die sogenannten »Michigan-Tafeln« heute vorschnell modernem Ursprung zugeordnet. Ihre Existenz läßt ebenfalls vermuten, daß der amerikanische Kontinent bereits viele Jahrhunderte vor Kolumbus von anderen Seefahrern angesteuert worden ist.
Geborgen wurden die Tafeln zwischen 1874 und 1915 rund um Detroit (Michigan) aus indianischen Hügelgräbern. Gleich zu Tausenden horteten Amateure und Bauern die aus Schiefer, Ton oder Kupfer gefertigten Fundstücke. Immerhin waren die Tafeln mit christlichen Motiven und fremdartigen Schriftzeichen übersät – womöglich waren sie also wertvoll. Eingravierte Darstellungen von Mammuts, indischen Elefanten oder Menschen mit orientalischen Gesichtszügen weckten außerdem Zweifel an der amerikanischen Geschichtsschreibung.
Zur großen Enttäuschung der Finder machten sich die Gelehrten gar nicht erst die Mühe, die Fundstücke einer gründlichen Überprüfung zu unterziehen. Statt die Plünderungen zu verhindern, bezeichneten sie die Tafeln als Fälschungen. Als man 1890 etwa dem Anthropologen Morris Jastrow, Professor an der University of Pennsylvania, Fotografien der Stücke zeigte, winkte er nur ab:
»Das einzig Bemerkenswerte an den Tafeln ist ihr dilettantischer Charakter sowie die offensichtliche Unwissenheit des Fälschers. Bereits ein flüchtiger Blick auf die Fotos enthüllt den wirklichen Charakter der ›Funde‹: Die In-

schriften sind größtenteils ein schreckliches Durcheinander phönizischer, ägyptischer und altgriechischer Schriftzeichen, die nach dem Zufallsprinzip aus Alphabeten zusammengewürfelt wurden, wie wir sie etwa im Webster's Dictionary finden.«

Vergeblich wehrten sich die Finder gegen den Vorwurf, die Tafeln gefälscht zu haben: Das Urteil war gefällt, die Fundstücke als Schwindel »entlarvt«. Ebenso schnell wie sie aufgetaucht waren, verschwanden sie auch wieder im Dunkel der akademischen Ignoranz. Verärgert begannen Leute wie Daniel Soper, der ehemalige Staatssekretär von Michigan, oder Pastor James Savage damit, Tausende der Tafeln zusammenzutragen, um sie der Nachwelt zu erhalten.

Viele Jahrzehnte später unterzog die Forscherin Henriette Mertz die Michigan-Tafeln einer gründlichen Untersuchung. Mertz, eine Expertin für präkolumbianische Kontakte, wollte den Fälschungsvorwurf eigentlich wissenschaftlich untermauern. Es gelang ihr nicht. Im Gegenteil: Nach jahrzehntelangen Untersuchungen kam die Amerikanerin zum Schluß, daß die Tafeln entgegen bisherigen Verlautbarungen authentisch waren. Mertz zufolge wurden sie von Christen hergestellt, die nach dem Fall des römischen Imperiums irgendwann um 312 n. Chr. auf den amerikanischen Kontinent flohen. Die provokativen Ergebnisse ihrer Untersuchungen schrieb sie in einem umfangreichen Werk nieder, dessen Veröffentlichung sie allerdings nicht mehr erlebte. Henriette Mertz starb 1985.

Wo aber befinden sich die geheimnisvollen Tafeln heute? Verschiedene Forscher versichern uns, sie seien verschol-

Abb. 23: Tausende von Tafeln dieser Art wurden um die Jahrhundertwende in Michigan zutage gefördert.

len. Unter ihnen auch der Autor Walter-Jörg Langbein, der zu den ersten gehörte, die im deutschsprachigen Raum auf die Michigan-Tafeln aufmerksam machten. Trotz intensiver Recherchen gelang es ihm nicht, etwas über ihren Verbleib herauszufinden. Sicher sei lediglich, daß ein Großteil der Funde in Springsport (Indiana) einem Feuer zum Opfer gefallen sei, schreibt er. »Ein gewisser Thad Wilson rettete ganze 20 Objekte aus dem rauchenden Bauschutt.«

Glücklicherweise entpuppte sich Langbeins Bericht als nicht ganz korrekt. So weiß man heute von elf kleineren Sammlungen, die in Michigan sowie in New Hampshire aufbewahrt werden. Auch den aktuellen Aufenthaltsort der von Daniel Soper und James Savage zusammengetragenen Kollektionen konnte ich lokalisieren: Wie mir der amerikanische Forscher Evan Hansen mitteilte, wurde ein großer Teil der geheimnisvollen Platten bereits vor 20 Jahren den Mormonen in Utah übergeben, wo sich die Stücke heute noch befinden. Ronald Barney, Archivar des Historical Department des Mormonen-Tempels in Utah, bestätigte diesen Sachverhalt gegenüber Hansen in einem Brief vom 23. März 1992.

In einem Schreiben an Professor Emilio Spedicato, Mathematiker an der Universität von Bergamo (Italien), legten die Mormonen am 14. Juni 1993 weitere Details offen. Glen Leonard schreibt: »Daniel Sopers Kollektion ging nach dessen Tod in den Besitz seines Sohnes Ellis über. 1965 gelangte sie in die Hände von Milton R. Hunter, einem Mormonen, der sich stark für Amerikas Vorgeschichte interessierte. Was die Sammlung von James Savage

Abb. 24: Die Zeichen auf den Tafeln konnten bisher nicht entziffert werden.

betrifft, so wurde diese 1930 der Notre Dame University übergeben, von wo sie 1960 ebenfalls in Hunters Besitz gelangte. Seine Familie vermachte uns die Fundstücke.«

Leonard zufolge umfaßt die Savage-Kollektion 1045 Stücke, während die Soper-Sammlung deren 495 zähle. Insgesamt sollen also 1540 Tafeln in Utah lagern. Für Hansen Grund, mißtrauisch zu werden. Immerhin ist in Mertz' Werk von 2700 katalogisierten Stücken die Rede. »Offensichtlich wurden die besten Exemplare aus der Sammlung entfernt und versteckt.«

Evan Hansens Zweifel sind berechtigt. Schließlich bezog Mormonen-Gründer Joseph Smith sein Wissen von ganz ähnlichen Tafeln, die er um 1823 im Bundesstaat New York ausgegraben haben wollte. Ein Engel habe ihm dabei den Weg gewiesen und ihn damit beauftragt, die Tafeln zu übersetzen. Smith tat wie ihm geheißen, und so entstand das Buch Mormon.

Die Schilderungen im Buch Mormon beginnen etwa 600 Jahre vor Christus in der Stadt Jerusalem. Ein Prophet namens Lehi soll das Land damals zusammen mit einigen Angehörigen auf Weisung Gottes verlassen haben und auf den amerikanischen Kontinent übersiedelt sein. Dort angekommen, begannen die Einwanderer das Land zu bestellen und dünne Metall-Platten anzufertigen, auf denen sie die Geschichte ihres Volkes eingravierten. Eine Tradition, die von Generation zu Generation weitergegeben wurde.

Irgendwann aber zerstritten sich die beiden Volksgruppen, die Nephiten sowie die abtrünnigen Lamaniten, und so kam es zu einer großen Schlacht. Gleichzeitig sammelte der Prophet Mormon die Berichte seines Volkes und faßte

Abb. 25: Weitere Fundstücke aus Michigan, die heute verschwunden sind.

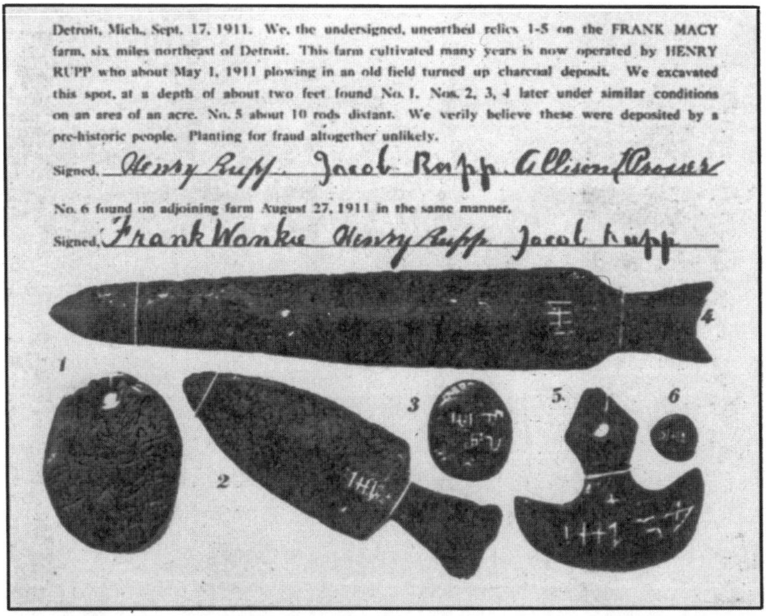

Detroit, Mich., Sept. 17, 1911. We, the undersigned, unearthed relics 1-5 on the FRANK MACY farm, six miles northeast of Detroit. This farm cultivated many years is now operated by HENRY RUPP who about May 1, 1911 plowing in an old field turned up charcoal deposit. We excavated this spot, at a depth of about two feet found No. 1. Nos. 2, 3, 4 later under similar conditions on an area of an acre. No. 5 about 10 rods distant. We verily believe these were deposited by a pre-historic people. Planting for fraud altogether unlikely.

Signed, Henry Rupp. Jacob Rupp. Allison Brosser

No. 6 found on adjoining farm August 27, 1911 in the same manner.

Signed, Frank Wanke Henry Rupp Jacob Rupp

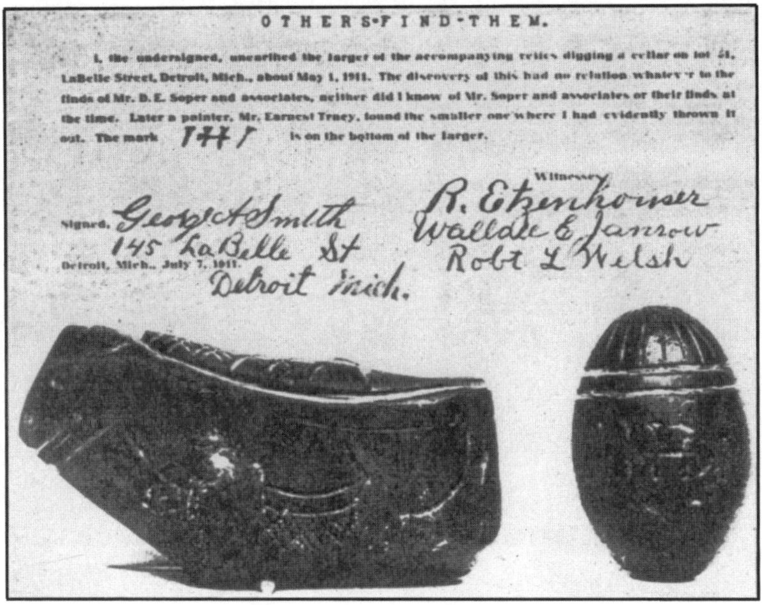

OTHERS-FIND-THEM.

I, the undersigned, unearthed the larger of the accompanying relics digging a cellar on lot [illegible], LaBelle Street, Detroit, Mich., about May 1, 1911. The discovery of this had no relation whatever to the finds of Mr. D. E. Soper and associates, neither did I know of Mr. Soper and associates or their finds at the time. Later a painter, Mr. Earnest Tracy, found the smaller one where I had evidently thrown it out. The mark Ͳ⧺Ͳ Г is on the bottom of the larger.

Signed, George A Smith
145 LaBelle St
Detroit Mich.

Detroit, Mich., July 7, 1911.

Witnesses
R. Etzenhouser
Wallace E Janrow
Robt L Welsh

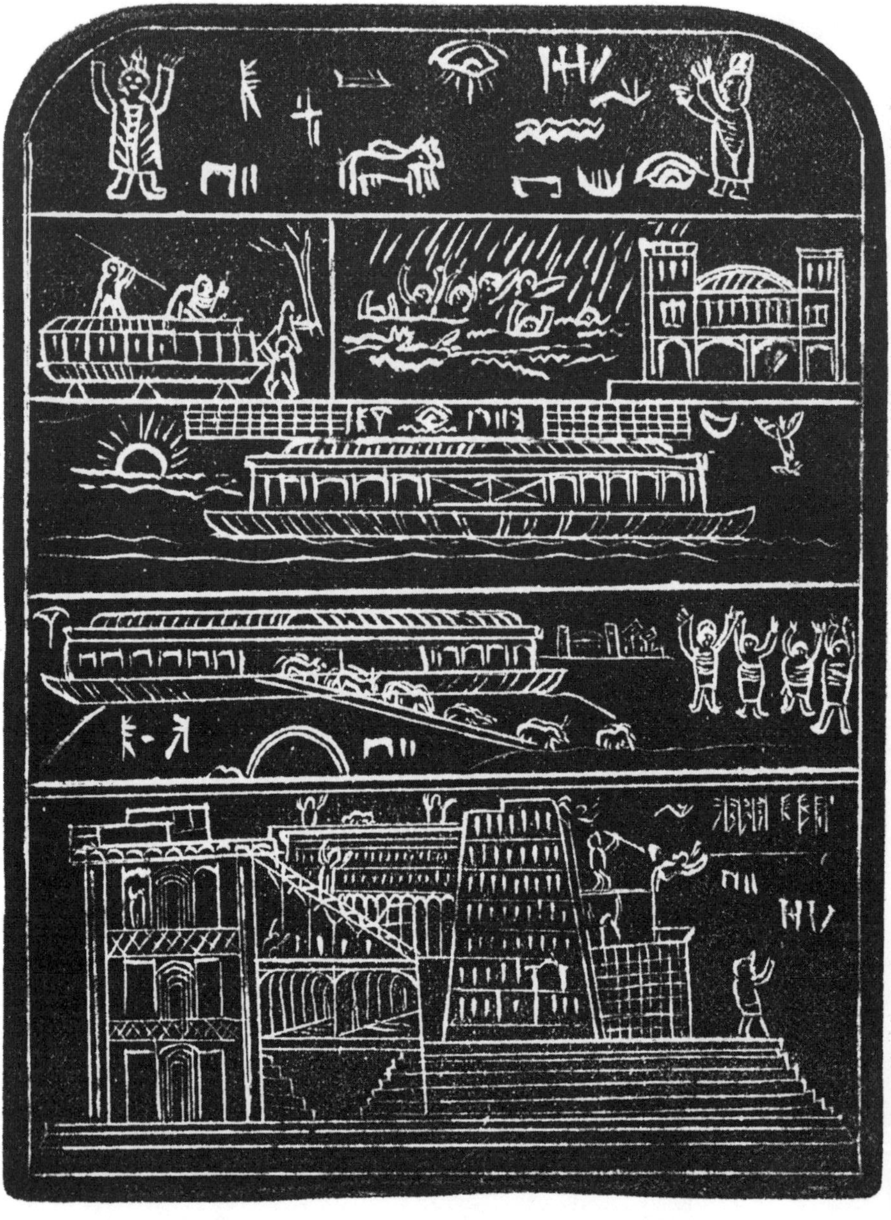

Abb. 26: Zahlreiche der Tafeln weisen biblische Motive auf.

sie zu einem Buch zusammen, das sein Sohn nach dessen Tod vergrub.

Die nephitische Kultur wurde im großen Krieg aufgerieben. Übrig blieben die Lamaniten. Deren Nachkommen sollen nach Ansicht der Mormonen zusammen mit einigen anderen Gruppen die Indianer-Stämme gebildet haben, die von den europäischen Entdeckern in der Neuen Welt später vorgefunden wurden.

Soweit die Geschichte, wie sie uns Joseph Smith erzählt. Eine Geschichte, die Fragen aufwirft. Hatte Smith womöglich einige der mit christlichen Motiven verzierten Tafeln, wie sie später auch in Michigan gefunden wurden, entdeckt und darum herum lediglich eine phantasievolle Geschichte gebastelt?

Die Antwort des Mormonen-Hauptsitzes in Utah fiel jedenfalls äußerst reserviert aus, als ich dort nähere Informationen über die Sammlung erbat. Pressesprecher Don LeFevre: »Wir haben die sogenannte Savage-Soper-Kollektion vor vielen Jahren von der University of Notre Dame erworben. Die Tafeln weisen Inschriften und Zeichnungen mit biblischen Motiven auf. Mit dem Buch Mormon haben sie überhaupt nichts zu tun.« Dazu komme, daß verschiedene Stücke Spuren maschineller Bearbeitung aufweisen würden: »Einige Experten im archäologischen Sektor stellen ihre Authentizität deshalb ernsthaft in Frage.«

Ob die Michigan-Tafeln tatsächlich modernen Ursprunges sind, kann ich nicht beurteilen. Sicher scheint mir dagegen, daß die Mormonen die Echtheit der Tafeln selbst dann in Abrede stellen dürften, wenn sich die Fundstücke nach einer unabhängigen wissenschaftlichen Untersuchung definitiv als authentisch erweisen würden.

»Falls die Existenz der Michigan-Platten öffentlich bekannt gemacht und die Inschriften entziffert würden, könnten die wahren geschichtlichen Hintergründe der Tafeln bekannt werden«, meint auch Evan Hansen. »Der Mormonen-Kirche würde dies natürlich massiven Schaden zufügen. Kein Wunder, daß sie alles dafür tut, um Zweifel an der Authentizität der Platten zu wecken.«

Die »wahren geschichtlichen Hintergründe« ortet Hansen in einer Katastrophe kosmischen Ursprungs, die unseren Erdball einst in Mitleidenschaft gezogen habe. Mit Recht verweist er auf die immer wiederkehrende, bildlich symbolisierte Geschichte der Arche Noah, zahlreiche Flut-Motive sowie Darstellungen von Asteroiden auf den Tafeln.

Selbst Asteroiden-Einschläge sind darauf festgehalten. Hansen: »Folgen wir diesen Darstellungen, dann wurde die in der Bibel beschriebene Flut offenbar durch einen Asteroiden-Einschlag verursacht. Eine These, die Mitte dieses Jahrhunderts erstmals von Immanuel Velikovsky formuliert wurde. Wie sollen die ›Fälscher‹, welche die Tafeln um die Jahrhundertwende fanden, bereits davon gewußt haben?!«

4 *Die Glozel-Kontroverse*

Seit Jahrzehnten tobt in der französischen Gelehrtenwelt ein unerbittlicher Streit. Im Mittelpunkt der Debatte: An die 3000 Fundstücke aus der Vergangenheit – viele von ihnen mit eigenartigen Schriftzeichen verziert. Darunter Tontafeln, geheimnisvolle Skulpturen, Vasen, Steine, aber auch bearbeitete Knochen. Wissenschaftler datieren einige von ihnen auf 15 000 bis 17 000 v. Chr., eine prähistorische Epoche, in der es nach gängiger Auffassung eigentlich noch gar keine Schriftzeichen gegeben haben dürfte.
Zutage gefördert wurden die seltsamen Fundstücke zwischen 1924 und 1930 vom jungen französischen Bauern Emile Fradin. Beim Umpflügen seines Ackers im Weiler Glozel, südöstlich von Vichy, purzelten die antiken Überreste damals nur so aus der Erde. Aufmerksam geworden durch einen Bericht im »Bulletin de la Société d'Emulation du Bourbonnais« bot der Amateur-Archäologe Dr. Antonin Morlet, ein Badearzt aus Vichy, Fradin seine Unterstützung an. Fradin nahm dankend an, und so begannen die beiden den Boden nach weiteren archäologischen Relikten abzusuchen.
Bald reisten Professoren und Fachleute aus aller Welt an, um die eigenartigen Inschriften zu begutachten. Doch zur großen Enttäuschung Fradins konnte sich niemand daran erinnern, jemals etwas Ähnliches gesehen zu haben. Immerhin schaltete sich kurze Zeit später auch Joseph-Louis Capitan vom Musée des Beaux Arts in Paris ein. 1924 wurden ihm Proben von der Fundstätte zugestellt. Dreizehn Monate lang geschah erst einmal gar nichts. Schließlich

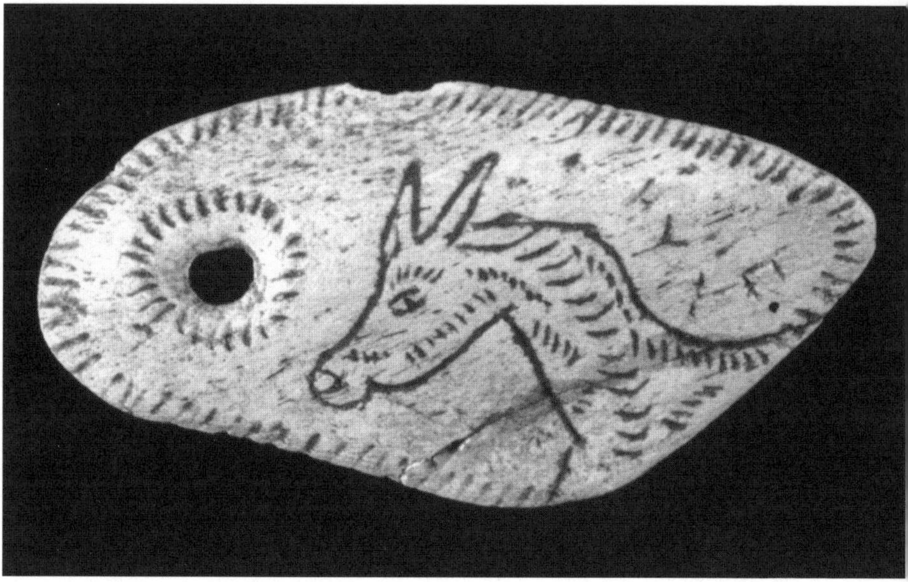

Abb. 27: Stein mit Pferde-Darstellung aus der Sammlung von Emile Fradin.

Abb. 28: Die Vielfalt der Glozel-Motive kennt keine Grenzen.

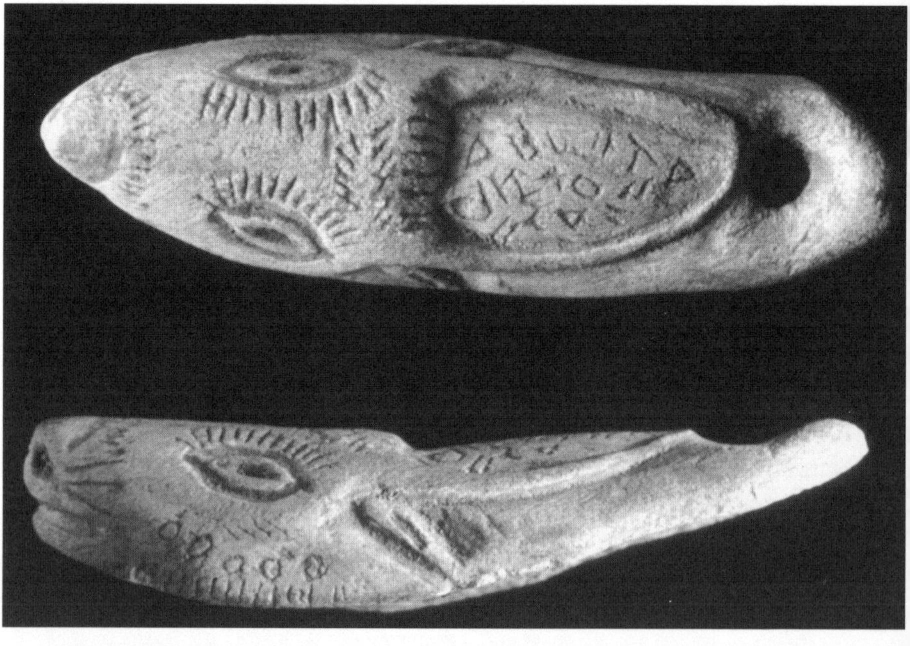

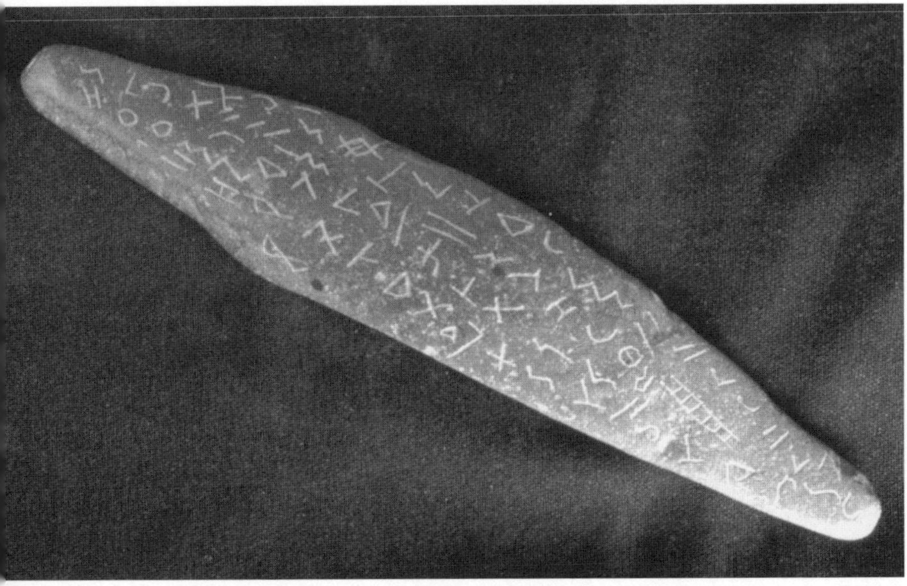

Abb. 29: Wurden die Schriftzeichen erst später hinzugefügt? Ein Schweizer will Hinweise dafür entdeckt haben.

raffte sich Capitan doch noch dazu auf, die Ausgrabungsstätte einem persönlichen Augenschein zu unterziehen. Beeindruckt bat er Morlet, ihm einen Bericht über die Entdeckungen zuzustellen.

Morlet tat, wie ihm geheißen, ließ es sich aber nicht nehmen, seinen Rapport am 23. September 1925 unter dem Titel »Nouvelle station néolithique« in seinem und Fradins Namen zu veröffentlichen. Sehr zum Ärger von Capitan freilich, der wie wild tobte und Morlet unverzüglich nach Paris zitierte. »Sie sind in der Fachwelt doch gar nicht bekannt«, herrschte er den Arzt dort vorwurfsvoll an. »Ihre Broschüre wird sich nicht verkaufen. Setzen Sie doch einfach meinen Namen an die Stelle desjenigen von Fradin.«

Morlet dachte nicht im Traum daran, den eitlen Wünschen

des selbstherrlichen Gelehrten nachzukommen. Die Konsequenzen waren verheerend: Tief gekränkt ließ Capitan in der Folge keine Möglichkeit aus, die Fundstätte in Fachkreisen lächerlich zu machen. Fradin warf er vor, die Artefakte gefälscht zu haben, um daraus Profit zu schlagen. Auch sonst legte er weiteren Untersuchungen alle nur erdenklichen Hindernisse in den Weg.

Abb. 30: Stummer Zeuge der Vergangenheit.

Viele von Capitans Fachkollegen taten es ihm gleich. Zu groß war die Ehrfurcht vor dem Ruf ihres Meisters, als daß sie ihm öffentlich widersprechen wollten. Dazu kam, daß niemand die Glozel-Schriften zu entziffern vermochte. Schriften, die noch dazu auf uralten Knochen prangten. Was lag da näher, als die Fundstücke als moderne Fälschungen abzutun? Die akademische Hetzkampagne gipfelte in einem Prozeß, in dem Emile Fradin öffentlich beschuldigt wurde, die knapp 3000 Artefakte eigenhändig gefälscht zu haben. Mangels Beweisen wurde er freigesprochen.

Erst 1974, als Fradin der Öffentlichkeit freudig verkünden konnte, daß eine Altersbestimmung mit der Thermolumineszenz-Methode die historische Authentizität seiner Funde bestätigt hatte, änderte sich die Situation. Veranlaßt worden war die Datierung von Dr. Hugh McKerrell vom National Museum of Antiquities of Scotland, Dr. Vagn Mejdahl von der Dänischen Atomenergie-Kommission sowie von Henri François und Guy Portal vom Centre d'Etudes Nucléaires in Fontenay-aux-Roses. In der Fachzeitschrift »Antiquity« siedelten sie die Entstehung der Tontafeln in die Zeit der Kelten zwischen 700 v. Chr. und 100 n. Chr. an. Das war zwar nicht so alt, wie es sich Morlet erhofft hatte; immerhin markierte die Datierung aber einen wichtigen Schritt nach vorne.

Für Kopfzerbrechen unter den Experten sorgen bis heute weiterhin die Inschriften. Der Schweizer Glozel-Experte Hans-Rudolf Hitz erklärt warum: »Große Unruhe entfachte vor allem der Fund eines braunen Steines, auf dem ein Rentier, umgeben von unbekannten Zeichen, eingraviert war. Da das Ren nämlich am Ende der Eiszeit aus unseren Breiten abwanderte, müßte die Zeichnung vor dieser Zeit – also um 10 000 v. Chr. – entstanden sein, was natürlich auch für die Symbole zutraf. Weil eine Schrift aus dem

Magdalénien (15000–10000 v. Chr.) jedoch so gar nicht ins Bild der Wissenschaft paßte, machten die Urgeschichts-Professoren in Paris aus dem ›Ren‹ kurzerhand einen ›Hirsch‹ – wodurch die Zeichnung ›jünger‹ wurde.«
Seit 20 Jahren beschäftigt sich der Biologe aus Ettingen bei Basel mit der Glozel-Kontroverse. Unzählige Male hat er den malerischen Ort bereits besucht, um die Fundstücke in Fradins kleinem Museum persönlich in Augenschein zu nehmen. »Zu Beginn war ich noch skeptisch«, räumt Hitz ein. »Doch je besser ich Fradin kennenlernte, desto klarer wurde mir, daß dieser einfache, liebenswürdige Mann nie und nimmer das Potential hätte, einen derart gigantischen Schwindel auszuhecken. Im Gegenteil: Selbst im Fall einer Millionen-Offerte würde es der heute über 90jährige Bauer wohl nicht übers Herz bringen, sich von seinen Fundstücken zu trennen.«
In jahrelanger Arbeit gelang es Hitz, Teile der rätselhaften Schriften zu entziffern. Vergleiche mit griechischen, etruskischen, lepontischen und gallischen Alphabeten ließen ihn zur Überzeugung gelangen, es mit einer keltischen Schrift zu tun zu haben. »Bisher zählte man 111 Glozel-Zeichen – zuviel für ein Alphabet«, erklärt er. »Es gelang mir nun aber, das Glozel-Alphabetarium auf insgesamt 70 Zeichen einzugrenzen: 26 Buchstaben sowie 40 Ligaturen mit Variationen. Dadurch ließ sich unter anderem der Begriff ›nemu Chlausei‹ isolieren, was in Anlehnung an das gallische ›nemeton‹ etwa mit ›im heiligen Bezirk von Glozel‹ übersetzt werden kann.«
Auf derselben Tontafel fand Hitz außerdem die Wörter »tulsiec« und »toulsiau«, die er für Bezeichnungen des Ortsnamens »Tolosa«, heute Toulouse, hält. »Das ist um so interessanter, als Toulouse einst Hauptstadt eines bekannten keltischen Stammes war.«
Daß es sich bei Glozel um eine steinzeitliche Fundstelle

Abb. 31: Eine der Schrifttafeln, die der Schweizer Hans-Rudolf Hitz glaubt, entziffern zu können.

handelt, wie Morlet einst vermutet hat, hält Hitz nach seinen Entzifferungen für wenig wahrscheinlich. Vielmehr interpretiert er den Weiler als eine Art »Wallfahrtsort«, wo Pilger zur Verehrung des heiligen Hains und zur Beobachtung von Sonne und Mond zusammenkamen, um dort möglicherweise auch ihre Schriftsysteme auszutauschen.

Was aber haben Darstellungen von Rentieren und Panthern auf den Fundstücken zu suchen? Raubtiere, die bekanntlich nach der großen Gletscher-Schmelze vor rund 12000 Jahren das Weite suchten? »Durchaus möglich, daß die damit verzierten Steine, Knochen und Ton-Urnen aus prähistorischen Höhlen stammen und als Opfergaben nach Glozel gebracht wurden«, spekuliert Hitz. »Ihre Schriftzeichen könnten also erst später, ebenfalls von Kelten, eingeritzt worden sein. Immerhin sind die Zeichen denjenigen auf den Tontafeln sehr ähnlich. Außerdem scheinen sie dieselben keltischen Eigennamen und Wörter zu repräsentieren.«

Abb. 32: Weiterer Glozel-Stein mit Tierdarstellung. Was mit Fradins Sammlung später einmal geschehen soll, ist unklar.

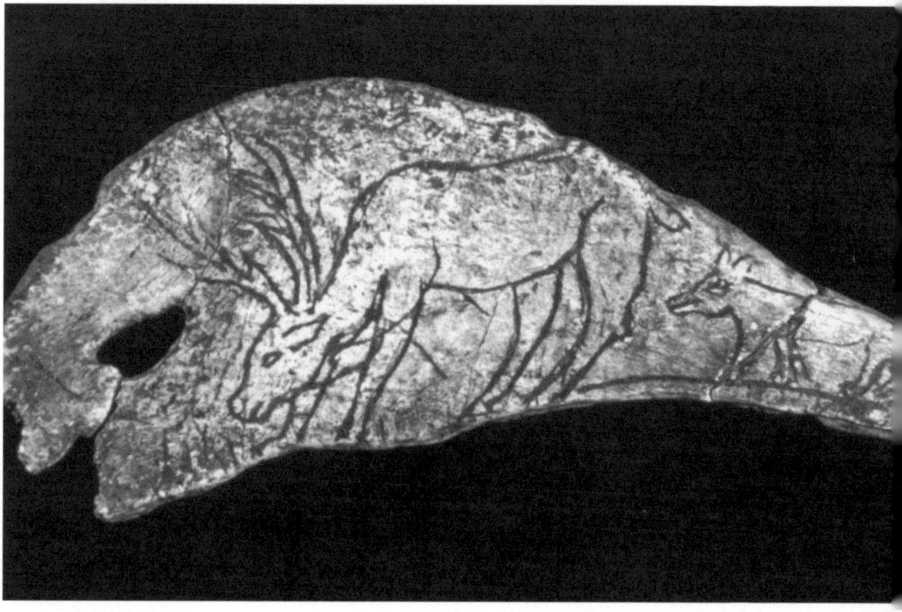

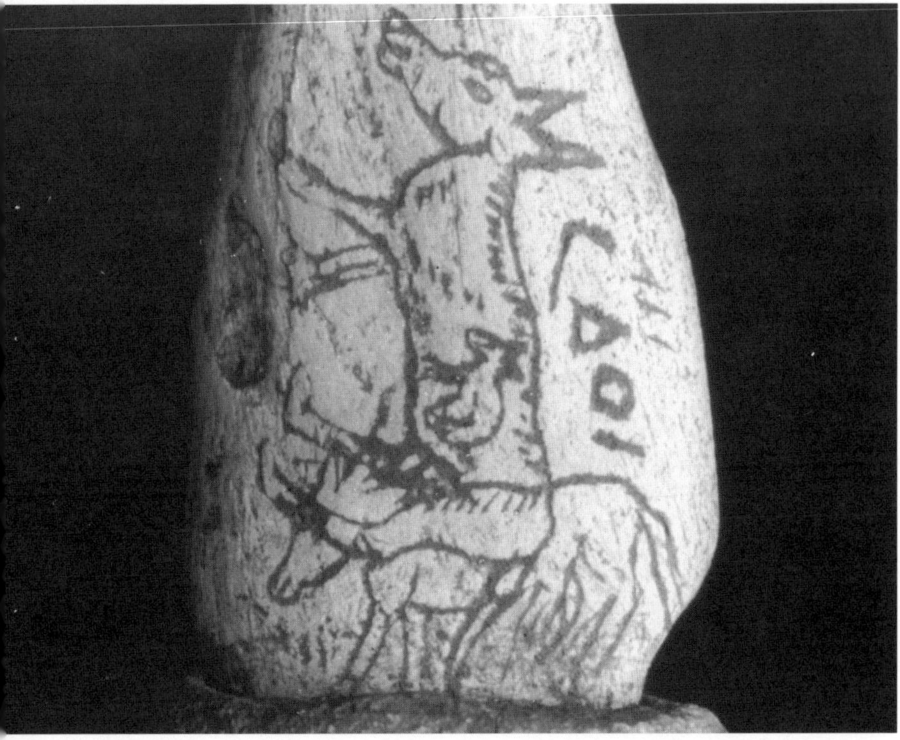

Abb. 33: Stammen die Inschriften auf den Fundstücken von den Kelten?

Kummer bereitet dem Ettinger vor allem die Tatsache, daß längst nicht alle der Fundstücke fotografisch erfaßt sind. »Seit ein französisches TV-Team vor einigen Jahren für Wirbel im Museum sorgte, ist das Fotografieren dort strengstens untersagt«, seufzt er. »Das ist bedauerlich, denn nach wie vor ist völlig offen, was mit der Glozel-Sammlung geschehen soll. Schon möglich, daß die Stücke in alle Winde verstreut werden, um später in irgendwelchen Privatsammlungen zu verschwinden.«

Mit Recht kritisiert Hitz das Desinteresse des wissenschaftlichen Establishments an weiteren Untersuchungen. Nach wie vor harrt die Fundstätte von Glozel nämlich einer sauber durchgeführten archäologischen Grabung. Zwar hatten die zuständigen Stellen bereits 1982 grünes Licht gegeben, allerdings wurde der Spaten damals nicht auf Fradins Gelände angesetzt, sondern an drei anderen Orten, peripher zu Glozel. Den Archäologen war wenig Glück beschieden. Weder in Le Cluzel noch in Puyravel konnten nennenswerte Funde verzeichnet werden. Lediglich in Chez Guerrier zeigten ihre Bemühungen Erfolg. Die Ausbeute: eine weitere Schrifttafel sowie ein in Stein graviertes Wildpferd.

Altersbestimmungen durch französische Laboratorien warfen in der Folge mehr Fragen auf, als sie Antworten lieferten. »Die Resultate zeigten eine derart breite Streuweite, daß sich keinerlei Schlüsse daraus ziehen ließen«, erklärt Hans-Rudolf Hitz. »Eigenartigerweise ist die Tontafel von Chez Guerrier seither spurlos verschwunden...«

5 *Acambaros Vermächtnis*

1944: Acambaro, 175 Meilen nordwestlich von Mexico City. Auf einem Ausritt entdeckt der Kaufmann Waldemar Julsrud einige Keramikfragmente, die der Regen aus der Erde gewaschen hat. Da ihn Kunstgegenstände seit jeher faszinierten, bittet Julsrud seinen Aufseher Odilon Tinajero, die Fundstelle für ihn zu inspizieren.
Tinajero macht sich mit seinen Männern sogleich an die Arbeit. Gegen 33 500 Figuren läßt er zwischen 1944 und 1952 im südwestlichen Teil der Stadt von den Einheimischen zutage fördern, um sie Julsrud gegen ein bescheidenes Entgelt auszuhändigen. Der Kaufmann staunt nicht schlecht, als er die Skulpturen einem näheren Augenschein unterzieht: Neben allerlei menschlichen Figuren unterschiedlichster Rassen, wie etwa Europäer oder Eskimos, tummelten sich darunter auch monsterähnliche Kreaturen, die ihn verdächtig an Dinosaurier erinnerten.
Schon bald werden auch einige Archäologen auf die seltsamen Figuren aufmerksam. Doch als sie die Keramikstücke zu Gesicht bekommen, verdüstern sich ihre Mienen: Dinosaurier-Motive? Menschen, die auf Dinosaurier ritten? Baby-Saurier, die von Frauen gefüttert wurden? Das konnte nicht sein! Schließlich war allgemein bekannt, daß die Urzeit-Giganten längst ausgestorben waren, als unsere Vorfahren die Erde zu bevölkern begannen. Enttäuscht sehen die gelehrten Herren von weiteren Untersuchungen ab.
1954 entsendet das Instituto Nacional de Antropologia e Historia doch noch vier Vertreter an den umstrittenen

Abb. 34: Acambaro-Skulpturen:
Was wollten uns die Künstler mitteilen?

Fundort. Angeführt wird das mexikanische Experten-Team von Dr. Eduardo Noguera. Alles sei während der Ausgrabungen mit rechten Dingen zugegangen, halten die Archäologen in einem internen Bericht fest. Offiziell äußern aber auch sie sich kritisch. Die Schlußfolgerung, daß es zwischen Menschen und Dinosauriern womöglich eine bislang unbekannte Verbindung gab, erscheint ihnen zu phantastisch.

Anders Professor Charles H. Hapgood. Sein Leben lang widmete sich der mittlerweile verstorbene amerikanische Historiker den seltsamen Figuren. Mehrmals versuchte Hapgood, dem Rätsel vor Ort auf den Grund zu gehen,

Abb. 35: Dinosaurier oder Fabelwesen? Die Acambaro-Skulpturen bringen selbst gestandene Fachleute in Erklärungsnot.

denn er war überzeugt, daß mehr hinter der Sache steckte, als ihm seine Kollegen weismachen wollten.
Unterstützt wurde Hapgood bei seinen Nachforschungen vom lokalen Polizeichef in Acambaro. Freimütig erlaubte ihm dieser, überall Grabungen anzustellen, wo er es für nötig hielt. Hapgood ließ sich nicht zweimal bitten. An den unmöglichsten Orten buddelten seine Arbeiter 1955 nach weiteren Figuren – und wurden immer wieder fündig.
Selbst den Fußboden im Haus des Polizeichefs verschonte Hapgood nicht. Und auch dort kamen im Laufe der Arbeiten weitere Figuren zum Vorschein. Ein klares Indiz für

die Echtheit der Skulpturen. Immerhin war das fragliche Haus bereits 25 Jahre zuvor errichtet worden.
1968 erhielt der Professor Teile einer Julsrud-Figur, die organisches Material enthielt. Material, das während des Herstellungsprozesses eingeschlossen worden war. Hapgood leitete Proben davon zur C-14-Datierung an die Teledyne Isotopes Laboratories in Westwood (New Jersey) weiter. Die dortigen Fachleute wiesen dem Material ein Alter von rund 6500 Jahren zu.
Zu den wenigen, welche die Julsrud-Sammlung persönlich in Augenschein nehmen durften, gehört »Perry Mason«-Autor Erle Stanley Gardner. In der Zeitschrift »Desert

Abb. 36: Krieger mit Schild. Wie alt sind die Figuren wirklich?

Magazine« beschrieb der Hapgood-Intimus im Oktober 1969 seine Eindrücke, als ihn Julsruds Sohn Carlos erstmals durch das Haus seines verstorbenen Vaters führte: »Nichts, was ich bis dahin über die Sammlung gehört hatte, konnte mich auf den Anblick vorbereiten, der sich mir hier bot: Alle vierzehn Räume des Hauses waren vollgestopft mit Figuren. Figuren unterschiedlichster Stilrichtungen. Einige darunter hätten mühelos einem Alptraum entstammen können: Da waren Tiere mit großen Klauen und hervorstehenden Zähnen. Auf einigen Darstellungen griffen sie menschliche Wesen an, auf anderen fraßen sie sie sogar auf.«

Wenige Jahre später widmete sich auch die amerikanische Zeitschrift »INFO« dem Acambaro-Rätsel. Unter anderem publizierte sie 1973 einen Brief ihres Lesers William J. Finch. Angeregt durch die kursierenden Gerüchte über Acambaro hatte Finch dem Ort 1972 einen Besuch abgestattet. »Auf der Suche nach aktuellen Informationen über die kontroversen Figuren, konnte ich in Erfahrung bringen, daß nach wie vor neue Exemplare auftauchen«, schreibt er. »Diese Information erhielt ich von Einheimischen. Sie wollten mir nichts verkaufen und baten mich auch nicht um Geld. Glaubwürdig versicherten sie mir, daß es sich tatsächlich um uralte Artefakte handle und nicht um Fälschungen. Dies, obwohl offenbar auch Kopien hergestellt worden sind, als zahlungskräftige Käufer anwesend waren.«

In ihrem Bericht erwähnen die »INFO«-Redakteure im weiteren eine Thermolumineszenz-Datierung, die vom renommierten Applied Science Center for Archaeology (MASCA) des Universitätsmuseum der University of Pennsylvania vorgenommen worden ist. Ergebnis: Die Fundstücke entstanden 2400 bis 2700 v. Chr. Dazu Museumsdirektor Froelich Rainey: »Wir waren derart betrof-

fen über das außerordentlich hohe Alter der Gegenstände, daß unser Mitarbeiter Mark Han bei jeder der vier untersuchten Proben rund 18 Messungen vornahm. Alles in allem steht unser Labor zu diesen Datierungen – welche Auswirkungen auch immer unsere Resultate auf die archäologischen Datierungen in Mexico haben mögen.«
Von der Echtheit der Acambaro-Figuren überzeugt ist auch John H. Tierney. Seit vielen Jahren versucht er, Licht in die Angelegenheit zu bringen. Ein beinahe aussichtsloses Unterfangen, wie Tierney feststellen mußte: Kaum ein Archäologe, der nicht verärgert abwinkte, als man ihn um Auskünfte zur Acambaro-Problematik bat.
Drei Vertreter der Ohio State University erklärten sich schließlich dazu bereit, einige von Tierney zur Verfügung gestellte Keramikproben zu analysieren, ohne daß sie allerdings etwas von deren Herkunft wußten: Dr. J.O. Everhart, Dr. Earle R. Caley und Dr. Ernest G. Ehlers. Auch sie kamen zum Schluß, daß es sich bei den Objekten nicht um Fälschungen handelte, sie also nicht aus der Neuzeit stammten. »Als ich den drei Herren aber erklärte, daß wir es mit Julsrud-Objekten zu tun hatten, hörte ich bezeichnenderweise keinen Ton mehr von ihnen«, ärgert sich Tierney.
Tierney liegt noch ein weiteres Gutachten vor. Erstellt wurde es von den Geochrome Laboratories: »Der Abschlußbericht datiert vom 14. September 1995. Auch er bestätigt die Authentizität der Julsrud-Figuren. Die Wissenschaftler beziffern das Alter einer von ihnen untersuchten Materialprobe darin auf rund 4000 Jahre.«
Die Probe stammte von Neil Steede, einem amerikanischen Archäologen, der es laut Tierney darauf abgesehen

---

Abb. 37: Langohriges »Monster«.

Abb. 38: Weitere Figuren aus Waldemar Julsruds »Horror-Kabinett«.

hat, die Acambaro-Figuren öffentlich als Fälschungen zu diskreditieren. »Das Resultat dürfte ihn gehörig schokkiert haben«, meint Tierney. »Soviel ich weiß, will Steede die Datierung insofern relativiert wissen, als der Test lediglich gezeigt habe, daß eine einzige der Acambaro-Figuren 4000 Jahre alt ist. Gegenüber Journalisten spekulierte er sogar, daß die Julsrud-Figuren in diesem Jahrhundert angefertigt worden sein könnten. Wissenschaftliche Belege für seine Behauptung kann er freilich keine vorlegen.«
Vorwürfe, die Neil Steede nicht auf sich sitzen lassen wollte. In einer längeren Stellungnahme holte er Ende

1997 im amerikanischen Magazin »World Explorer« zum Gegenangriff aus. »Im Gegensatz zu Tierney gelang es mir, den aktuellen Aufenthaltsort der Sammlung in Acambaro innerhalb kürzester Zeit zu lokalisieren«, kontert er. »Ein einstündiges Gespräch genügte, um die Stadtverantwortlichen davon zu überzeugen, die staatliche Weisung zu ignorieren, wonach die Kollektion nicht mehr öffentlich gezeigt werden darf. Die Türen eines jahrelang verschlossenen Lagerhauses wurden geöffnet, und ich konnte die Kollektion zusammen mit meinen Mitarbeitern genauestens unter die Lupe nehmen.«

Nicht die Authentizität der Funde, sondern vielmehr deren Fundort habe er später in Frage gestellt, differenziert Steede. »Obwohl wir die Gegend, in der die Figuren seinerzeit ausgegraben worden sein sollen, minutiös durchkämmten, fanden wir nicht die geringste Spur weiterer Fundstücke, geschweige denn irgendwelche Spuren der damaligen Grabungen.«

Tierney mag über derlei Aussagen mittlerweile nur noch den Kopf schütteln. Um so mehr, als Steedes Methoden offensichtlich alles andere als seriös sind: Waren die Julsrud-Figuren ursprünglich in Holzkisten verpackt, so wurden sie von Steedes Mitarbeitern nach einer kurzen Inspektion lieblos in Karton-Schachteln verfrachtet. Einige von ihnen erlitten dabei erheblichen Schaden. Tierney: »Steede erklärte lapidar, dies sei doch vollkommen nebensächlich. Er habe den Stadtverantwortlichen sowieso empfohlen, die Stücke unter den Einwohnern zu verteilen, um sie Touristen als Souvenirs anzubieten. Glücklicherweise gingen die Behörden nicht auf seinen Vorschlag ein.«

In einem umfangreichen Buch will John Tierney demnächst über die Ergebnisse seiner Recherchen sowie über seine Erfahrungen mit den Julsrud-Kritikern berichten. Just in diesem Moment kündigt jetzt auch Neil Steede eine eigene Publikation zum gleichen Thema an. Nachdem lange Zeit so gut wie keine Informationen über die mysteriösen Keramikfiguren vorlagen, werden sich nun also gleich zwei Werke der Sache annehmen. Das ist gut so. Denn vielleicht wird dadurch ja auch der eine oder andere konventionell denkende Archäologe dazu animiert, sich näher mit der umstrittenen Angelegenheit zu beschäftigen.

II *Geheimnisvolle Kreaturen*

»Im Jahre 1901 beobachteten europäische Jäger in den afrikanischen Urwäldern ein Tier, das bis dahin völlig unbekannt war. Es war eine Art Kreuzung von Antilope, Zebra und Maulesel. Die Eingeborenen nannten es ›Okapi‹. Die Herren Universitätsprofessoren erklärten, ein solches Tier könne es nicht geben. Heute ist es in jedem besseren Zoo der Welt zu finden.«

ADOLF SCHNEIDER

Der Mensch ist ein seltsames Wesen. Zu jedem Punkt seiner Entwicklung glaubte er sich auf dem Höchststand allen Wissens. Stolz schwärmte er bei der Erfindung der Dampfkraft von der optimalen Energiequelle – bis der Dampf eines Tages von der Elektrizität abgelöst wurde. Begeistert feierte er Newtons mechanistische Weltanschauung als endgültige Erkenntnis – ehe sie dieses Jahrhundert von Ausnahmedenker Albert Einstein zum Spezialfall degradiert wurde.

Statt aus dieser selbstverliebten Borniertheit die Folgen zu ziehen, werden neue Ideen und Entdeckungen bis heute regelmäßig angezweifelt, ihre Urheber nach wie vor mit Hohn und Spott bedacht. Erst, wenn sich eine Sache wirklich nicht mehr leugnen läßt, ändert sich die Situation. Der Spott schlägt dann um in grenzenlose Begeisterung.

Eindrückliches Beispiel dafür bildet die Erforschung unserer Tierwelt: Alle paar Jahre wird auf der Erde irgendwo eine Tierart entdeckt, von der man annahm, sie sei längst ausgestorben, oder aber von deren Existenz man gar nicht

erst wußte. Und dennoch werden Augenzeugenberichte über Begegnungen mit unbekannten Kreaturen weiterhin als Phantasie-Produkte abgetan, dringend notwendige Expeditionen als aussichtslos taxiert.
Beharrlich weigern sich viele Wissenschaftler, ihre Lehren aus der Geschichte zu ziehen und scheinbar »Unmögliches« wieder für möglich zu halten. Statt neues Wissen zu schaffen, konzentrieren sie sich darauf, bestehendes Wissen zu bestätigen. Etwas mehr Offenheit und Phantasie würde unserer Gelehrtenzunft wahrlich gut anstehen...

6 *Der Riese von Kyushu*

Seine Entdeckung könnte ein neues Licht auf unsere Stammeslinie werfen. Sein Name könnte längst in allen Fachbüchern stehen. Doch die wissenschaftliche Fachwelt hat Holger Preuschoft bislang ignoriert.

1986 stieß der heute emeritierte Professor der Ruhr-Universität Bochum im Südwesten der japanischen Insel Kyushu auf die versteinerte Fußspur eines bislang unbekannten fossilen Primaten. Besonders aufregend: Der Fußabdruck mißt sagenhafte 44,3 Zentimeter Länge. Der unbekannte Affen-Gigant hinterließ seinen Fußabdruck außerdem im mittleren Miozän, einer 15 Millionen Jahre alten geologischen Epoche.

Nach Preuschoft könnte die Existenz dieses Riesenwesens (er gab ihm den Namen »Pedimpressopithecus japonicus«) die bisherigen Anschauungen über die menschliche Stammeslinie regelrecht über den Haufen werfen. »Der Fußabdruck läßt die etwas gebeugten zweiten bis fünften Zehen erkennen und die etwas tiefer eingedrückte, leicht von den übrigen Zehen abgespreizte Großzehe«, erläutert er. »Die Ferse ist sehr schmal und weniger tief in den Grund eingepreßt als die Zehenballen und Zehenspitzen.«

Der Bochumer Professor vermutet, daß sich das riesenhafte Wesen eher am Boden denn auf den Bäumen aufhielt: »Die Anordnung der Tastballen auf der Fußsohle ähnelt weitgehend derjenigen auf den Füßen der heutigen Altweltaffen. Aus dem Abdruck ist ohne weiteres abzuleiten, daß der Bau des Skeletts und die Anordnung der Muskeln, wahrscheinlich sogar die Hautleistenmuster der

13

3–28 Weitere Artefakte aus »Burrows' Cave« (Illinois). Die meisten
on ihnen befinden sich heute in den Händen privater Sammler.

14

15

16

17

18

19

20

21

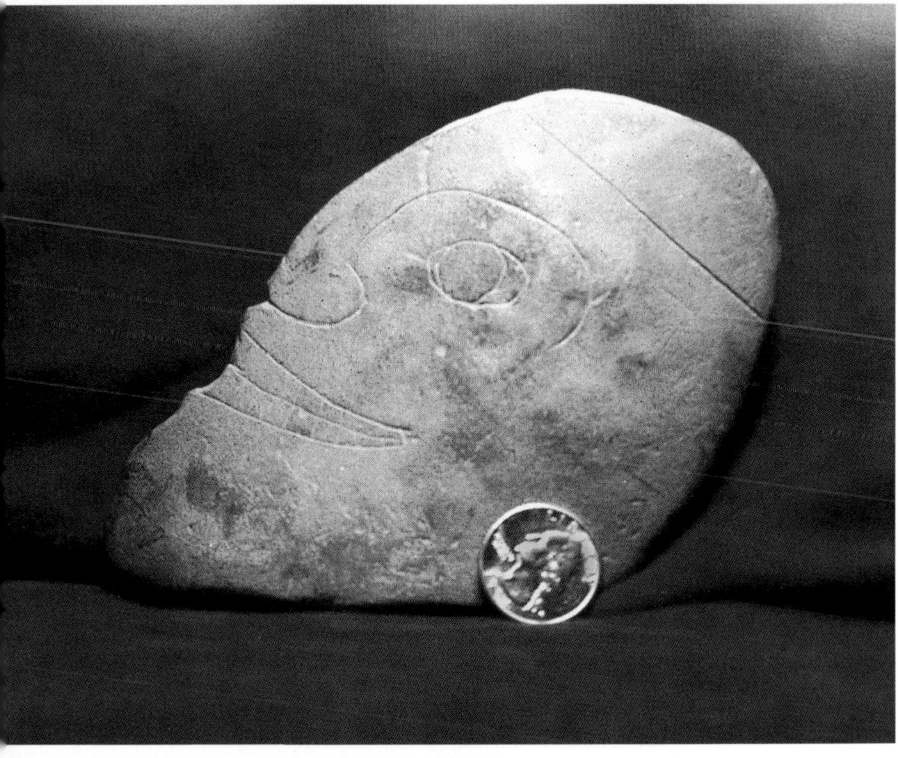
22

23

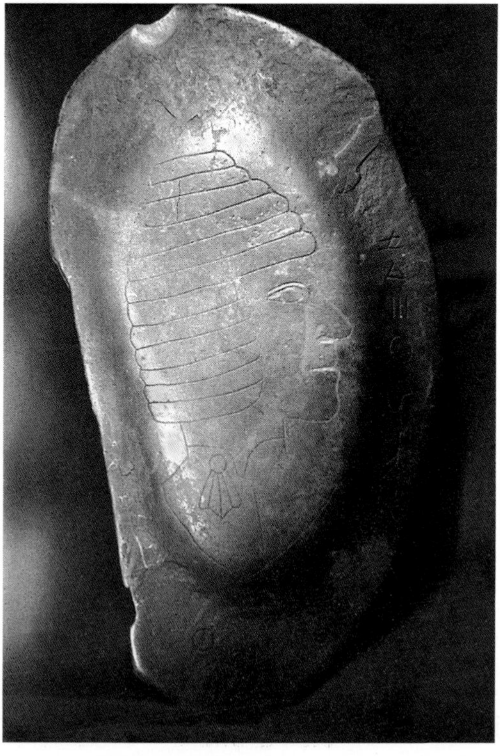
24

25

26

27

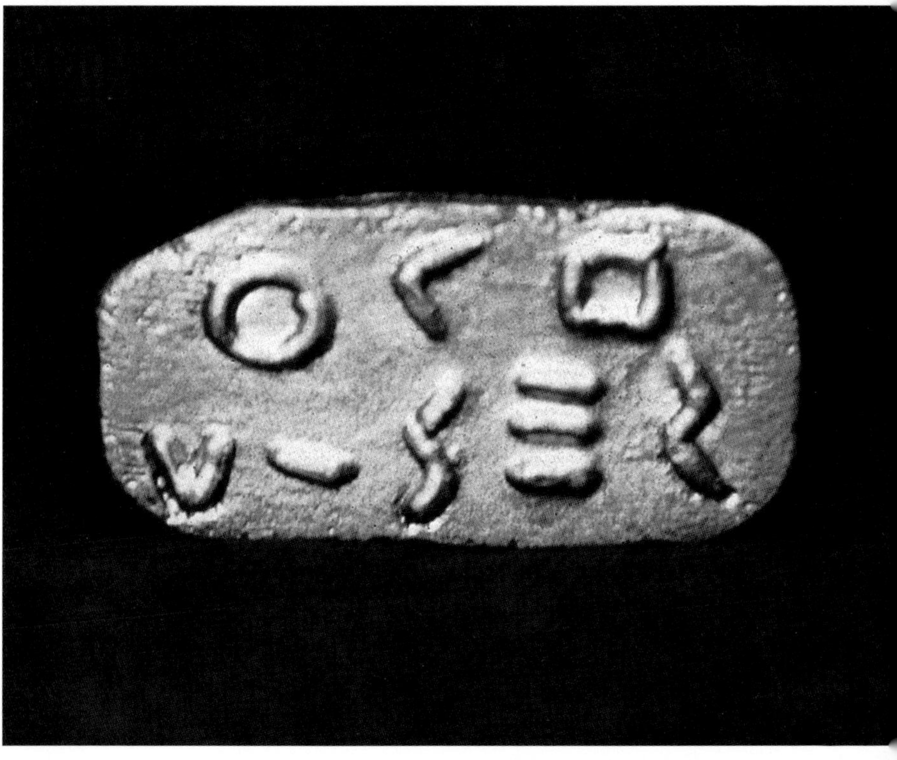

28

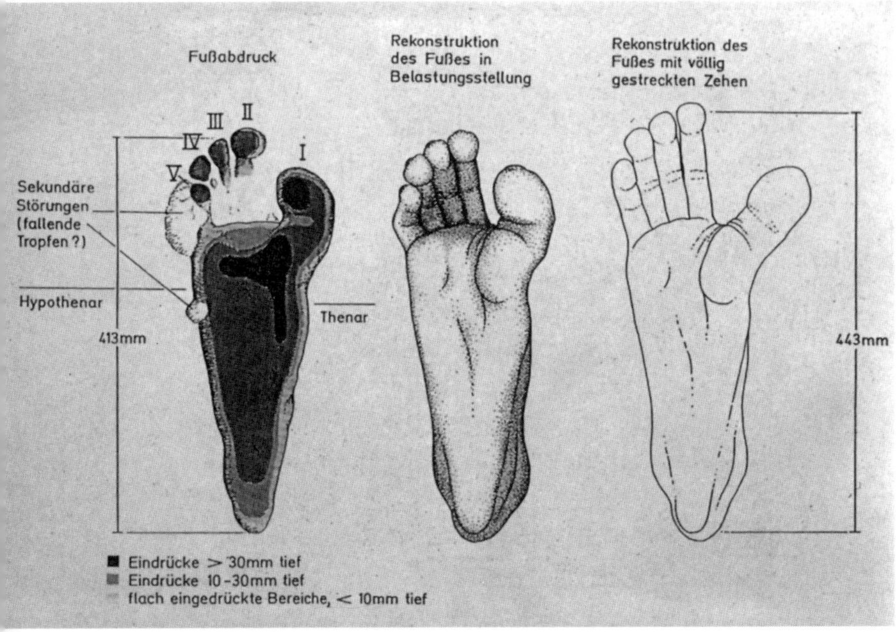

Abb. 40: Schematische Darstellung des Fußabdrucks.

Fußsohle den häufig auf dem Boden gehenden Altweltaffen glich.«

Ob sich das Wesen bereits aufrecht fortbewegt hat, lasse sich nur schwer sagen, meint Preuschoft. »Affen mit derartigem Fußbau sind nicht besonders geschickt im aufrechten Gehen und Stehen. Wäre das Lebewesen, das diese Spur hinterlassen hat, aufrecht auf zwei Füßen gegangen, dann müßte man einen tieferen Eindruck der Ferse erwarten. Indessen ist bipede Fortbewegung natürlich erst dann mit Sicherheit auszuschließen, wenn man über mehr Informationen verfügt.«

Abb. 39: Welcher Riesenaffe hinterließ diesen Abdruck?

Auf dem Kongreß der »Gesellschaft für Anthropologie und Humangenetik«, der vom 10. bis zum 12. Oktober 1991 in Bochum abgehalten wurde, stellte Holger Preuschoft seinen Fund erstmals einer breiteren Öffentlichkeit vor. Auf Anfrage stellte er mir freundlicherweise sein Vortragsmanuskript zur Verfügung.

Zusammen mit fossilen Relikten asiatischer Riesenaffen bringt der Bochumer Professor den geheimnisvollen Abdruck darin mit modernen Augenzeugenberichten über Yetis in Verbindung. Preuschoft: »Pedimpressopithecus dürfte in diesen Umkreis gehören. Das würde allerdings bedeuten, daß diese Riesenaffen auf eine wesentlich längere Stammeslinie zurückblicken können, als bisher vermutet. Es stellt sich nun von neuem die Frage, in welcher Beziehung sie zur Entwicklungslinie der Hominiden stehen.«

7 *Yeti im Eisblock*

Berichte über Yetis oder Bigfoots werden von Wissenschaftlern gerne ins Reich der Märchen verwiesen. Ganz offensichtlich fehlt den gelehrten Damen und Herren jegliche Phantasie, sich für den Gedanken zu begeistern, daß vorzeitliche Vertreter der menschlichen Stammeslinie in abgelegenen Gebieten überlebt haben könnten.

Glücklicherweise dürfte die Kontroverse demnächst ein Ende finden. So will der weltberühmte Extrembergsteiger Reinhold Messner die Existenz des Schnee-Menschen mittlerweile mit »gestochen scharfen Fotos« bewiesen haben. Geschossen hat er die Bilder nach eigenen Aussagen in Tibet. Die Aufnahmen sollen demnächst publiziert werden. Tibet-Kenner Bruno Baumann befindet sich ebenfalls auf der Suche nach dem Yeti und wird darüber 1998 eine Dokumentation veröffentlichen.

Weniger bekannt ist, daß auch in Vietnam seit vielen Jahrzehnten Gerüchte über »Waldmenschen« kursieren. Die behaarten Kreaturen halten sich dort nach Aussagen der Einheimischen noch heute in den Weiten des Dschungels auf. Bereits 1968 bekamen zwei Wissenschaftler ein solches Geschöpf zu Gesicht – wenn auch nur für einige Tage.

Ein Freund hatte den amerikanischen Zoologen Ivan T. Sanderson damals davon unterrichtet, daß ein Farmer in Rollingstone (Minnesota) einen seltsamen Affenmenschen auf lokalen Rummelplätzen herumzeige. Sanderson war alarmiert. Aufgeregt informierte er seinen engsten Gesinnungsgenossen, den belgischen Kryptozoologen Bernard Heuvelmans. Die beiden machten sich nach Rollingstone auf.

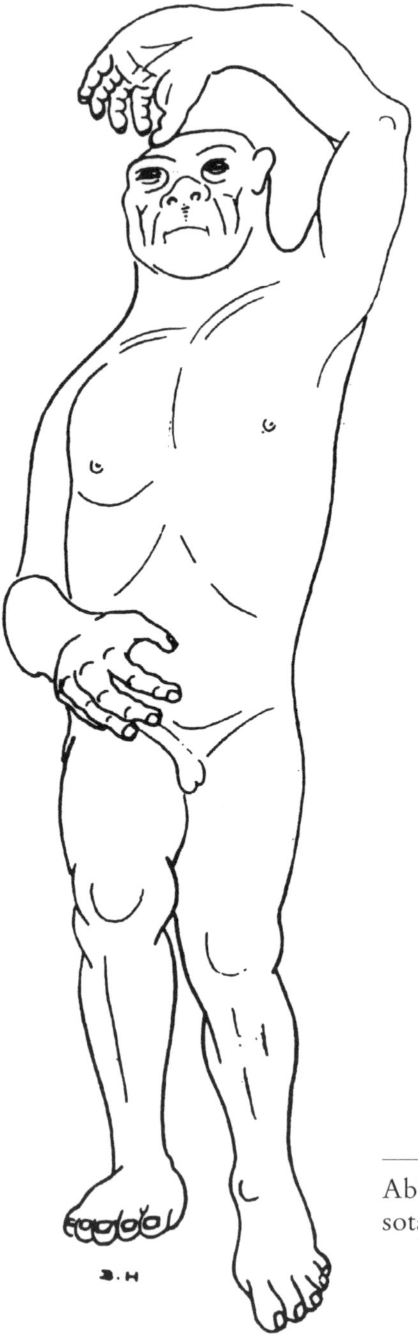

Am 17. Dezember 1968 trafen sie sich mit Farmer Frank D. Hansen. Das in einem massiven Eisblock eingefrorene Wesen lagerte auf seinem Anwesen, untergebracht in einem Anhänger. Mit ihrem behaarten Körper erinnerte die 1,80 Meter große männliche Kreatur frappant an einen ausgestorbenen Vorzeitmenschen. Dennoch konnten Sanderson und Heuvelmans sie keiner bekannten Art zuordnen.

Drei Tage lang taten die beiden nichts anderes, als zu fotografieren und den eingefrorenen Körper genauestens zu begutachten. Dabei stellte sich heraus, daß die Kreatur offenbar durch einen Kopfdurchschuß ums Leben gekommen sein mußte. Ihr linker Arm war merkwürdig verdreht, vermutlich gebrochen. Einer der beiden Füße war gräulich verfärbt und schien sich bereits zu zersetzen.

Nach dem Besuch alarmierte

Abb. 41: Der »Eismensch« von Minnesota. Zeichnung: Bernard Heuvelmans.

Heuvelmans die Fachwelt. In einer Stellungnahme an den Vorstand des Belgischen Königlichen Museums sowie an John Napier, den Kurator des Smithsonian-Instituts in Washington, legte er alle Details seiner Untersuchung offen.

Napier handelte schnell. Spontan bot er dem verdutzten Farmer an, den erschossenen »Eismenschen« käuflich zu erwerben. Hansen aber lehnte ab. Der Presserummel um seine Person machte ihm offensichtlich zu schaffen. Das Wesen gehöre ihm gar nicht, stotterte er verlegen. Außerdem habe es sein Besitzer mittlerweile zurückgefordert. Er werde nun statt dessen mit einem Wachsmodell auf Tournee gehen.

Das Smithsonian-Institut schaltete das FBI ein. »Wir forderten FBI-Chef Edgar Hoover dazu auf, uns bei der Suche nach dem Original zu unterstützen«, schreibt Napier in einem umfangreichen Bericht über die Angelegenheit. »Leider zeigte Hoover kein Interesse. Begründung: Da keine Beweise für eine ungesetzliche Handlung vorlägen, könne das FBI auch nicht reagieren.«

Gegenüber der Presse bemühte Hansen in der Folge immer neue Erklärungen, um die Herkunft seines Ausstellungsstückes zu verschleiern. Einmal gab er zu Protokoll, das Wesen sei in einem Eisblock treibend vor der Küste Ostsibiriens aufgegriffen worden. Dann wieder behauptete er, die Kreatur bei einem Jagdausflug in Minnesota eigenhändig erschossen zu haben. Als dann auch noch Gerüchte die Runde machten, wonach der »Eismensch« von einem professionellen Modellmacher in Hollywood hergestellt worden sei, war die Sache für Napier endgültig erledigt. Sanderson und Heuvelmans, so folgerte er, waren einem Schwindler aufgesessen. In einer Presseerklärung distanzierte sich das Smithsonian offiziell von der Angelegenheit.

Heuvelmans dachte indes nicht daran, sich mit Napiers »Erklärung« abzufinden. Schließlich hatte er den toten Körper drei Tage lang genauestens untersucht. Der »Eismensch« stank; er zeigte neben seinen Verletzungen deutliche Anzeichen von Verwesung. Weshalb hätte der Farmer diese vortäuschen sollen?

Heuvelmans begann zu recherchieren. Und er wurde fündig: Offenbar stammte die seltsame Kreatur aus Vietnam. Hansen hatte dort während des Kriegs als Air-Force-Pilot gedient und gute Beziehungen in die Gebiete unterhalten, in denen sich die vietnamesischen Waldmenschen nach Berichten der Einheimischen bis heute aufhalten.

Wie aber gelangte der tote Körper in Hansens Besitz? 1966, so fand Heuvelmans heraus, sollen US-Marines Presseberichten zufolge einen »Riesenaffen« erschossen haben – ganz in der Nähe der Gegend, in der Hansen stationiert war. Nur: Riesenaffen gibt es in Vietnam gar nicht. Durchaus möglich also, daß der US-Pilot über Umwege in den Besitz des Kadavers gelangt war und ihn zusammen mit anderen Leichen nach Amerika zurückflog. Dort fror er ihn ein, um ihn schließlich auf Jahrmärkten auszustellen.

Als sich nun die Wissenschaft für die Kreatur zu interessieren begann, dürfte es Hansen mit der Angst zu tun bekommen haben. Im Bewußtsein um den illegalen Hintergrund seines Tuns ließ er den Original-Kadaver verschwinden und ersetzte ihn durch eine leicht veränderte Nachbildung.

Daß Hansen das Wesen tatsächlich ausgetauscht hat, bestätigte 1972 auch John Napier: »Hansen stellte seine Kreatur später in Grand Rapids, Michigan aus. Film- und Fotoaufnahmen von der dortigen Ausstellung zeigen deutlich, daß es sich dabei nicht mehr um denselben Körper handelte, den Heuvelmans und Sanderson zuvor untersucht hatten.«

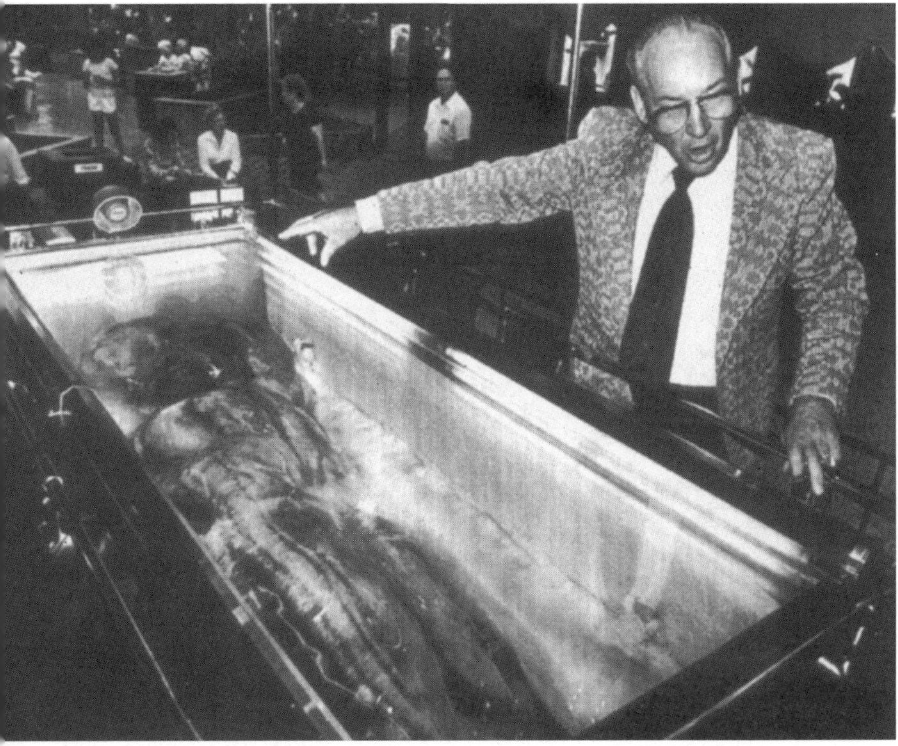

Abb. 42: Frank Hansen präsentiert seinen »Eis-Sarg«.

Dennoch hielt der Smithsonian-Vertreter in seinem Bericht am Verdacht fest, daß seine Kollegen einem Schwindler auf den Leim gegangen sein könnten. »Ich gebe gerne zu, daß das meine persönliche Meinung ist, und ich habe auch durchaus Verständnis dafür, daß die zwei mit mir in diesem Punkt nicht einig gehen werden. Immerhin gelten sie in der Fachwelt als sehr erfahrene Zoologen. Schon möglich, daß die Hintergründe der ganzen Geschichte weitaus komplizierter sind als von mir angenommen.«
Unerwartet sorgt jetzt eine neue Entdeckung für Diskussionsstoff. Wie der Journalist Gérard Jean berichtet, wurde

im französischen Bourganeuf im März 1997 eine Kreatur ausgestellt, die dem damaligen Wesen täuschend ähnlich sieht. Inhaber ist ein gewisser Alain Nault. Er will den Körper 1987 erworben haben. Nault zufolge sei der Leichnam 1967 von zwei Sherpas in einem tibetischen Gletscher entdeckt worden.

Nachdem ihn seine Kollegin Anita Devillette mit Fotografien des Wesens eingedeckt hatte, versuchte Gérard Jean über das Centre de Cryptozoologie in Le Vésinet (Frankreich) mit Bernard Heuvelmans in Verbindung zu treten. Er blitzte ab. Der Belgier habe sich mittlerweile aus der Öffentlichkeit zurückgezogen, erklärte man ihm am Telefon: »Dr. Heuvelmans gibt keine Interviews mehr gegenüber Journalisten.«

Um so überraschter war Jean, als ihn Heuvelmans kurz danach persönlich anrief. Trotz seines hohen Alters war es dem Begründer der Kryptozoologie offenbar ein Anliegen, die Affäre der Öffentlichkeit noch einmal in Erinnerung zu rufen. Einmal mehr betonte er, bei der Untersuchung der Eisleiche starken Verwesungsgeruch wahrgenommen zu haben. Beim Modell, das Hansen später anfertigen ließ, soll dieser Geruch gefehlt haben.

Die von Alain Nault ausgestellte Kreatur, so gingen Heuvelmans und Jean bald einig, dürfte ebenfalls von einem professionellen Modellmacher hergestellt worden sein. Ob es sich dabei um das von Hansen ausgestellte Wesen handelt, bleibt indes fraglich. Immerhin hatte dessen Eissarg – auch nach dem Austausch des echten Körpers – nur einen unscharfen Blick auf die Kreatur erlaubt…

8 *Venezuelas Riesenaffe*

Der Angriff kam überraschend. Wie aus dem Nichts traten die beiden Riesenaffen aus dem Wald. Ihre Schreie ließen die Männer erstarren...

Mit allem hatten sie gerechnet, als sie sich 1917 in die an der Grenze von Venezuela gelegene Sierra de Perijaa aufmachten, um dort nach Öl zu suchen. Immerhin wimmelte es in der Gegend von kriegerischen Indianer-Stämmen. Ihr Expeditionsleiter, der Schweizer Geologe François de Loys, hatte sie mehr als einmal gewarnt. Man war also auf der Hut, als man sich in der Nähe des Flusses Tarra für einige Stunden zur Ruhe setzte. Nun aber wagte es keiner der aufgeschreckten Abenteurer, sich zu rühren: Wer konnte schon ahnen, daß sich im Dschungel derart seltsame Kreaturen aufhalten sollten?

Die beiden Wesen brüllten noch immer. Plötzlich griffen sie sich einige Äste und schwenkten diese über ihren Köpfen drohend hin und her. Gleichzeitig begannen sie die entgeisterten Expeditionsteilnehmer wütend mit Kot zu bewerfen. De Loys nützte den Moment, um nach seinem Gewehr zu greifen. Ein gezielter Schuß, und eine der beiden Kreaturen brach tot zusammen. Jetzt faßten sich auch die Genossen des Schweizers ein Herz, doch ehe sie ihre Gewehre anlegen konnten, hatte sich das zweite Wesen bereits in den Wald zurückgezogen.

Verdutzt betrachtete der Schweizer die tote Kreatur: Welcher Gattung mochte sie wohl angehören? Und wie sollte er den Körper nur unversehrt nach Europa zurückbringen? De Loys entschloß sich zu einem Kompromiß: Er

setzte das Wesen auf eine Kiste, fixierte dessen Oberkörper mit einem Stock und fotografierte es. Dann schnitt er ihm den Kopf ab, schälte den Schädel aus der Haut und deponierte die Körperteile in einer Kiste, die er mit Salz auffüllen ließ.

Doch noch ehe de Loys seinen Fund außer Landes bringen konnte, wurde sein Team erneut angegriffen. Diesmal waren es tatsächlich Indianer, und sie machten kurzen Prozeß: Nur mit Mühe gelang es dem durch einen Pfeil verwundeten Schweizer, sein Leben zu retten. Die Kiste mit dem Affen-Schädel mußte er zähneknirschend ihrem Schicksal überlassen.

Jahre später, als er sich wieder in Europa befand, hatte François de Loys sein Erlebnis längst verdrängt. Es war sein Freund, der französische Anthropologe George Montandon, der beim Durchblättern von de Loys Notizbuch auf die Fotografie der seltsamen Kreatur stieß. Erstaunt befragte er de Loys nach deren Ursprung. Der Schweizer berichtete seinem Freund ausführlich über seine ungewöhnliche Begegnung: Knapp 1,60 Meter groß sei das Wesen gewesen, erinnerte er sich. 32 Zähne habe es besessen.

Montandon war fasziniert. Hatte de Loys womöglich einen bislang unbekannten menschlichen Vorläufer erschossen? »Hätte ich de Loys nicht erfolgreich dazu überredet, das Foto publizieren zu dürfen, wäre das ungewöhnliche Dokument wohl nie ans Licht der Öffentlichkeit gelangt«, hielt Montandon 1929 im »Journal de la Société des Américanistes« fest. De Loys zog nach und erzählte seine Geschichte am 16. Juni 1929 in der »Illustrated London News«.

Abb. 43: Erschossen und vergessen: Der von François de Loys erlegte Riesenaffe.

Parallel dazu fand eine Anhörung vor der Académie des Sciences in Paris statt. Doch anstatt den Fund dort lediglich vorzustellen, interpretierte ihn Montandon als bislang unbekannten Menschenaffen. Eine Behauptung, die von der Presse dankbar aufgegriffen wurde – und von Montandons Wissenschaftskollegen ebenso rasch verärgert gekontert wurde. Während einige den Franzosen samt de Loys des Betrug bezichtigten, interpretierten andere das Geschöpf als bislang unbekannte Klammeraffen-Art. Die Sache war damit vom Tisch, die Angelegenheit geriet in Vergessenheit.

1996 rollte Loren Coleman von der University of Southern Maine in Portland die Affäre zusammen mit Michel Raynal in der amerikanischen Zeitschrift »The Anomalist« wieder auf – um sie »endgültig zu begraben«. Nach Meinung von Coleman und Raynal haftet dem Wesen überhaupt nichts Mysteriöses an. Im Gegenteil: »Bei dem von de Loys fotografierten Geschöpf handelt es sich um einen simplen Klammeraffen«, sind die beiden überzeugt.

Andere Forscher widersprechen ihnen. Für einen herkömmlichen Klammeraffen sei die Kreatur mit ihren 1,60 Metern ganz einfach zu groß, erklärte mir ein befreundeter Zoologe. »Dazu kommt, daß sie eindeutig anomale Züge aufweist, welche Coleman und Raynal schlicht ignorieren. So einfach darf man es sich nun wirklich nicht machen.«

9 *»Azzo«: der letzte Neandertaler?*

Über 60 Jahre ist es her. Zu lange, um das Rätsel um Azzos Herkunft nachträglich zu klären. Die Spur ist verwischt, Azzo Bassou längst gestorben.

Azzo, das war eine menschenähnliche Kreatur, die 1931 in Marokko, südlich von Marrakesch, entdeckt wurde. Augenzeugen, die ihn in den folgenden Jahren zu Gesicht bekamen, beschrieben ihn unverhohlen als »wilden Idioten, der in einer Höhle lebte und sich ausschließlich von rohem Fleisch ernährte«. Seltsamerweise ließen sich Azzos Gesichtszüge keiner uns bekannte Rasse zuordnen. Mit seiner fliehenden Stirn und seiner wulstigen Nase erinnerte sein Körperbau vielmehr an den eines Neandertalers oder eines Pithecanthropus.

Woher stammte Azzo? Handelte es sich bei ihm wirklich um einen noch lebenden, prähistorischen Vorfahren des Menschen, wie manche behaupteten? Wir wissen es nicht. Abgesehen von einigen Presseberichten aus der damaligen Zeit, existieren so gut wie keine schriftlichen Überlieferungen. Selbst die Fachwelt reagierte nicht: Kaum ein Wissenschaftler, der sich der Sache annahm, geschweige denn ausführlich darüber berichtete. Wäre Azzo im Laufe der Jahre nicht mehrmals fotografiert worden, hätte man ihn mittlerweile wohl längst vergessen.

Einer der wenigen, die sich Mitte der 50er Jahre überhaupt noch an Azzo erinnerten, war der französische Schriftsteller Jean Boullet. Im marokkanischen Vallée du Dadès versuchte er 1956 zu eruieren, was aus dem mysteriösen »Vorzeit-Menschen« geworden war. Resultat: Azzo war

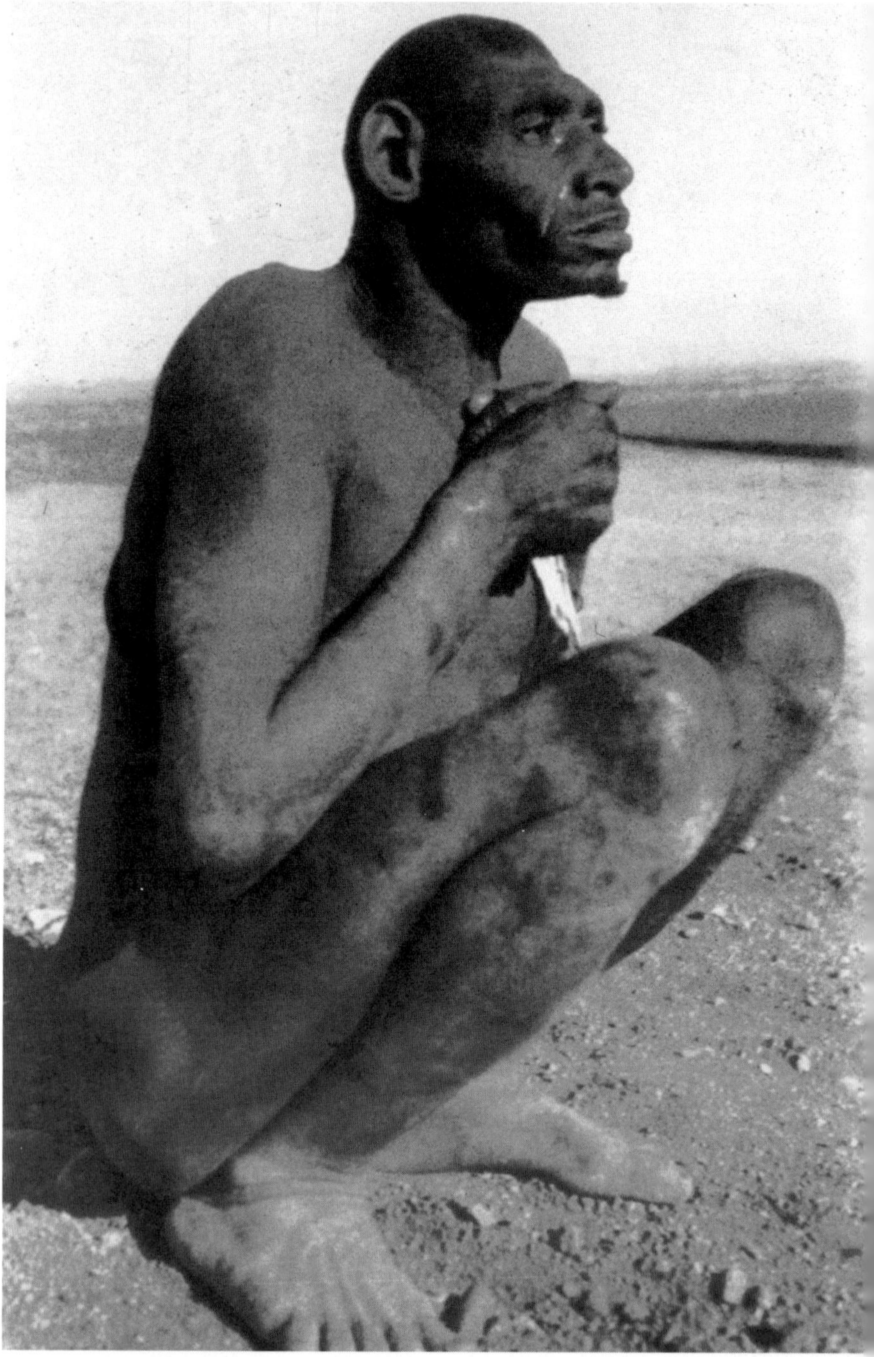

Abb. 45: Diese Aufnahme entstand kurz vor Azzos Tod.

noch am Leben – und Boullet gelang es, ihn erneut vor die Kameralinse zu locken. Weitere Fotos aus der damaligen Zeit stammen von Professor Marcel Homet, einem französischen Ethnologen, der den Erdball Zeit seines Lebens nach Spuren versunkener Zivilisationen absuchte.

Abb. 44: Azzo Bassou: Die Herkunft des seltsamen »Vorzeit-Menschen« konnte nie zufriedenstellend geklärt werden.

Anfang der siebziger Jahre heftete sich die italienische Forschungsgruppe »Associazione Studi Preistorici Internazionale« in der südmarokkanischen Sahara auf Azzos Spuren. »Als wir – nicht ohne Schwierigkeiten – die Oase von Sidi Fillah erreicht hatten, baten wir den Häuptling des Dorfes um Gastfreundschaft«, berichtete der damalige Teilnehmer Mario Zanot später. »Der Häuptling gab schließlich zu, daß Azzo in der Oase begraben war, und erklärte dann, seine Knochen seien ›unantastbar‹. ›Der Mann‹, sagte er uns im Vertrauen, ›war nicht ganz normal. Er lief nackt herum, benutzte nur rudimentäre Gerätschaften und konnte nur ein paar, oft unverständliche Worte artikulieren.‹«

Azzo war also tot. Dafür stießen die Expeditionsteilnehmer auf zwei Frauen, die vom Häuptling als »letzte Verwandte Azzos« bezeichnet wurden: die Schwestern Hisa und Herkaia, »eigenartige Wesen, die schwere Arbeiten verrichten müssen«.

Der italienische Autor Peter Kolosimo hat 1971 einige Fotos der merkwürdigen »Schwestern« veröffentlicht. Eine gewisse Ähnlichkeit zu Azzo läßt sich nicht leugnen. Ob die beiden allerdings tatsächlich in verwandtschaftlicher Beziehung zu Azzo standen, wird wohl ebenso fraglich bleiben müssen wie dessen Herkunft.

10 *Cosquers Grotte spaltet die Fachwelt*

Der über 150 Meter lange Gang führt direkt in die Vergangenheit. Entdeckt hat ihn der Berufstaucher Henri Cosquer. Als er den an der Küste bei Marseille gelegenen Unterwasser-Tunnel Mitte der 80er Jahre zu erforschen begann, ahnte der Franzose bereits, was ihn erwartete. Dennoch verschlug es ihm die Sprache, als er 1991 an dessen Ende auftauchte: Cosquer stand inmitten einer gewaltigen Felsgrotte – einem unbeschreiblichen Wunderwerk der Natur. Hatten hier vor vielen Jahrtausenden womöglich Menschen gelebt?

Henri Cosquer kehrte mit einem Fotoapparat zurück. Fasziniert begann er das Höhleninnere abzulichten. Als er die Bilder zu Hause betrachtete, stockte ihm der Atem zum zweiten Mal: Deutlich zeichnete sich auf einer der Wände der Abdruck einer menschlichen Hand mit drei Fingern ab.

Zusammen mit ein paar Freunden stattete der Franzose »seiner« Grotte kurze Zeit später einen weiteren Besuch ab. Bei genauerem Hinschauen stießen die Taucher auf über 100 eindrückliche Zeichnungen. Darunter Darstellungen von Pferden, Steinböcken oder Hirschen, aber auch geometrischen Figuren. Einige davon eingeritzt, andere aufgemalt.

Obwohl der Prähistoriker Jean Courtin die Darstellungen nach einer Besichtigung für echt erklärte, konnten viele seiner Kollegen anfänglich wenig mit Cosquers Höhle anfangen. Schlimmer noch: Sie bezichtigten den

Entdecker offiziell des Betrugs und unterstellten ihm, die Zeichnungen eigenhändig angefertigt zu haben. Genährt wurden ihre Zweifel durch C-14-Datierungen, die im Grotteninnern vorgenommen wurden. Mit Meßwerten von 18 000 bis 27 000 Jahren paßte die Höhle nicht in das allgemein akzeptierte Datierungsschema – sie war ganz einfach zu alt.

Mittlerweile konnten die Datierungen durch weitere Messungen erhärtet werden, und so gilt die nach ihrem Entdecker benannte Cosquer-Höhle heute als Juwel unter ihresgleichen. Wäre da nur nicht diese eine Darstellung: Sie zeigt drei Wesen, welche die französischen Höhlen-Spezialisten Jean Courtin und Jean Clottes 1991/92 in verschiedenen Fachzeitschriften als »Pinguine« bezeichneten.

Eine Erklärung, mit der sich François de Sarre, Zoologe aus Nizza, stellvertretend für viele nicht anfreunden konnte. »Pinguine gibt es doch nur am Südpol«, ärgerte er sich 1994. »Ein prähistorischer Künstler hätte einen Pinguin ganz anders dargestellt – selbst, wenn er ihn nur symbolisch zeichnen wollte.«

Auch Robben kämen wohl kaum in Frage. Selbst mit viel Phantasie würden sich deren anatomische Merkmale nicht mit den abgebildeten Wesen in Übereinstimmung bringen lassen. (Darstellungen von Robben finden sich in der Cosquer-Höhle an anderer Stelle sehr wohl. Dort aber sind die Tiere klar als solche erkennbar.)

In Ermangelung einer besseren Erklärung stellt de Sarre statt dessen ein sogenanntes »Krypto-Tier« zur Diskussion. Eine offiziell als ausgestorben geltende Kreatur also. Kühn bringt er die Cosquer-Darstellung in Zusammenhang mit jenem geheimnisvollen Wesen, das sich Augenzeugen zufolge noch heute im schottischen Loch Ness aufhalten soll. »Meines Erachtens handelt es sich bei den dargestellten Tieren um Wassersäuger«, spekuliert er. »Ich

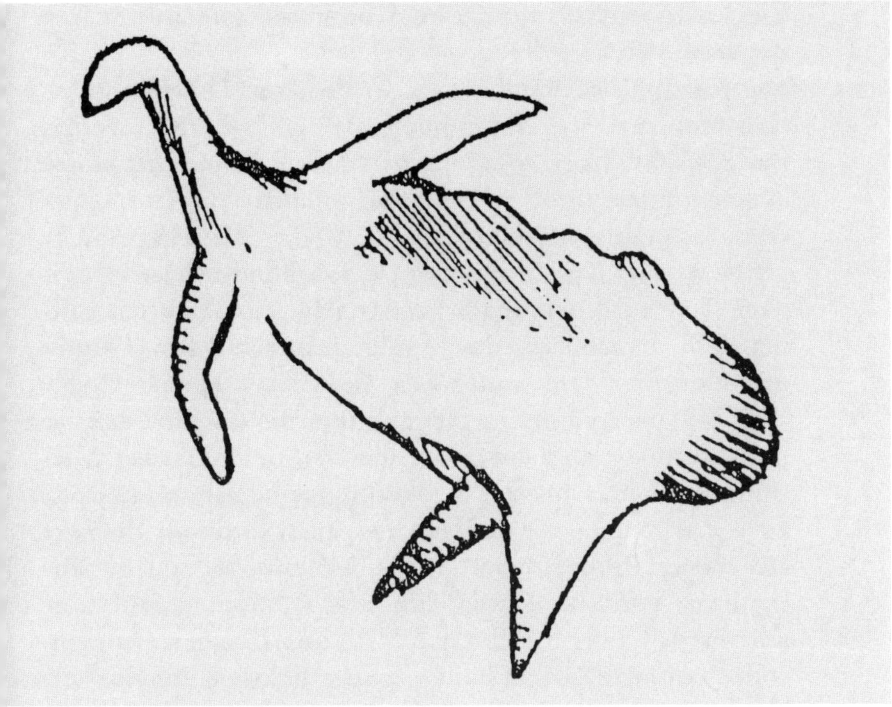

Abb. 46: Pinguin? Robbe? Oder gar eine ausgestorbene Kreatur? Die Experten sind sich uneinig.

denke dabei an ›Megalotaria longicollis‹, das Dr. Bernard Heuvelmans in seinem Buch ›Le Grand Serpent-de-Mer‹ (Plon 1965) beschrieben hat. Ich kontaktierte meinen Freund, der als Vater der Kryptozoologie weltberühmt wurde, und machte ihn auf die Darstellung aufmerksam. Er war sichtlich beeindruckt.«
So sehr mich de Sarres These faszinierte, so sehr verwunderte mich gleichzeitig die »offizielle« Erklärung: Weshalb interpretierten französische Wissenschaftler die Darstellungen als »Pinguine«, wenn sich die schwarzweißen

Tiere nachweislich gar nie im Mittelmeerraum aufgehalten hatten?

Die Lösung des Rätsels liegt in der französischen Sprache. Neben dem herkömmlichen Pinguin bezeichnet das französische Wort »pingouin« nämlich gleichzeitig einen 70 Zentimeter großen pinguinähnlichen Vogel, der bereits in prähistorischen Zeiten an der Mittelmeerküste ansässig war. Das Mitte des 19. Jahrhunderts ausgestorbene Tier wird außerhalb Frankreichs als »Alk« bezeichnet. Ein sprachliches Mißverständnis also, dem Clottes und Courtin offenbar zu wenig Beachtung schenkten.

»Als wir unseren ersten Artikel über die Grotte Cosquer publizierten, gebrauchten wir ganz automatisch das Wort ›Pinguin‹, ohne uns der Bedeutungsverschiebung bewußt zu sein«, räumen die beiden denn auch in ihrem 1995 erschienenen Bildband ein. »Daraufhin erhielten wir Berichtigungen von Fachleuten, die teils ironisch darauf hinwiesen, daß, falls es sich tatsächlich um ›Pinguine‹ handeln sollte, wir allen Grund hätten, an der Echtheit der Darstellung zu zweifeln, da diese Tiere nie im Mittelmeer gelebt hätten – glücklicherweise würde es sich ja aber um Alken handeln.«

Wenngleich Alken nicht fliegen konnten, so konnten sie doch schwimmen und hielten sich entsprechend häufig im Wasser auf. De Sarres Hypothese hat also insofern einen Dämpfer erlitten, als die Alken-Interpretation – von der Wahrscheinlichkeit her – favorisiert werden muß. Dennoch läßt sich nicht ausschließen, daß die Künstler in der Cosquer-Höhle womöglich doch ein bislang unbekanntes Tier abgebildet haben. Immerhin sucht man vergleichbare Darstellungen von Alken in der paläolithischen Kunst vergeblich.

11 *Dinosaurier in Zentralafrika?*

Ein Stück Ziegel. Auf der einen Seite war es mit einer blauen Glasur überzogen. Als er es im Juni 1887 bei einem Besuch der Ruinen von Babylon (heutiger Irak) entdeckte, ahnte der deutsche Professor Robert Koldewey noch nicht, daß ihm das kleine Stück den Weg zu einer großartigen archäologischen Entdeckung ebnen sollte.
1899 kehrte Koldewey an den Fundort zurück. Und er ließ graben. Seine Bemühungen förderten 1902 das berühmte Ischtar-Tor zutage. Überzogen mit farbig glasierten Ziegeln markierte der halbkreisförmige Bogen unter der Herrschaft Nebukadnezars (605–562 v. Chr.) den Ausgangspunkt einer gigantischen Straße, die von mächtigen Mauern flankiert wurde.
Auf dem Tor prangen die Abbilder zweier Tiere: das Bild eines Stieres sowie das Bild eines Drachens, eines sogenannten »Sirrusch«. Letzteres Wesen gibt der Fachwelt bis heute Rätsel auf, wird es in einer von Nebukadnezar in Auftrag gegebenen Bauinschrift doch ausdrücklich erwähnt. Wörtlich lesen wir dort: »Unbändige Stiere und ergrimmte Drachen stellte ich in ihrem Torraum auf und stattete so dieses Tor mit üppiger Pracht überreich aus, daß die ganze Menschheit sie staunend betrachten möge.«
Der Rest der Inschrift deckt sich bis ins Detail mit den heute vorliegenden archäologischen Erkenntnissen über die Entstehung des Tores. Beinhaltet die Darstellung also doch ein Fünkchen Wahrheit? Hatten die babylonischen Priester womöglich ein geheimnisvolles Tier in ihre Gewalt gebracht, das sie zur Abschreckung öffentlich zur

Schau stellten? Koldewey jedenfalls konnte sich der Faszination dieses Gedanken sein Leben lang nicht mehr entziehen.

»Der Sirrusch übertrifft alle anderen phantastischen Geschöpfe durch die Einheitlichkeit seiner physiologischen Idee«, schwärmte er bereits 1913. Und fügte seufzend hinzu: »Wären nur die Vorderfüße nicht so eindeutig und charakteristisch katzenartig, so könnte es ein solches Tier wirklich gegeben haben.« In einer späteren Veröffentlichung ging er sogar noch einen Schritt weiter und ordnete das Wesen der Gattung der vogelfüßigen Saurier zu.

Auch der Zoologie-Experte Willy Ley zeigte sich von der ungewöhnlichen Darstellung beeindruckt. Da man von keinem lebenden oder erst kürzlich ausgestorbenen Tier wisse, das als Vorbild für den Sirrusch hätte dienen können, würden den Forschern eigentlich nur zwei Möglichkeiten bleiben, meinte er: Entweder das Ganze als Phantasieprodukt abzutun oder aber weiterzusuchen, in der Annahme, daß der Sirrusch tatsächlich das exakte Abbild eines heute unbekannten Tieres darstellt.

»Wir brauchen uns nicht daran zu stoßen, daß es ein selbst für das alte Babylon reichlich unwahrscheinliches Tier ist«, schreibt Ley 1953. »Denn der neben dem Sirrusch dargestellte Reem (Stier) war im Mesopotamien jener Zeit auch schon ausgestorben und lebte doch in Europa noch weitere zwei Jahrtausende. Für die Babylonier war er ein ›Tier von weiterher‹, und das gleiche läßt sich wahrscheinlich auch vom Sirrusch sagen.«

Identisch glasierte Ziegel, wie man sie für den Bau des Ischtar-Tors verwendet hatte, wurden ausgerechnet in einem

Abb. 47: Eindrücklicher Prunkbau:
Das Ischtar-Tor von Babylon.

Gebiet gefunden, in dem sich nach Berichten zahlreicher Einheimischer noch heute Dinosaurier tummeln sollen: in Zentralafrika. Bereits um die Jahrhundertwende waren dem deutschen Großwildjäger Hans Schomburgk dort Gerüchte über eine seltsame Kreatur zu Ohren gekommen, die angeblich zurückgezogen in der Nähe von Sümpfen lebe. Die Pygmäen beschrieben das Wesen ihm gegenüber ehrfurchtsvoll als »halb Drache, halb Elefant«. Viele wollten es gar selber gesehen haben.

Schomburgk schenkte den Schilderungen keinen Glauben. Stutzig wurde er erst nach seiner Rückkehr, als ihm sein Chef, der weltbekannte Tierhändler Carl Hagenbeck, während seiner Schilderung interessiert zunickte und meinte, auch ihm seien derlei Berichte bereits zu Ohren gekommen. Es sei durchaus möglich, daß in Afrika heute noch Dinosaurier lebten. Schließlich hätten sich die klimatischen Bedingungen dort in gewissen Gebieten seit dem Ende der Dinosaurier-Ära vor gut 65 Millionen Jahren kaum verändert.

Auch die Mitglieder einer 1913 im Auftrag der deutschen Regierung ausgerüsteten Afrika-Expedition bekamen in ihrer Kolonie Kamerun (der heutigen Republik Kongo) Ähnliches zu hören. Die Einheimischen wußten sogar von zwei Kreaturen zu berichten. Da sei einmal »Mokele Mbembe«, ein rund zehn Meter langes, bräunlich-graues Tier mit einem langen, äußerst beweglichen Hals und einem muskulösen Schwanz. Die Kreatur soll vorwiegend in der Likouala-Region, an den Ufern des abgelegenen Tele-Sees anzutreffen sein. Der »Chipekwe« wiederum hält sich angeblich in den Gewässern um Zambia, Angola und im ehemaligen Zaire auf. Beschreibungen der Einheimischen zufolge soll das gehörnte Wesen dem auf dem Ischtar-Tor abgebildeten »Sirrusch« äußerst ähnlich sein.

Roy Mackal, Biologe und emeritierter Professor der Uni-

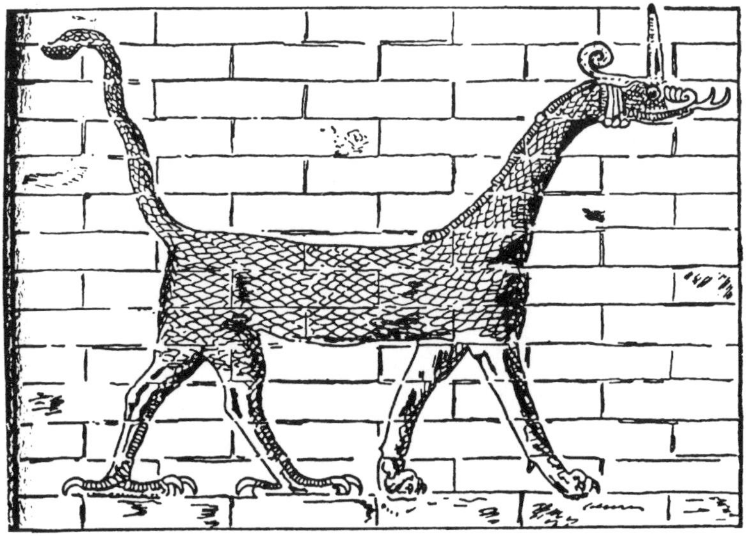

Abb. 48: »Sirrusch«-Darstellung am Ischtar-Tor: Haben die Künstler ein reales Tier abgebildet?

versität Chicago, unterscheidet mittlerweile bereits sechs verschiedene Urzeitgiganten, die sich nach wie vor in den unergründlichen Tiefen des afrikanischen Dschungels aufhalten könnten. Kriegerische Pygmäen-Stämme und allerhand giftiges Ungeziefer hielten ihn 1980/1981 nicht davon ab, sich in die unerforschte Wildnis der Republik Kongo aufzumachen, um den Schilderungen der Eingeborenen in der Tele-Region selbst nachzuspüren.
Die Ausbeute seines lebensgefährlichen Trips: Gipsabdrücke von 30 Zentimeter langen Fußspuren eines brontosaurusähnlichen Wesens.

III *Mysteriöse Stätten*

»Einen Fehler, den wir heute mit Vorliebe begehen, ist der, zu glauben, es sei schon alles entdeckt, was es auf dieser Welt zu entdecken gibt.«

ERDOGAN ERCIVAN

Wer bereits archäologische Fachliteratur zum Thema »Steintransporte« konsultiert hat, kennt das Problem: Statt klarer Antworten dominieren hier vorsichtige Spekulationen. Wörter wie »vielleicht« oder »möglicherweise« sind keine Seltenheit, wenn es darum geht, Bearbeitung und Transport tonnenschwerer Steinblöcke zu beschreiben, die vor Jahrtausenden scheinbar spielerisch bewegt worden sind. Kaum verwunderlich, wenn wir in denselben Publikationen auf recht unbeholfene technische Erklärungsversuche stoßen, die – ausgehend von unserem heutigen Wissensstand – krampfhaft die damaligen Leistungen nachzuvollziehen versuchen.

Seltsamerweise sind die größten und perfektesten Bauten auf diesem Erdball gleichzeitig auch die ältesten. Vor dem Hintergrund einer kontinuierlichen Entwicklung der Menschheit macht das wenig Sinn. So trifft denn, was für archäologische Fundstätten gilt, auch für ihre Werke und Bauten zu: Je kontroverser eine neue Entdeckung, desto kleiner das Interesse der Verantwortlichen, die Befunde offiziell bekanntzumachen und offene Fragen auszusprechen. Eine unverständliche Haltung, denn die intensive Erforschung berühmter Monumente kann nicht darüber hinwegtäuschen, daß sich quer über unsere Erde unzählige

Spuren geheimnisvoller Zivilisationen ziehen, von denen wir bis heute kaum eine Ahnung haben.
Jede neue Entdeckung sollte deshalb als Chance verstanden werden. Als Chance, unser bisheriges Wissen grundsätzlich zu überdenken. Nur wenn wir uns immer wieder von bestehenden Vorstellungen lösen und Gesichertes offen und vorurteilsfrei in Frage stellen, werden wir dem Rätsel unserer Herkunft eines Tages vielleicht auf die Spur kommen.

12 *Pyramiden-Stadt auf dem Meeresgrund*

Die Südküste Japans dürfte die Archäologen in den kommenden Jahren gehörig in Atem halten: Auf dem Meeresgrund lagern die Überreste einer bislang unbekannten Welt. Gigantische pyramidenähnliche Bauwerke, Steinkreise, Treppen und Plateaus verschiedenster Formen – ein architektonisches Panoptikum längst vergessener Zeiten, ein archäologisches Paradies rätselhaften Ursprunges.
Entdeckt wurden die Unterwasser-Strukturen von japanischen Sporttauchern. Rund um Okinawa – in unmittelbarer Umgebung der Inseln Yonaguni, Kerama und Aguni – waren sie 1995/96 auf insgesamt sechs monumentale Anlagen gestoßen. Aufgeregt bannten die Taucher ihre Entdeckung auf Zelluloid, und so brüten jetzt japanische Wissenschaftler über das Alter und den Ursprung der mysteriösen Gebilde.
Die zwischen zehn und fünfundzwanzig Meter unter dem heutigen Wasserspiegel liegenden Bauwerke präsentieren sich überraschend intakt. Lediglich Spuren natürlicher Erosion waren den Tauchern vor Ort aufgefallen. Keinerlei Risse oder Einsturzspuren also, und dies, obwohl die Gegend für ihre seismischen Aktivitäten berüchtigt ist. Schlußfolgerung: Die Monumental-Gebilde wurden im Laufe der Zeit vom steigenden Meeresspiegel überflutet, versanken mit den einherziehenden Jahrhunderten allmählich im Wasser.
Professor Masaaki Kimura, ein renommierter Meeresgeo-

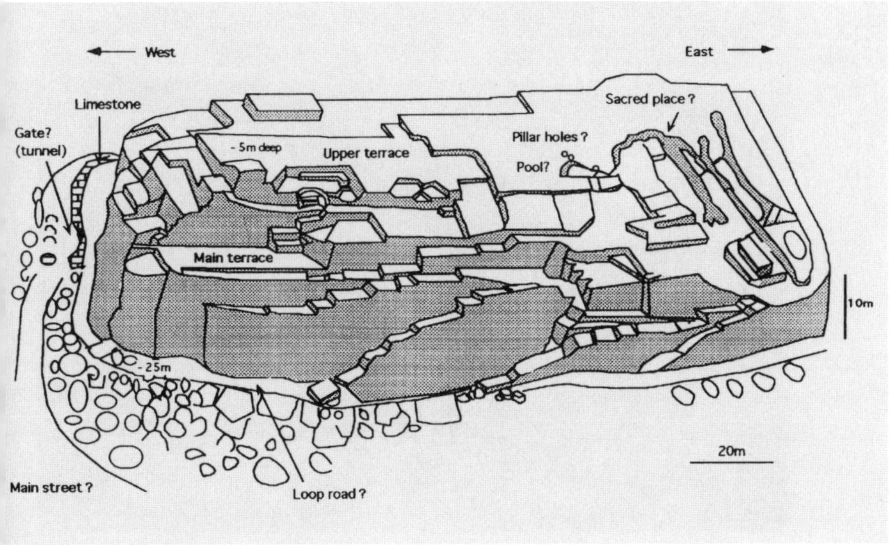

Abb. 50: Die Unterwasser-Stätte von Yonaguni:
Schematische Darstellung von Professor Maasaki Kimura.

loge vom Department of Physics and Earth Sciences an der University of the Ryukyus in Okinawa, beziffert das Alter der Unterwasser-Strukturen auf sagenhafte 4000 bis 10 000 Jahre. »Einige der Monumente, wie etwa die ›Festung‹ vor Yonaguni, wurden mit Hilfe der C-14-Methode datiert«, teilte er mir mit. »Die Ergebnisse lieferten ein Alter von 4000 Jahren. Geht man allerdings davon aus, daß die Ruinen infolge eines Anstiegs des Meeresspiegels unterspült wurden, müßte ihre Entstehung wohl eher um 8000 v. Chr. angesiedelt werden.«

Abb. 49: Geheimnisvolle Unterwasser-Strukturen vor der japanischen Küste: Wer hat sie erschaffen?

Abb. 51: Die Beschaffenheit der Rampe des Kaiserpalastes von Tokyo erinnert...

Abb. 52: ... an die Inka-Bauweise, wie wir sie beispielsweise in Cuzco (Peru) finden.

Noch ist ungeklärt, ob die Strukturen tatsächlich von Menschenhand angefertigt wurden oder durch geologische Prozesse entstanden sind. Wenngleich Kimura die erste Variante favorisiert, stellt er über die Erbauer nur ungern Spekulationen an.

Sicher sei eigentlich nur, daß sich von Okinawa einst eine Landbrücke über Taiwan nach China gezogen haben müsse, meint der japanische Professor. »Falls die Bauwerke tatsächlich 4000 Jahre alt sind, dürften ihre Urheber mit großer Wahrscheinlichkeit von Menschen aus dem chinesischen Kontinent unterwiesen worden sein.«

Interessanterweise erinnern einige der entdeckten Ruinen im Aufbau stark an Tempelbauten, wie wir sie in Südamerika finden. Daß es entgegen allgemeiner Meinung vor Jahrtausenden bereits Kontakte zwischen dem japanischen und dem amerikanischen Kontinent gegeben haben muß,

Abb. 53: Taucher bei der Erforschung der japanischen Unterwasser-Monumente.

dokumentieren auch andere Strukturen in Japan. So weist etwa der Baustil der Rampe zum Kaiserpalast in Tokyo frappante Ähnlichkeiten mit den Monumentalmauern der Inka-Metropole Cuzco auf.

Unmittelbar neben dem Kaiserpalast steht außerdem ein uralter Steinbogen, der bei lokalen Bauarbeiten zum Vorschein gekommen ist. Er erinnert stark an das berühmte Sonnentor von Tiahuanaco in Bolivien. Selbst die auf dem Torbogen von Tiahuanaco abgebildete Gottheit findet auf dem Tokyoter Gegenstück in Form einer kleinen Statue ihre visuelle Entsprechung.

13 *Der Rock Lake birgt ein Geheimnis*

Auch in Nordamerika sorgen Unterwasser-Monumente für Schlagzeilen. So birgt der Rock Lake, ein kleiner, östlich von Madison (Wisconsin) gelegener See, unter seinem Wasserspiegel offenbar pyramidenartige Bauten. Einige von ihnen dürften bis zu 3500 Jahre alt sein. Über ihre Erbauer ist wenig bis gar nichts bekannt.

Jahrzehntelang hatten amerikanische Archäologen Hinweise auf die Monumente im Rock Lake mit Ignoranz gestraft. Niemand wollte wahrhaben, welche spektakulären Relikte der See unter seiner Oberfläche birgt. Die Geschichte ihrer Entdeckung liest sich wie ein Paradebeispiel für intellektuelle Blindheit:

Bereits 1900 – der Wasserspiegel des Sees liegt aufgrund außerordentlicher klimatischer Bedingungen erheblich tiefer als üblich – spüren Claude und Lee Wilson während einer Bootsfahrt ein rechteckiges Gebilde auf dem Grund des Gewässers auf. Spätere Versuche, die Struktur erneut zu lokalisieren, scheitern. Der »Milwaukee Herald« bezeichnet den Rummel um die Entdeckung abschätzig als »Massenhysterie«.

35 Jahre später stoßen von Victor S. Taylor engagierte Taucher der Universität Wisconsin auf weitere Unterwasserstrukturen. Ihre Entdeckung weckt 1936 das Interesse von Dr. Charles E. Brown, dem Vorsteher des Wisconsin Historical Museum, sowie des Geologen Professor Earnest F. Bean. Leider bleibt eine weitere Tauchaktion ohne Ergebnis. Erneut beginnt man über die »Phantasten« zu lachen, die

»offensichtlich Ammenmärchen aufgesessen« waren. Sogar über »verschleuderte Steuergelder« wird lamentiert.
Max Gene Nohl aber, einem Taucher und Ingenieur am Massachusetts Institute of Technology, läßt die Sache keine Ruhe. Mit Recht: 1937 stöbert er während seiner Unterwasserexpeditionen eine konisch geformte Pyramide auf. Das Interesse der Öffentlichkeit steigt wieder merklich an, um so mehr, als Piloten einige Jahre später eine große dreieckige Struktur auf dem Grund des Sees erspähen. Seltsamerweise interessiert sich nach wie vor kein Archäologe für die Sache.
Die nächsten Jahrzehnte offenbaren keine neuen Erkenntnisse. Im September 1962 spricht die Zeitschrift »The

Abb. 54: Steinkegel auf dem Grund des Rock Lake.
Wer hat sie geschaffen?

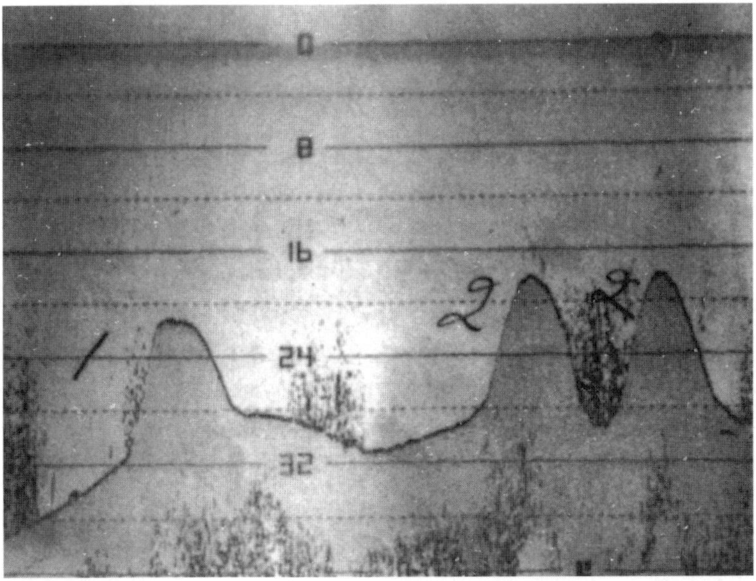

Abb. 55: Sonarmessungen bestätigen die Existenz der Monumente ebenfalls.

Wisconsin Archaeologist« ein akademisches Machtwort. Tenor: Die Idee künstlich angelegter Bauten auf dem Grund des Rock Lake erscheint schon deshalb unmöglich, weil der See nach Meinung von Experten mindestens 10 000 Jahre alt ist.

Fünf Jahre später stößt der Taucher Jack Kennedy unter dem Wasserspiegel auf eine Pyramide. Mehrere steinerne Artefakte schleppt er vom Grund des Sees an die Oberfläche. In seiner Aufregung vergißt er aber den genauen Standort zu kennzeichnen. Lon Merrick, Leiter eines Taucherteams des Milwaukee Public Museum, nimmt dies zum Anlaß, die Sache einmal mehr herunterzuspielen. Sein Kommentar: »Die angeblichen Pyramiden sind nichts anderes als mißinterpretierte Gletscherablagerungen.«

Allen Zweifel zum Trotz mehren sich die Indizien für die Existenz der Monumente im Rock Lake beharrlich. Im Januar 1970 schreibt die Taucherfachzeitschrift »Skin Diver«: »Die Pyramiden sind unglaublich. Es sollte sie nicht geben. Sie wären zu alt und noch dazu an einer Stelle, wo niemand sie hätte bauen können. Logischerweise dürften sie nicht existieren. Die Geschichte ist freilich selten logisch. Und Logik hin oder her: Die Pyramiden im Rock Lake tauchen oft genug aus der Versenkung auf, um die noch so logisch denkenden Erforscher der amerikanischen Vergangenheit in Verlegenheit zu bringen.«

Weitere 13 Jahre müssen vergehen, ehe der Tauchlehrer

Abb. 56: Die Steinformationen zeigen:
Hier haben einst Menschen gelebt.

Abb. 57: Als die ersten europäischen Einwanderer Wisconsin erreichten, stießen sie auf ganz ähnliche Steinkegel.

Robert Boyd zusammen mit Robert Bass eine großangelegte Unterwasseraktion in die Wege leitet, die neuerlich Steinstrukturen auf dem Grund des Sees offenbart. Ebenfalls involviert ist mittlerweile Professor James Scherz von der Universität Wisconsin.

1987 beginnt sich der amerikanische Publizist Frank Joseph für den Rock Lake zu interessieren. Zusammen mit anderen Forschern führt er Echolotmessungen durch. Das Ergebnis fällt positiv aus. Mehrere Strukturen zeichnen sich auf den Computerdiagrammen ab. In der Folge können Joseph und seine Kollegen viele der Relikte sowohl aus der Luft als auch unter dem Wasserspiegel in Augenschein nehmen. Definitive Erkenntnis: Die Steinmonumente existieren.

In den vergangenen Jahren haben die Rock-Lake-Forscher auf dem Grund des Sees weitere Entdeckungen gemacht. So stieß man etwa auf einen gigantischen Schutzwall. Vermutlich das Überbleibsel einer Mauer, die einst einen zeremoniellen Ort umgeben hatte. Wie mir Joseph außerdem berichtete, werden die entdeckten Monumente mittlerweile in drei Gruppen unterteilt. Die erste befindet sich in einer Tiefe von 20 Fuß und ist rund 800 Jahre alt. Die zweite liegt 40 Fuß unter der Wasseroberfläche. Ihr Alter: 2000 Jahre.

Die dritte Gruppe schließlich bereitet den Experten erhebliche Kopfschmerzen: Sie liegt rund 60 Fuß tief und dürfte sagenhafte 3500 Jahre alt sein. Das Problem: Wegen ihres hohen Alters läßt sie sich keiner uns bekannten Kultur zuordnen. Eigentlich dürfte es sie also gar nicht geben.

14 *Ägypter im Grand Canyon?*

Hält die amerikanische Regierung eine ägyptische Grabanlage im Grand-Canyon-Massiv unter Verschluß? Fest steht: Am 5. April 1909 berichtete die Zeitung »Phoenix Gazette« auf ihrer Frontseite über ein gigantisches, in den Fels getriebenes Höhlensystem, das von einem gewissen G.E. Kinkaid entdeckt worden sein soll. Der Archäologe Professor S.A. Jordan vom renommierten Smithsonian Institute in Washington, so berichtete die Zeitung weiter, sei damit beauftragt worden, die Anlage zu erforschen. Seither wurde es still. Hinweise auf das mysteriöse Höhlensystem finden sich in der Fachliteratur keine.
Handelte es sich lediglich um eine Zeitungsente? David Hatcher Childress vom »World Explorer Club« in Kempton (Illinois) wollte es genau wissen. Telefonisch setzte er sich 1995 mit dem Smithsonian-Institut in Verbindung, um die Hintergründe des damaligen Artikels zu eruieren: »Weder in Nord- noch in Südamerika seien je Spuren ägyptischer Natur gefunden worden, antwortete man mir. Ganz sicher habe das Smithsonian-Institut also nie irgendwelche Ausgrabungen dieser Art geleitet. Auch von Kinkaid oder Jordan wollte in Washington niemand etwas wissen.«
Childress wurde mißtrauisch: Immerhin wird Professor Jordan 1910 in den »Smithsonian Scientific Series« auf Seite 239 ausdrücklich erwähnt. Außerdem ist da noch die Landkarte, die Childress' Kollege Carl Hart in einer Buchhandlung von Chicago in die Hände geriet. Verschiedene Orte auf der nördlichen Seite des Grand Canyons sind

darauf mit ägyptischen und indischen Namen versehen. Weshalb? Gab es womöglich Verbindungen zwischen diesen Plätzen und dem Standort der vermeintlichen Fundstätte?

»Wir riefen einen staatlichen Archäologen an und fragten ihn nach den Gründen dafür«, berichtet Childress. »Er erklärte uns, die frühen Forscher hätten diese Namen eben einfach gemocht. Allerdings sei das betreffende Gebiet tatsächlich gesperrt – angeblich wegen der gefährlichen Höhlen.«

Damit sich der Leser selbst ein Bild über den kontroversen Artikel der »Phoenix Gazette« machen kann, gebe ich ihn hier in einer gekürzten und leicht bearbeiteten Übersetzung wieder:

»Die neuesten Nachrichten über den Fortschritt der Untersuchungen der nach Meinung der Wissenschaftler nicht nur ältesten archäologischen Entdeckung in den Vereinigten Staaten, sondern wohl auch wertvollsten in der ganzen Welt – wir haben darüber bereits vor einiger Zeit berichtet – wurden uns gestern von G.E. Kinkaid mitgeteilt. Kinkaid hat die große unterirdische Zitadelle im Grand Canyon entdeckt, als er vor einigen Monaten in einem Holzboot vom Green River (Wyoming) auf dem Colorado Richtung Yuma fuhr.

Nach seinen Angaben haben die Archäologen des Smithsonian-Instituts, das die Untersuchungen finanziert, Entdeckungen gemacht, die fast sicher beweisen, daß das Volk, das diese mysteriösen, aus dem Fels gehauenen Höhlen einst bewohnte, orientalischer Natur sein dürfte, ja vielleicht sogar aus Ägypten stammt.

Falls sich diese Erkenntnisse aus der Übersetzung der mit Hieroglyphen versehenen Tafeln bestätigen lassen, dürfte das Geheimnis um die prähistorischen Bewohner Nordamerikas, ihre alten Künste, wer sie waren und woher sie kamen, gelöst werden. Ägypten und der Nil sowie Arizona und der Colorado würden dann durch ein historisches Band verbunden, das in Zeiten zurückreicht, welche selbst die wildesten Phantasien überträfen. Unter der Leitung von Professor S. A. Jordan führt das Smithsonian-Institut gegenwärtig eine äußerst sorgfältige Untersuchung durch.

Die lange Hauptpassage, sie liegt rund 1480 Fuß unter der Oberfläche, wurde auf einer Länge von gut einer Meile erforscht. Dabei stieß man auf eine weitere Halle, von der weitere Gänge in alle Himmelsrichtungen wegführen, ähnlich den Speichen eines Rads.

Hunderte von Räumen wurden gefunden. Ebenso Artefakte, auf die man in unserem Land niemals zu stoßen erwartete. Unzweifelhaft stammen sie aus dem Orient: Kriegswaffen, Kupfer-Instrumente, scharf und hart wie Stahl, demonstrieren eindrücklich den hohen Zivilisationsgrad, den diese seltsamen Leute offenbar erreicht haben. Die Wissenschaftler sind derart fasziniert, daß sie jetzt Vorbereitungen treffen, das Camp für extensivere Studien auszurüsten. Die wissenschaftliche Belegschaft soll auf 30 bis 40 Personen erhöht werden.

Mr. Kinkaid war das erste weiße Kind, das in Idaho geboren wurde. Sein Leben lang war er Forscher und Jäger. Dreißig Jahre lang arbeitete er für das Smithsonian-Institut. Die Geschichte seiner Entdeckung tönt ebenso fabulös wie grotesk: ›Zuerst möchte ich festhalten, daß die Anlage kaum zugänglich ist. Der Eingang liegt 1486 Fuß unterhalb des Canyon-Massivs. Er befindet sich auf Staatsgebiet, und jedem Besucher ist es bei Strafe verboten, dorthin zu gelangen. Die Wissenschaftler möchten ungestört arbeiten, ohne fürchten zu müssen, daß die archäologische Stätte von Schaulustigen oder Grabräubern zerstört werden könnte. Ein Trip dorthin wäre also sinnlos.

GAZETTE, MONDAY EVENING, APRIL 5,

EXPLORATIONS IN GRAND CANYON

Mysteries of Immense Rich Cavern Being Brought to Light.

JORDAN IS ENTHUSED

Remarkable Finds Indicate Ancient People Migrated From Orient.

The latest news of the progress of the explorations of what is now regarded by scientists as not only the oldest archaeological discovery in the United States, but one of the most valuable in the world, which was mentioned some time ago in the Gazette, was brought to the city yesterday by G. E. Kinkaid, the explorer who found the great underground citadel of the Grand Canyon during a trip from Green river, Wyoming, down the Colorado, in a wooden boat, to Yuma, several months ago. According to the story related yesterday to the Gazette by Mr. Kinkaid, the archaeologists of the Smithsonian Institute, which is financing the explorations, have made discoveries which almost conclusively prove that the race which inhabited this mysterious cavern, hewn in solid rock by human hands, was of oriental origin, possibly from Egypt, tracing back to Ramses. If their theories are borne out by the translation of the tablets engraved with hieroglyphics, the mystery of the prehistoric peoples of North America, their ancient arts, who they were and whence they came, will be solved. Egypt and the Nile, and Arizona and the Colorado will be linked by a historical chain running back to ages which staggers the wildest fancy of the fictionist.

A Thorough Investigation.

Under the direction of Prof. S. A. Jordan, the Smithsonian institute is now prosecuting the most thorough explorations, which will be continued until the last link in the chain is forged. Nearly a mile underground, about 1480 feet below the surface, the long main feet ventilation of the cavern, the steady draught that blows through, indicates that it has another outlet to the surface.

Mr. Kinkaid's Report.

Mr. Kinkaid was the first white child born in Idaho and has been an explorer and hunter all his life, thirty years having been in the service of the Smithsonian Institute. Even briefly recounted, his history sounds fabulous, almost grotesque.

"First, I would impress that the cavern is nearly inaccessible. The entrance is 1486 feet down the sheer canyon wall. It is located on government land and no visitor will be allowed there under penalty of trespass. The scientists wish to work unmolested, without fear of the archaeological discoveries being disturbed by curio or relic hunters. A trip there would be fruitless, and the visitor would be sent on his way. The story of how I found the cavern has been related, but in a paragraph: I was journeying down the Colorado river in a boat, alone, looking for mineral. Some forty-two miles up the river from the El Tovar Crystal canyon I saw on the east wall, stains in the sedimentary formation about 2000 feet above the river bed. There was no trail to this point, but I finally reached it with great difficulty. Above a shelf which hid it from view from the river, was the mouth of the cave. There are steps leading from this entrance some thirty yards to what was, at the time the cavern was inhabited, the level of the river. When I saw the chisel marks on the wall inside the entrance, I became interested, secured my gun and went in. During that trip I went back several hundred feet along the main passage, till I came to the crypt in which I discovered the mummies. One of these I stood up and photographed by flashlight. I gathered a number of relics, which I carried down the Colorado to Yuma, from whence I shipped them to Washington with details of the discovery. Following this, the explorations were undertaken.

The Passages.

"The main passageway is about 12 feet wide, narrowing to 9 feet toward the farther end. About 57 feet from the entrance, the first side-passages branch off to the right and left, along which, on both sides, are a number of rooms about the size of ordinary living rooms of today, though some are 30 or 40 feet square. These are entered by oval-shaped doors and are ventilated by round air spaces through the walls into the passages. The walls are about 3 feet 6 inches in thickness. The passages are chiseled or hewn as straight as could be laid out by an engineer. The ceilings of many of the rooms converge to a center. The side-passages near the entrance run at a sharp angle from the main hall, but toward the rear they gradually reach a right angle in direction.

The Shrine.

"Over a hundred feet from the entrance is the cross-hall, several hundred feet long, in which was found the idol, or image, of the people's god, sitting cross-legged, with a lotus flower or lily in each hand. The cast of the

EXPLORATIONS IN GRAND CANYON

(Continued from Page One.)

which indicates that some sort of ladder was attached. These granaries are rounded, and the materials of which they are constructed, I think, is a very hard cement. A gray metal is also found in this cavern, which puzzles the scientists, for its identity has not been established. It resembles platinum. Strewn promiscuously over the floor everywhere are what people call 'cats' eyes' or 'tiger eyes,' a yellow stone of no great value. Each one is engraved with a head of the Malay type.

The Hieroglyphics.

"On all the urns, on walls over doorways, and tablets of stone which were found by the image are the mysterious hieroglyphics, the key to which the Smithsonian Institute hopes yet to discover. These writings resemble those on the rocks about this valley. The engraving on the tablets probably has something to do with the religion of the people. Similar hieroglyphics have been found in the peninsula of Yucatan, but these are not the same as those found in the orient. Some believe that these cave dwellers built the old canals in the Salt River valley. Among the pictorial writings, only two animals are found. One is of prehistoric type.

The Crypt.

"The tomb or crypt in which the mummies were found is one of the contain a deadly gas or chemicals used by the ancients. No sounds are heard, but it smells snakey just the same. The whole underground institution gives one of shaky nerves the creeps. The gloom is like a weight on one's shoulders, and our flashlights and candles only make the darkness blacker. Imagination can revel in conjectures and ungodly day-dreams back through the ages that have elapsed till the mind reels dizzily in space."

An Indian Legend.

In connection with this story, it is notable that among the Hopis the tradition is told that their ancestors once lived in an underworld in the Grand Canyon till dissension arose between the good and the bad, the people of one heart and the people of two hearts. Machetto, who was their chief, counseled them to leave the underworld, but there was no way out. The chief then caused a tree to grow up and pierce the roof of the underworld, and then the people of one heart climbed out. They tarried by Paisisvai (Red river), which is the Colorado, and grew grain and corn. They sent out a message to the Temple of the Sun, asking the blessing of peace, good will and rain for the people of one heart. That messenger never returned, but today at the Hopi village at sundown can be seen the old men of the tribe out on the housetops gazing toward the sun, looking for the messenger. When he returns, their lands and ancient dwelling place will be restored to them. That is the tradition. Among the engravings of animals in the cave is seen the image of a heart over the spot where it is located. The legend was learned by W. E. Rollins, the artist, during a year spent with the Hopi Indians. There are two theories of the origin of the Egyptians. One is that they came from Asia; another that the racial cradle was in the upper Nile region. Heeren, an Egyptologist, believed in the Indian origin of the Egyptians. The discoveries in the Grand Canyon may throw further light on human evolution and prehistoric ages.

Abb. 58: Ägyptische Grabstätte entdeckt? Frontartikel der »Phoenix Gazette« vom 5. April 1909.

Die Geschichte meiner Entdeckung wurde bereits erzählt. Kurz zusammengefaßt: Ich reiste in einem Boot den Colorado River hinunter. Ich war allein und suchte nach Mineralien. Nach 42 Meilen Fahrt vom El Tovar Crystal Canyon aus entdeckte ich an der östlichen Wand farbige Flecken in der Sediment-Formation, 2000 Fuß oberhalb des Flußbettes. Es führte kein Weg dorthin, aber mit großer Mühe erreichte ich den Ort dennoch. Oberhalb eines Plateaus, das ihn vor neugierigen Blicken schützt, befindet sich der Eingang der Höhle. Vom Eingang aus führen Treppenstufen dorthin, wo früher die Flußhöhe lag.
Als ich die Meißel-Spuren an den Wänden innerhalb des Eingangsbereiches bemerkte, wurde ich neugierig. Ich sicherte meine Waffe und trat ein. Nach rund hundert Fuß gelangte ich in die Grabkammer, wo ich die Mumien entdeckte. Eine davon stellte ich auf und fotografierte sie mit Blitzlicht. Ich nahm eine Anzahl der Gegenstände mit, reiste dann auf dem Colorado nach Yuma, wo ich sie per Schiff nach Washington senden ließ, zusammen mit einem Bericht über meine Entdeckung. Daraufhin wurde die Untersuchung eingeleitet.
Der Hauptgang ist rund zwölf Fuß breit und verengt sich später bis auf neun Fuß. Rund 57 Fuß vom Eingang entfernt, biegen links und rechts die ersten Seitenwege ab. An deren Seiten befinden sich jeweils Kammern in der Größe eines heutigen Wohnzimmers. Man betritt sie durch ovale Eingänge. Belüftet werden sie mittels runder Luftlöcher, die durch die Mauern getrieben wurden. Die Mauern sind rund 3 Fuß und 6 Inches dick. Die Gänge sind derart sauber bearbeitet, daß sie von einem Ingenieur konzipiert worden sein könnten.
Über 100 Fuß vom Eingang entfernt befindet sich eine Kreuzhalle – einige hundert Fuß lang –, in der das Bildnis eines sitzenden Gottes mit gekreuzten Beinen gefunden

wurde. In jeder Hand hält er eine Lotusblume oder Lilie. Der Gott erinnert an Buddha, obwohl sich die Wissenschaftler nicht sicher sind, welche Religion er repräsentiert. Zieht man alles in Betracht, was wir bisher wissen, dann ist es möglich, daß diese Art von Verehrung am ehesten derjenigen im alten Tibet gleichkommt.

Um diesen Gott herum finden sich kleinere Abbilder, einige von sehr schöner Gestalt, andere häßlich und verzerrt. All dies ist aus hartem Stein gefertigt, der Marmor gleicht. Auf der gegenüberliegenden Seite der Halle wurden Kupferwerkzeuge aller Art gefunden. Dieses Volk verstand zweifellos die verlorene Kunst, dieses Metall zu härten. Auf einer Bank, die um den Werkraum führt, wurde Kohle und anderes Material gefunden, das für die Kupferhärtung vermutlich benötigt wurde.

Unter den übrigen Fundstücken befinden sich Vasen oder Urnen, aber auch Gefäße aus Kupfer und Gold von sehr schöner Form. Außerdem stieß man auf ein graues Metall, dessen Identität bisher nicht eruiert werden konnte. Es gleicht Platin.

Auf allen Urnen, Wänden und Steintafeln wurden mysteriöse Hieroglyphen gefunden, die nach wie vor einer Entzifferung harren.

Vermutlich haben die Inschriften einen Zusammenhang mit der Religion dieses Volkes. Ähnliche Zeichen wurden bereits im südlichen Teil Arizonas gefunden. Unter den Piktogramm-Schriften befinden sich lediglich zwei Darstellungen von Tieren. Eines davon ist prähistorischen Typs. Die Krypta, in der die Mumien gefunden wurden, ist eine der größten Kammern. Besonders wichtig: Alle bisher untersuchten Mumien entpuppten sich als männlich. Die Größe der unterirdischen Anlage ist äußerst beeindrukkend. Mehr als 50000 Leute dürften darin mühelos Platz gefunden haben…«

Götter, Gold und Mumien: Weshalb sollte das Smithsonian ein Interesse daran haben, eine derart sensationelle Entdeckung zu verheimlichen? David Hatcher Childress ortet die Gründe dafür im traditionellen Denkmuster des amerikanischen »Isolationismus«. Dessen Anhänger vertreten die Auffassung, daß sich die frühen Hochkulturen kaum gegenseitig beeinflußt haben, sich also isoliert voneinander entwickelten. »Diffusionisten« dagegen behaupten das Gegenteil: Sie glauben, daß Kulturgüter früher über ganze Kontinente, ja selbst über Ozeane weitergereicht wurden.

Schon sehr früh verschrieben sich Smithsonian-Vertreter der Isolationstheorie. Mit John Wesley Powell stellte das Bureau of Ethnology bereits Ende des 19. Jahrhunderts einen überzeugten Isolationisten als Vorsteher. Powell war davon überzeugt, daß es sich bei den Indianern um Abkömmlinge einer vergessenen amerikanischen Hochkultur handelte. Diese habe auch für die zahlreich vorhandenen Hügelpyramiden auf dem nordamerikanischen Kontinent verantwortlich gezeichnet, über deren Erbauer bis heute gestritten wird.

Argumente der Diffusionisten, wonach die imposanten Grabhügel überhaupt nichts mit den Indianern zu tun haben, wurden – so Childress – ignoriert, ja sogar unterdrückt: »In den 80er Jahren des letzten Jahrhunderts, als sich die Debatte bereits zu einem handfesten Streit entwickelt hatte, wurde behauptet, daß sich selbst Kontakte zwischen Kulturen des Ohio- und des Mississippi-Tales auf ein Minimum beschränkt hätten. Mit Sicherheit, so versicherte man, unterhielten deren Vertreter keinerlei Kontakte zu Hochkulturen der Maya, der Tolteken oder der Azteken.«

Für Childress eine lächerliche Behauptung: »Immerhin haben Fundgegenstände in zahlreichen Hügelgräbern gezeigt, daß deren Erbauer sehr wohl Kontakte mit anderen Kulturen gepflegt haben dürften.« Außerdem seien im 19. Jahrhundert, aber auch noch nach der Jahrhundertwende verschiedentlich Knochen »riesenartiger« Menschen aus den Grabhügeln zutage gefördert worden. Viele dieser Relikte gingen durch das Desinteresse amerikanischer Archäologen offenbar verloren. Andere sollen sich noch heute in Nevada befinden, und zwar im Humboldt-Museum von Winnemucca sowie im Museum der Historical Society in Reno.

Als weiteres Indiz für die zweifelhafte wissenschaftliche Politik des Smithsonian führt Childress das Schreiben eines gewissen Frederick J. Pohl an. Pohl hatte den britischen Archäologen Dr. T.C. Lethbridge Mitte der 50er Jahre über seltsame Holzsärge informiert, die 1892 in einer Höhle in Blount County (Alabama) entdeckt und dem Smithsonian-Institute übergeben worden waren. Die außerordentlich großen Gebilde sollen sehr alt gewesen sein und Bearbeitungsspuren von Kupfer- oder Steinmeißeln aufgewiesen haben.

Pohl: »Ich kontaktierte das Smithsonian und erkundigte mich nach dem Verbleib der Objekte. Kommentar von F.M. Setzler, Chefkurator des Department of Anthropology am Smithsonian: ›Es gelang uns nicht, die Särge in unseren Beständen aufzufinden, obwohl Aufzeichnungen belegen, daß wir sie einst erhalten haben.‹«

Als David Barron, Präsident der Gungywamp Society in Connecticut, 1992 nachhakte, erklärte ihm das Smithsonian, es handle sich bei den Objekten um simple Holztröge. Diese könnten zur Zeit nicht besichtigt werden, da sie in einem asbestverseuchten Lagerhaus aufbewahrt würden: »Der Zugang bleibt für die nächsten zehn Jahre gesperrt – ausgenommen für Smithsonian-Mitarbeiter.«

Skeptiker mögen einräumen, das von Childress zitierte

Beispiel genüge noch lange nicht, um dem Smithsonian bewußte Unterdrückung vorwerfen zu können. Zugegeben: Wenn der Vorfall eines dokumentiert, dann lediglich die Tatsache, wie fahrlässig das amerikanische Institut gelegentlich mit kostbaren Fundstücken umgeht, für die man keine Erklärung findet.

Dennoch ortet Childress hinter dem Vorgehen des Smithsonian keinen Einzelfall, sondern längerfristige Taktik, und er erläutert auch warum: »Ein bekannter amerikanischer Historiker – seinen Namen will ich hier nicht nennen – erzählte mir von einem Smithsonian-Mitarbeiter, der davon überzeugt war, daß andere Kulturen den amerikanischen Kontinent bereits Jahrtausende vor Kolumbus angesteuert haben. Er wurde deswegen entlassen. Dieser Mann behauptete, das Smithsonian habe einmal sogar eine ganze Ladung ungewöhnlicher Artefakte absichtlich im Atlantik versenkt.«

15 *Nazca: Neue Figuren entdeckt*

Südamerika ist immer wieder für archäologische Überraschungen gut, wie das Beispiel Nazca zeigt. Nazca: Das sind Hunderte von Scharrzeichnungen im Hochland von Peru. Erkennbar sind sie nur aus der Luft. Ob Tierdarstellungen, geometrische Figuren oder einfach nur schnurgerade Linie, die sich kilometerlang über den unbewohnten Boden erstrecken: Die Vielfalt der Darstellungen kennt keine Grenzen. Ihr Alter ist schwer einzuschätzen. Einige Gelehrte sprechen von 2000 Jahren, andere siedeln ihre Entstehung davor oder danach an.
Viele kluge Leute haben sich im Laufe der Zeit bereits ihre Köpfe über die Ebene von Nazca zerbrochen. Wie hatten die »primitiven« Indios die gigantischen Zeichen damals ohne jegliche technische Hilfsmittel angelegt? Und welchen Zweck verfolgten sie damit? Abenteuerliche Spekulationen wurden angestellt – und verworfen, wissenschaftliche Theorien entwickelt – und alsbald widerlegt.
Trotz einer Unzahl wissenschaftlicher Abhandlungen über das Nazca-Rätsel gibt es nach wie vor Darstellungen, die man in der Fachliteratur vergeblich sucht. Darstellungen, die so phantastisch sind, daß sie alle gesichert scheinenden Erkenntnisse und Theorien einmal mehr über den Haufen werfen.
Fotografiert hat die neuen Nazca-Zeichen kein Archäologe und auch kein anderer Gelehrter. Fotografiert hat sie 1995 Erich von Däniken, Schriftsteller und Querdenker unter den Vorzeit-Forschern. In der unweit von Nazca gelegenen Gebirgsregion Palpa sowie im benachbarten Ingenio-Tal

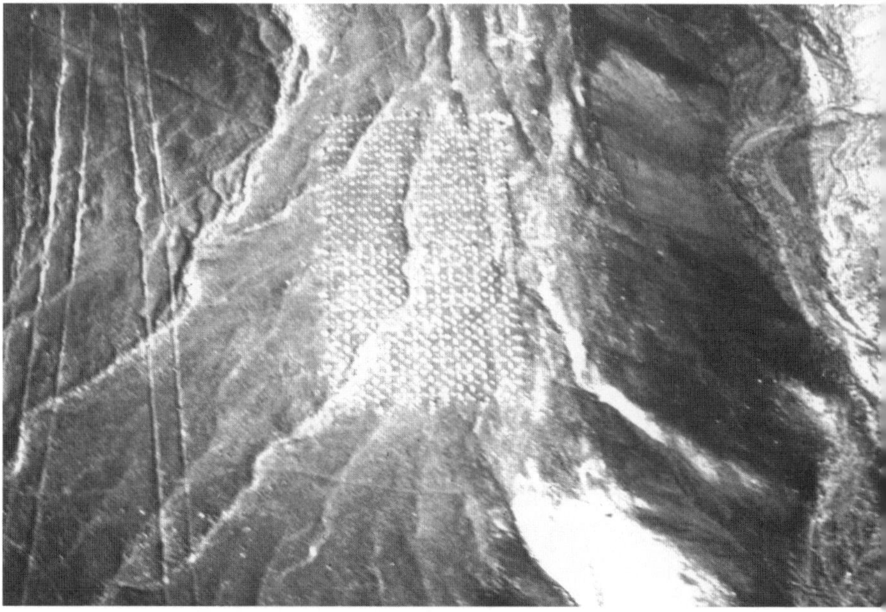

Abb. 59: Nazca-Figur, die der Fachwelt entgangen ist. Zu welchem Zweck wurde sie angelegt?

stöberte der Schweizer 1995 schachbrettartige Figuren auf, aber auch Bilder, die stark an die komplexen Formen indischer Mandalas erinnern. Darstellungen, von deren Existenz Nazca-Experten bisher keinen blassen Schimmer hatten. Eigentlich kenne er Nazca ja wie seine Hosentasche, erzählte mir Däniken. »Ich gehörte zu denen, die sich einbildeten, fast alles über Nazca zu wissen. Ich war schon unzählige Male dort. Bei meinem letzten Besuch aber hatte ich ein paar Tage mehr Zeit. Die wollte ich nutzen. Denn ich war davon überzeugt, daß da noch mehr sein mußte. Warum? Weil es schnurgerade schmale Linien gibt – die längste davon ist 23 Kilometer lang –, die ja alle irgendwo hinführen müssen. Ich sagte dem Piloten: Laß uns doch einer solchen Linie

Abb. 60: Auch diese von Erich von Däniken fotografierte Darstellung sucht man in der Fachliteratur vergeblich.

ins Gebirge folgen. Irgendwo muß schließlich ein Schlußpunkt sein. So ging es los: Ich wollte jedes Tal und jeden Berghang anschauen. Das haben wir auch getan. Und plötzlich tauchten diese gigantischen geometrischen Figuren auf, die in allen Fachbüchern fehlen.«

Däniken mochte seinen Augen kaum trauen: »Meine erster Gedanke war: Das muß etwas Modernes sein, vielleicht sogar etwas Militärisches. Doch es war nichts Militärisches, wie sich später herausstellen sollte. Aus größerer Höhe bemerkte ich in den folgenden Tagen, daß einige der neuen Figuren lediglich Teil noch größerer Figuren sind. Ich habe damals alle zwölf Piloten der regionalen Fluggesellschaft zum Nachtessen eingeladen. Als wir die ersten

Abb. 61: Die Ähnlichkeiten mit indischen Mandalas sind unübersehbar.

Bilder anschauten, fragte ich sie: Wer hat das gemacht? Ihre Antwort: Das war schon immer da.«

Wieder zu Hause ackerte der Schweizer die gesamte Fachliteratur über Nazca durch. Nicht ein einziger Hinweis, geschweige denn Bilder der von ihm dokumentierten Figuren fanden sich dort.

»Überall war immer nur von den Figuren auf dem Boden die Rede, vom stilisierten Affen, von der Spinne oder vom Kolibri«, erinnert sich Däniken kopfschüttelnd. »Kein Wort über die unheimlich eindrücklichen und großflächigen Figuren in den Bergen. Statt dessen überall dieses Getue, alles sei wissenschaftlich erklärt. Gar nichts ist erklärt! Nazca paßt den konservativen Gelehrten schlicht und einfach nicht ins Konzept.«

Abb. 62: Pistenartige Strukturen, wie wir sie in der Umgebung von Nazca in Hülle und Fülle finden.

Tatsächlich bietet die »offizielle« Wissenschaft alle paar Jahre neue Erklärungen über Sinn und Zweck der gigantischen Bodenzeichnungen an. Wie es den Indios indessen möglich gewesen sein soll, derart gigantische Strukturen maßstabgetreu anzulegen, wird übergangen. »Statt einzuräumen, daß man Sinn, Zweck und Herstellung der Nazca-Darstellungen nicht erklären kann, werden die Fragezeichen unter den Teppich gekehrt«, ärgert sich Erich von Däniken. »Man will die Öffentlichkeit nicht mit komplizierten Dingen belästigen. Denn komplizierte Dinge werfen neue Fragen auf. Und neue Fragen verlangen nach neuen Antworten. Also schweigt man.«

16 *Die Dschungel-Hügel von Pantiacolla*

1976 sorgte ein Satelliten-Foto der NASA in Fachkreisen für Aufregung. Aufgenommen wurde das Bild mit der Registernummer C-S11-32WØ71-Ø3 über dem südöstlichen Teil Perus. Deutlich sind darauf acht bis zehn symmetrisch angeordnete Punkte zu erkennen, die in der unerforschten Hochebene von Pantiacolla in die Höhe ragen. Unter dem Vergrößerungsglas entpuppten sich die schwarzen Flecken als Schatten gewaltiger Steinformationen.

Natürliche geologische Strukturen oder künstliche Bauten? Die Experten waren sich unschlüssig. »So etwas ist mir im Laufe meiner Tätigkeit noch nie unter die Augen gekommen«, meinte 1977 A.T. Tizando vom Interamerican Geographic Institute stellvertretend für viele. Immerhin ist der Komplex dreimal so groß wie die imposante Inka-Stadt Machu Picchu. Außerdem weisen die Objekte Dimensionen auf, die in etwa der Größe der Cheops-Pyramide gleichkommen.

Daß bis vor kurzem so gut wie gar nichts über die bemerkenswerten Strukturen bekannt war, hat einen einfachen Grund: Der Komplex befindet sich in einer der undurchdringlichsten Zonen des peruanischen Dschungels. Bevölkert wird er von den Machiguenga-Indianern, die kaum Beziehungen zur Außenwelt pflegen.

Einer der wenigen, der Mitte der siebziger Jahre mit den Machiguenga in Kontakt stand, war der damals 29jährige japanische Medizinstudent Yoshiharo Sekino. Sekino kannte das Gebiet wie seine Hosentasche. 1977 überflog er

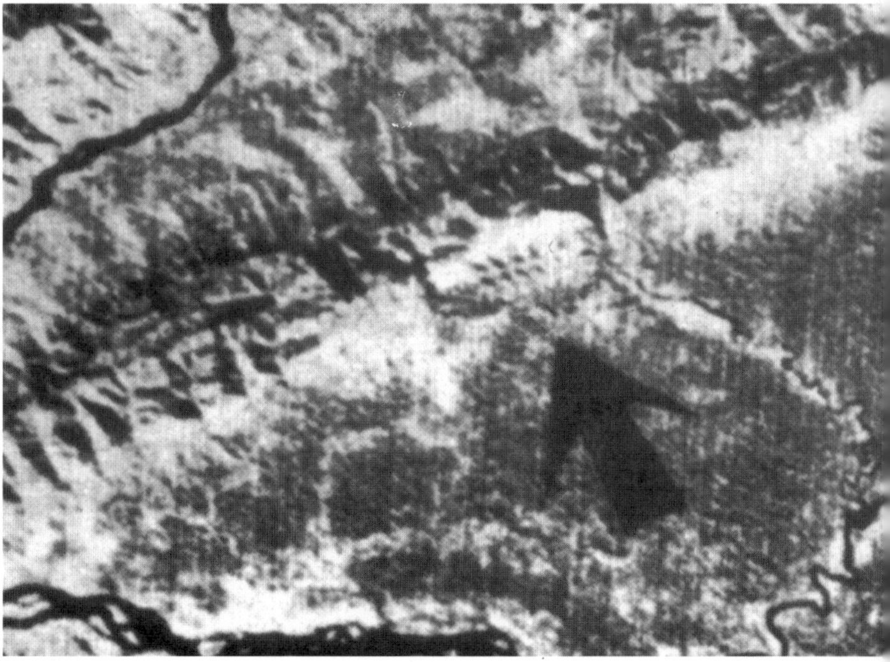

Abb. 63: Satellitenaufnahme der Hochebene von Pantiacolla: Deutlich sind acht bis zehn hügelförmige Gebilde zu erkennen.

die Region, um die geheimnisvollen Gebilde fotografisch zu dokumentieren.

Der Japaner kehrte mit zwei Filmrollen zurück. Seine Enttäuschung war indes groß, als sich seine Aufnahmen nach der Entwicklung als unbrauchbar erwiesen. Ein Defekt an seiner Kamera hatte ihm offensichtlich einen Strich durch die Rechnung gemacht. Lediglich ein Abzug erwies sich

Abb. 64: Erreichte die Hügel als erster zu Fuß: Gregory Deyermenjian (l.).

Abb. 65: Erste Nahaufnahme der bemerkenswerten Hügel-Formation.

als einigermaßen brauchbar. Nach Aussagen von Don Montague, Herausgeber des »South American Explorer«, sollen darauf »fünf hellgrüne hügelartige Strukturen« erkennbar gewesen sein, die aus dem dunkelgrünen Untergrund hervorstachen.

Yoshiharo Sekino entschloß sich kurzerhand, seinen Trip zu wiederholen. Auf eigene Faust wollte er dem Geheimnis der steinernen Formation im Dschungel auf den Grund gehen. Seither hat man nie mehr etwas von ihm gehört.

Erst 1996 brachte eine amerikanische Expedition Licht ins Dunkel. Geleitet wurde sie vom Forscher und Abenteurer Gregory Deyermenjian. Zusammen mit seinen peruanischen Begleitern und der Hilfe der Machiguenga brach er

Abb. 66: Die Expedition in das unwegsame Gelände gestaltete sich außerordentlich mühsam …

am 13. August von Cuzco aus in das undurchdringliche Dschungel-Dickicht auf, um sich zu Fuß bis zu den symmetrisch angeordneten Objekten vorzukämpfen. Kompliziert wurde das Unternehmen durch massive Regenfälle und Unmengen von Insekten, die den Teilnehmern das Leben schwer machten.

Nach tagelangen Fußmärschen erreichten die Abenteurer endlich ihr Ziel. Müde und ausgepumpt erklommen sie einen der gewaltigen Hügel. »Er bestand aus rauhem, erodiertem Sandstein«, schreibt Deyermenjian in seinem Expeditionsbericht. »Ganz offensichtlich war er nicht von Menschenhand bearbeitet worden.«

Auch sonst fand die Expedition keine Hinweise auf eine versunkene Zivilisation. »Die außerordentlich hohen Hügelformationen gleichen sich nicht so sehr, wie es auf dem Satelliten-Foto den Anschein hat«, hält Deyermenjian fest. »Größe und Höhe der einzelnen Formationen unterscheiden sich beträchtlich. Außerdem ist das Klima dort außerordentlich feucht und heiß und die Region überreich an Insekten. Selbst die urwalderprobten Machiguenga-Indianer halten diesen Ort für unwirtlich.«

Trotz allem beabsichtigt Deyermenjian, seine Suche im peruanischen Dschungel demnächst fortzusetzen. Bereits vor Jahren ist er dort nämlich auf die Reste einer bislang unbekannten Inka-Straße gestoßen. Mit einer neuen Expedition will der unerschrockene Amerikaner jetzt den Endpunkt dieser Route ausmachen und damit weitverbreiteten südamerikanischen Legenden über das bislang unentdeckte Inka-Refugium »Paititi« auf den Grund gehen.

17 *Hieroglyphen im brasilianischen Urwald*

Die Theorie ist längst zum Glaubenssatz geworden: Die ersten Menschen in Amerika, so wird Studenten gelehrt, waren mongolische Einwanderer, die nach Abklingen der letzten Eiszeit über die damalige Landverbindung von Sibirien auf den Kontinent gelangten. Nach der Entwicklung der sogenannten Clovis-Kultur in Nordamerika vor rund 11 000 Jahren begannen sie in die Hochländer von Mexico und Peru vorzudringen, wo sie die Grundlagen für all die eindrücklichen Monumente schufen, die uns heute noch in Erstaunen versetzen. Kulturen im Urwald des Amazonasgebiets gab es zur Zeit der Clovis-Kultur keine.

Alles falsch, behauptet jetzt Anna Roosevelt. In der Fachzeitschrift »Science« berichtete die Anthropologin und Professorin an der University of Illinois (Chicago) 1996 über eine aufsehenerregende Entdeckung, die in der amerikanischen Fachwelt einen Sturm der Entrüstung, aber auch eine Welle der Begeisterung provoziert hat. Roosevelts Behauptung: Vor über 11 000 Jahren tummelten sich im brasilianischen Regenwald bereits Vertreter einer bislang unbekannten Zivilisation. Kein Ableger der Clovis-Kultur also, sondern vielmehr Zeitgenossen.

Jahrelang hat Anne Roosevelt die tief im brasilianischen Dschungel gelegene Caverna de Pedra Pintada – ein gut hundert Meter langes, 80 Meter breites und 30 Meter hohes Felsmassiv nahe der Ortschaft Monte Alegre – erforscht und dort archäologische Grabungen anstellen lassen. »Meine Erkenntnisse dürften nicht nur auf Zustimmung

stoßen«, räumt sie schmunzelnd ein. »Schließlich hielten sich nach gängiger Auffassung in Südamerika zur fraglichen Zeit noch nicht einmal Menschen auf.«
Die Datierungen von Speerspitzen und Nahrungsresten lassen indes keinen Zweifel offen: Zwischen 11 200 und 10 000 Jahren vor unserer Zeit haben in der Caverna de Pedra Pintada bereits Menschen gelebt. Diese, so ist Roosevelt überzeugt, hätten sich in den dortigen Felshöhlen bestens eingerichtet und sich in Unkenntnis von Ackerbau und Viehzucht von Früchten, Fischen sowie Tieren aus dem Dschungel ernährt. Und: Die unbekannte Kultur hinterließ uns eindrückliche Zeichnungen. Gleich zu Tausenden prangen sie an den Felswänden. Abbildungen von menschlichen und tierischen Körpern, astronomische und geometrische Darstellungen, aber auch allerlei kuriose Zeichen.
Bereits 1958 hat der französische Ethnologe und Weltenbummler Professor Marcel Homet die Pedra Pintada ausführlich untersucht. In seinem Buch »Die Söhne der Sonne« schreibt er: »Wir brauchten Tage, um nur die wichtigsten der vielen Tausend künstlerischen und religiösen Motiven dieser außergewöhnlichen Kulturstätte, welche die Pedra Pintada darstellt, zu kopieren, zu fotografieren und zu studieren. Bereits bekannt durch verschiedene Expeditionen hat sie doch keine Aufmerksamkeit in wissenschaftlichen Kreisen erregt. Bis jetzt haben sich tatsächlich alle, die sich ihr nähern konnten, der offiziellen Theorie gebeugt, die da stur behauptet, daß die vielen Inschriften und Malereien Südamerikas nichts anderes darstellen als Zeitvertreib von Priestern oder Ruderern, die flußauf-

Abb. 67: Geheimnisvolle Zeichnungen in der Caverna de Pedra Pintada. Man beachte die Dinosaurier-Motive ...

wärts fuhren. Wie konnte dieses riesige Steinmonument bis jetzt in seiner Bedeutung übersehen werden?«

Homets Ärger ist verständlich: Jahrzehntelang bereiste der französische Professor in der ersten Hälfte dieses Jahrhunderts den Erdball. Von seinen Fachkollegen mehrheitlich belächelt, trug er Zeit seines Lebens eindrückliche Hinweise dafür zusammen, daß im brasilianischen Dschungel entgegen der allgemeinen Überzeugung einst eine heute vergessene Hochkultur existiert haben mußte.

Da ist beispielsweise der Bericht von Melchior Diaz Moréia. Der Großgrundbesitzer aus Salvador hatte sich 1595 auf die Suche nach einer 1400köpfigen Expedition gemacht, die wenige Jahre zuvor unter mysteriösen Umständen im Landesinnern verschwunden war. Moréia kehrte als reicher Mann zurück: Gold, Silber und Edelsteine soll er bei sich getragen haben. Gerüchte, wonach er eine steinerne Stadt im Urwald entdeckt hätte, machten die Runde.

Faszinierend auch das 1753 abgefaßte Dokument, das heute unter der Archivnummer 512 in der Nationalbibliothek von Rio de Janeiro lagert. Es berichtet von einem bewaffneten Erkundungstrupp, der um 1750 durch den brasilianischen Dschungel im Hinterland von Salvador da Bahia streifte. Detailliert beschreiben die Teilnehmer darin, wie sie auf eine verlassene Urwaldstadt stießen. Statuen, Obelisken und jede Menge seltsamer Schriftzeichen wollen sie dort gesehen haben.

Das mysteriöse Ableben des britischen Abenteurers und Amazonas-Kenners Colonel Percy Harrison Fawcett (1867–1925) wirft ebenfalls Fragen auf. Wild entschlossen, Licht in die brasilianische Vergangenheit zu bringen, rüstete Fawcett im März 1925 zusammen mit seinem 21jährigen Sohn Jack sowie seinem Freund Raleigh Rimell eine Expedition aus, die ihn direkt ins Amazonasgebiet führen sollte.

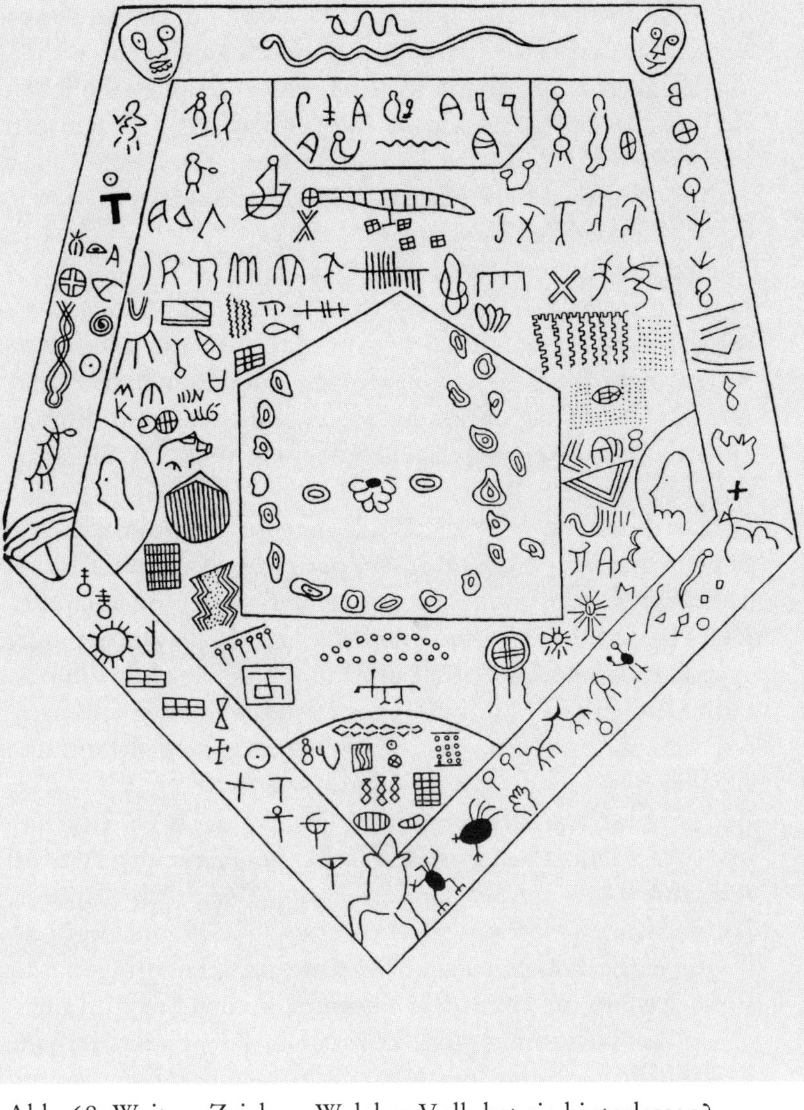

Abb. 68: Weitere Zeichen. Welches Volk hat sie hinterlassen?

Endpunkt der Reise waren die Diamantenberge in Bahia. Dort kamen die drei freilich nie an: Ende Mai 1925 verloren sich ihre Spuren unweit des Flusses Xingu für immer im Dickicht des Dschungels. Vor seinem mysteriösen Verschwinden hatte Fawcett von einem »Turm im Wald«, »steinernen Kuppelbauten« und »hieroglyphenähnlichen Felsinschriften« geschwärmt. War er also auf der richtigen Fährte gewesen? Wußte er womöglich bereits mehr als er durfte? Wurde er von den Indianern gefangengenommen, oder brachten sie ihn gar um?
Zahlreiche Suchtrupps machten sich auf, das Rätsel um das Verschwinden des Colonels zu lösen. Manche kehrten erfolglos zurück, andere verschwanden ebenfalls. Und dann ist da noch der Bericht des Schweizers Stefan Rattin. Rattin hatte 1932 mit einem örtlichen Indianer-Häuptling an einem nächtlichen »Gelage« teilgenommen. Dabei ereignete sich etwas Seltsames.
»Nach Sonnenuntergang erschien plötzlich ein alter, in Felle gekleideter Mann mit langem gelblich-weißem Bart«, berichtet Rattin. »Ich sah sofort, daß es ein Weißer war. Der Häuptling warf ihm einen strengen Blick zu und sagte etwas zu den anderen. Vier oder fünf Indianer führten daraufhin den alten Mann ein paar Meter weit weg und setzten sich zu ihm. Er schaute sehr traurig und konnte die Augen nicht von mir wenden. Wir tranken die ganze Nacht, und im Morgengrauen, als die meisten Indianer und der Häuptling noch fest schliefen, kam der Alte zu mir und fragte, ob ich Engländer sei. Er sprach Englisch. Ich antwortete: ›Nein – Schweizer.‹ – ›Bist du ein Freund?‹ fragte er daraufhin. Ich antwortete mit ›Ja‹ und er fuhr fort: ›Ich bin ein englischer Colonel. Gehen Sie zum britischen Konsulat, man möge dort Major Paget verständigen, daß ich hier festgehalten werde.‹ Ich versprach es, worauf er mir die Hand schüttelte: ›You are a gentleman.‹«

Obwohl in den folgenden Jahren verschiedene Ausrüstungsteile und Gepäckstücke Fawcetts im Dschungel auftauchten, taten Rattins Zeitgenossen die Schilderung als Phantasiegebilde ab.
Über die Gründe von Fawcetts Verschwinden darf also weiter gerätselt werden. Um so mehr, als auch eine neuerliche Expedition kürzlich nicht viel weiter kam: Mit Videokameras und Funkequipment ausgerüstet brach der Banker James Thurston Lynch 1996 mit einer abenteuerlustigen Gruppe in den von den Kalapalos-Indianern be-

Abb. 69: Die Darstellungen in der Pedra Pintada können keiner uns bekannten Kultur zugeordnet werden.

völkerten Xingu-Nationalpark auf, wo er das Rätsel um die geheimnisvolle Urwald-Stadt und Fawcetts Verschwinden endlich zu lösen hoffte. Die Indianer aber zeigten sich alles andere als begeistert: Aus einem Hinterhalt lauerten sie den Expeditionsteilnehmern auf, nahmen ihnen ihre Ausrüstung ab und zwangen sie mit Waffengewalt zur Umkehr.

Wenngleich er seine Reise ohne konkrete Beweise für die Existenz einer vorzeitlichen brasilianischen Hochkultur abbrechen mußte, gibt sich Lynch weiterhin optimistisch, die geheimnisvolle Stadt im brasilianischen Dschungel irgendwann doch noch ausfindig zu machen.

18 *Chinas vergessene Schätze*

Pyramidenförmige Bauten stehen nicht nur in Südamerika und Ägypten. Sie ziehen sich um den ganzen Erdball. Selbst in China finden sich pyramidenartige Erdhügel. Viele von ihnen sind bis heute kaum erforscht, geschweige denn wissenschaftlich dokumentiert. Andere scheinen im Laufe der Zeit in Vergessenheit geraten zu sein.
Erst jetzt, wo sich das Land politisch allmählich öffnet, dringen nach und nach Informationen in den Westen. So gelang es etwa dem deutschen Amateur-Forscher Hartwig Hausdorf in den 90er Jahren, zahlreiche der Grabmonumente fotografisch zu dokumentieren. Außerdem ist da noch die sogenannte »weiße Pyramide«, von der lediglich eine alte Schwarzweiß-Aufnahme aus dem Jahr 1947 vorliegt. Lage und Größe sind unbekannt. Ob sie überhaupt noch existiert, ist unklar.
Wesentlich besser dokumentiert, wenngleich ebenfalls geheimnisumwittert, ist das Grabmal von Quin Shi Huang (259–210 v. Chr.), des ersten Kaisers von China. Der ursprünglich 166 Meter hohe Bau liegt östlich der Stadt Xian in der Provinz Shaanxi und zählt mit einem Umfang von 1250 Metern zu den weltgrößten Grabanlagen überhaupt. Rund 800 000 Arbeiter sollen während Jahrzehnten an der Errichtung geschuftet haben.
»Beschützt« wurde der Kaiser von einer »Terrakotta-Armee«, die gut einen Kilometer vom Bauwerk entfernt über Jahrtausende unbemerkt unter der Erde lagerte. Archäologen feierten die Entdeckung der lebensgroßen Kriegerfiguren, Pferde und Streitwagen Mitte der siebziger

Abb. 70: Pyramiden gibt es auch in China, wie die Aufnahmen von Hartwig Hausdorf zeigen.

Jahre als einen der spektakulärsten archäologischen Funde dieses Jahrhunderts. Die Anzahl der Figuren wird auf über 7000 geschätzt. Lediglich ein Bruchteil davon ist bisher freigelegt.

Die Grabstätte selbst harrt nach wie vor ihrer Öffnung. Sondierungsbohrungen und -grabungen zufolge weist der unterirdische Palast die sagenhafte Fläche von 56 Quadratkilometern auf. Das eigentliche Mausoleum mißt zwei Quadratkilometer. Experten vermuten, daß es Schätze unermeßlichen Ausmaßes bergen könnte. Genährt werden ihre Spekulationen durch einen Bericht des chinesischen Historikers Sima Qian (um 145–86 v. Chr.).

Sima Qian beschreibt die Ausstattung des Grabes folgendermaßen: »Die Grabkammer füllten sie mit Modellen von Palästen, Türmen und den hundert Ämtern, ferner mit kostbaren Gefäßen und Steinen sowie wunderbaren Raritäten. Handwerker erhielten den Auftrag, auf Eindringlinge zielende Armbrüste mit mechanischen Selbstauslösern zu installieren. Die verschiedenen Ströme des Landes, der Yangzi und der Gelbe Fluß, und selbst der große Ozean wurden mit Quecksilber nachgeahmt, das eine mechanische Vorrichtung fließend in Bewegung hielt. Oben wurden die Konstellationen des Firmaments dargestellt und unten das geographische Relief der Erde. Leuchter wurden mit Walfischöl gespeist, um zu gewährleisten, daß sie ohne zu erlöschen für immer brannten.«

Abb. 71: Weitere Fotografie eines chinesischen Grabhügels. Die eindrücklichen Gebilde sind vom Verfall bedroht.

Abb. 72: Viele der bemerkenswerten Formationen sind bislang nicht kartographiert.

Daß die Grabanlage bisher nicht geöffnet wurde, hat seinen Grund. China fehlt es schlicht an Geld sowie an nötigem Fachwissen, die in der Anlage vermuteten Schätze fachgerecht konservieren zu können. Die giftigen Quecksilber-Dämpfe im Innern erfordern außerdem ausgeklügelte Sicherheitsvorkehrungen. Der chinesische Wissenschaftler Professor Yuan Zhongyi, der sich intensiv mit der Anlage auseinandergesetzt hat, hofft deshalb auf die Zukunft: »Eines Tages, wenn Wissenschaft und Technologie weiter fortgeschritten sind, werden wir in der Lage sein, das Rätsel des Grabes zu lösen.«
Welche spektakulären Funde eine Öffnung zutage fördern könnte, läßt sich nur erahnen. Bereits der Inhalt einer

vergleichsweise schlichten Grabstätte in der Provinz Hunan sorgte unter Archäologen nämlich für ungläubiges Kopfschütteln. Freigelegt wurde die über 2000 Jahre alte Anlage aus der Han-Dynastie zwischen 1972 und 1974 in einem östlichen Randbezirk von Changsha. Unter anderem enthielt sie eine perfekt konservierte weibliche Mumie, die – eingebettet in eine komplizierte Konstruktion ineinander verschachtelter Sarkophage – in rund 80 Litern eines gelblichen Saftes schwamm.
Einem Bericht im österreichischen »Bulletin des Institutum Canarium« (»I.C. Nachrichten«, Nr. 10, 1972) zufolge soll die geheimnisvolle Flüssigkeit die Verstorbene derart perfekt konserviert haben, »daß deren Gewebe auf Injektionen reagierte, als wäre der Tod erst vor wenigen Tagen

Abb. 73: Die älteste Landkarte der Welt: verblüffende Ähnlichkeit mit modernen Satellitenaufnahmen.

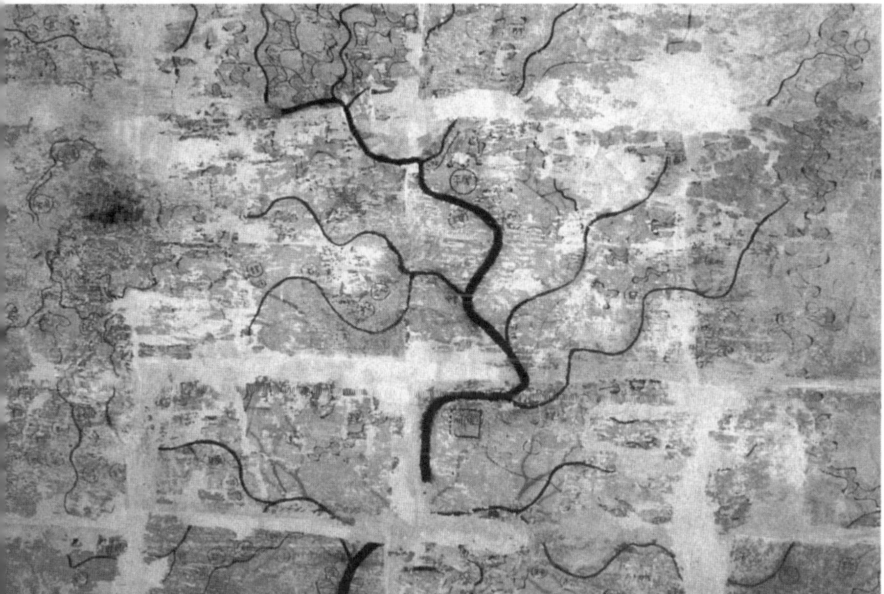

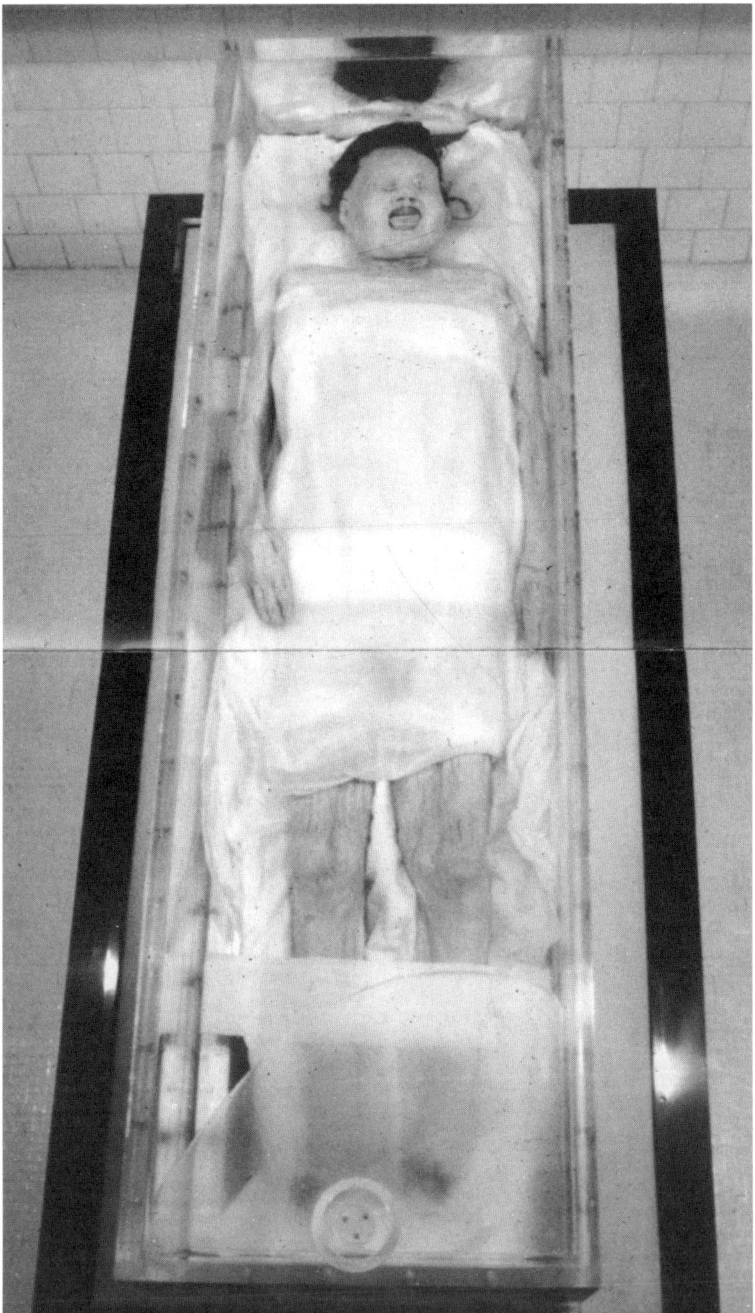

eingetreten«. Kurz nach der Entdeckung gelang es Gerd Kaminski, Generalsekretär des Österreichischen Chinaforschungsinstituts, Filmaufnahmen der Mumie nach Wien zu bringen, um den bemerkenswerten Fund der westlichen Fachwelt vorzustellen.

Zusammen mit dem Österreicher Peter Krassa reiste China-Experte Hartwig Hausdorf 1994 nach Changsha, um die 2000 Jahre alte Mumie einem persönlichen Augenschein zu unterziehen. »Wer immer diesen Leichnam für die Nachwelt erhalten hat, muß sein Handwerk aufs allerbeste verstanden haben«, bestätigt er. »So waren die Zellstruktur und die inneren Organe, wie die an der medizinischen Fakultät in Changsha vorgenommene Autopsie ergab, vom Aufbau her in einem noch immer hervorragenden Zustand. Der gelbliche Teint war nicht verfärbt, und selbst die Muskeln waren noch vollkommen elastisch. Die Ärzte bezeichneten es als ein Wunder, daß diese Mumie die Zeiten so tadellos überstanden hat. Tatsache ist, daß die hier angewandte Technik der Konservierung nicht nur in diesem Teil der Welt beispiellos ist.«

Ausgestellt ist die Mumie heute im Untergeschoß des Historischen Museums von Hunan. »An den Wänden ringsum ist eine Fotoserie von der Obduktion der Leiche zu sehen«, erzählt Hausdorf. »In Wort und Bild wird über die Untersuchungen berichtet. Dort steht auch wörtlich zu lesen, daß die Mumie in einer gelblichen Flüssigkeit schwamm, als sie gefunden wurde. Außerdem weisen die Texte im Museum ausdrücklich darauf hin, daß die Zusammensetzung dieser Flüssigkeit bis heute nicht eruiert werden konnte.«

Abb. 74: »Einzigartige Konservierungstechnik«: die Mumie von Changsha.

Abb. 75: Archäologen feierten die Entdeckung der chinesischen »Tonarmee« als eine der größten wissenschaftlichen Sensationen dieses Jahrhunderts.

Noch eine weitere Entdeckung im Grabmahl von Changsha läßt uns staunen: die wohl älteste Karte der Welt. Leider ist ihre Existenz im Westen bisher kaum bekannt. Das quadratische Meisterwerk hat eine Seitenlänge von je 96 Zentimetern. Darauf abgebildet sind die Regionen der aneinandergrenzenden Provinzen Guanxi, Guangdong und Hunan. Hausdorf: »Die Karte erstreckt sich vom Distrikt Daoxian in der Provinz Hunan über das Tal des Xiao-Flusses bis zur Gegend um die Stadt Nanhai in der Provinz Guangdong. Das im Maßstab 1:180000 gehaltene Kartenwerk ist derart genau, daß es einen spontan an moderne Satellitenaufnahmen erinnert.«
Um Chinas archäologisches Erbe vor der Zerstörung zu retten, haben Wissenschaftler der Ruhr-Universität Bochum jetzt damit begonnen, bereits vergessene Bauwerke zu kartographieren. Mit Hilfe Hunderter von Luftaufnahmen japanischer und amerikanischer Militärpiloten aus den 30er, 40er und 50er Jahren gelang es ihnen unter anderem, östlich der Stadt Pingling ein pyramidenförmiges Monument mit einem Umfang von 180 Metern zu lokalisieren. Das Grabmahl soll der Han-Dynastie (206 v. Chr. – 220 n. Chr.) angehören.
Volker Pingel und Baoquan Song, welche die Untersuchungen leiten: »Bei einer Geländebegehung wurde festgestellt, daß die einheimischen Bauern Erde von der Süd- und Ostseite der großen Grabanlage holen und etwa ein Fünftel davon bereits abgetragen wurde. Auf den umliegenden Feldern lassen die Luftbilder noch kleinere Grabhügel erkennen, die heute nicht mehr erhalten sind.« Aber auch in anderen Gebieten ist der Zerstörungszustand bereits weiter fortgeschritten als befürchtet. So ist etwa die Stadtmauer von Yixing aus der Ming-Zeit (1368–1644 n. Chr.), die auf den Aufnahmen dokumentiert ist, heute »spurlos verschwunden«.

Insgesamt über 30000 Luftbilder aus China lagern bei der »National Archives and Records Administration« von Washington. Das Bildmaterial soll nach und nach erworben, archiviert und ausgewertet werden. Pingel und Song: »Wir konnten mit den amtlichen Stellen in China vereinbaren, daß die weiteren Arbeiten zur archäologischen Luftbildauswertung in engem Kontakt mit den entsprechenden Institutionen erfolgen werden.«

19 *Laos und das Rätsel der Steinkrüge*

200 Kilometer von der laotischen Hauptstadt Vientiane entfernt, in der Hochebene von Xieng Khoang, liegt die sogenannte »Ebene der Tonkrüge«. Bis zu drei Meter hohe »Blumentöpfe« lagern dort zu Hunderten über weite Strecken verstreut. Ihr Ursprung reicht bis in die Jungsteinzeit zurück. Obwohl Xieng Khoang als regelrechtes archäologisches Paradies gilt, ist die Hochebene bis heute kaum erforscht. Das ist bedauerlich, denn die dortigen Relikte werfen zahlreiche Fragen auf, die bis heute niemand schlüssig beantworten kann.
Intensiv mit den archäologischen Rätseln von Laos beschäftigt sich der Forscher Andreas Reinecke vom Deutschen Archäologischen Institut in Bonn. Reinecke weist ausdrücklich darauf hin, daß die geheimnisvollen Steingefäße nicht aus Ton gefertigt sind, wie uns dies so manches Lexikon verkündet. Vielmehr wurden sie aus Sandstein geschlagen.
Wenngleich bereits einige Spekulationen angestellt worden sind, liegen Sinn und Zweck der überdimensionalen »Blumentöpfe« bislang im dunkeln. Zur Zeit wird den Steingefäßen ein Alter von rund 2000 Jahren zugeschrieben, was angesichts der in der Umgebung von Laos vorhandenen Megalithstrukturen eher vorsichtig bemessen erscheint. Als ich Ende Juli 1995 mit Reinecke telefonierte, meine Zweifel an der Datierung äußerte und meiner Vermutung darüber Ausdruck verlieh, daß die Steinskulpturen womöglich weitaus älteren Datums sein könnten, mußte der Bonner Wissenschaftler denn auch einräumen, daß die Altersfrage in

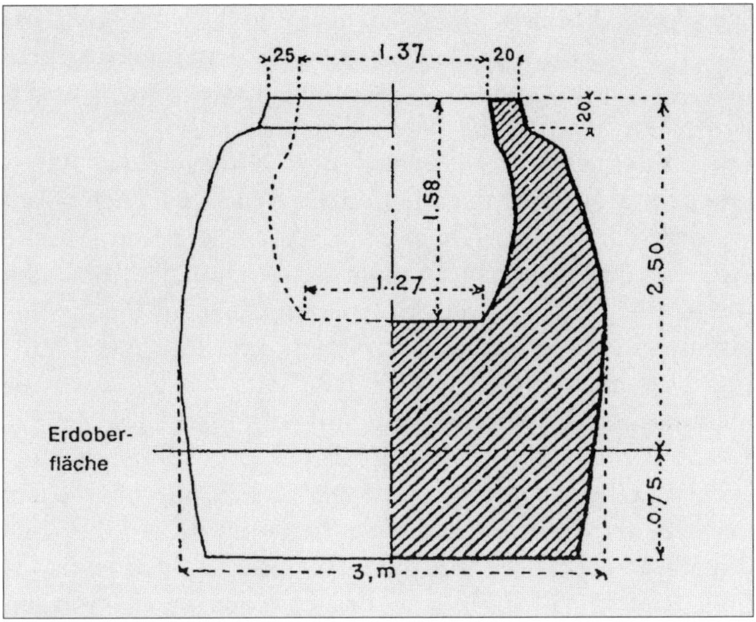

Abb. 77: Die Abmessungen eines rund drei Meter hohen Gefäßes.

der Tat ein ungelöstes Problem darstellt. Sein Kommentar: »Zwar gibt es einige spärliche Hinweise, aber letztlich beruht die Datierung lediglich auf einer Vermutung.«
Auch sonst bleiben viele Fragen offen. Reinecke: »Herstellung und Transport der einzelnen, teilweise über ein Dutzend Tonnen schweren Steingefäße erforderten eine Organisation und Kraftanstrengung, die mit jenen der jungsteinzeitlichen Erbauer der Großsteingräber im nördlichen Mitteleuropa vergleichbar sind. Großflächige archäologi-

---

Abb. 76: Steinkrüge in der Hochebene von Xieng Khoang: Welchem Zweck haben sie einst gedient?

sche Ausgrabungen, die in den nächsten Jahren mit ausländischer Hilfe in Angriff genommen werden, führen sicherlich zur Lösung einiger Rätsel um die Steingefäße in der laotischen Bergprovinz Xieng Khoang.«

Ob moderne archäologische Untersuchungen das Rätsel um den Transport der steinernen Krüge wirklich lösen werden, darf bezweifelt werden. Bereits die französische Archäologin Madeleine Colani hatte nämlich Mühe, die Transportfrage zu klären. Colani untersuchte die archäologische Stätte vor vielen Jahrzehnten, und ihre mustergültige Dokumentation aus dem Jahr 1935 gilt bis heute als einsames archäologisches Standardwerk über Laos.

Erstaunt mußte die Archäologin bei ihren Untersuchungen feststellen, daß die kolossalen Steingefäße über weite Strecken transportiert worden waren – oft unter Überwindung beträchtlicher Höhenunterschiede. In ihrer Abhandlung finden wir zahlreiche Fragezeichen sowie Skizzen von primitiven Hilfsmitteln, mit welchen die Transporte vonstatten gegangen sein könnten. Kompetente Gedanken, aber keine befriedigenden Antworten.

20 *Geheimkammer in der Cheops-Pyramide?*

Wurde die Cheops-Pyramide in Ägypten tatsächlich um 2500 v. Chr. erbaut? Birgt der Monumentalbau womöglich noch unentdeckte Kammern? Seit Jahren mehren sich die Zweifel, daß das eindrückliche Bauwerk definitiv enträtselt und erforscht ist, wie uns dies Ägyptologen gerne versichern.

Daß etwa Kritik an der aktuellen Datierung durchaus erlaubt ist, zeigen Untersuchungen des American Research Center in Ägypten, der Southern Methodist University und der Eidgenössischen Technischen Hochschule (ETH) in Zürich. In mühevoller Kleinarbeit datierten die drei Institutionen Mitte der 80er Jahre organisches Material aus dem Umfeld der Cheops-Pyramide.

Sechs renommierte Fachleute waren involviert. Mark Lehner und Robert Wenke zeichneten für die Auswahl und die Entnahme der Materialproben verantwortlich. Willy Wölfli und Georg Bonani waren für die C-14-Analyse der kleineren Stücke zuständig. Herbert Haas und James Devine führten Datierungen an den größeren Stücken durch. Die Proben wurden im Februar 1984 entnommen. 76 davon konnten nach einem komplexen Selektionsprozeß zur Datierung vorbereitet werden. Ein Teil davon stammte von den Pyramiden, der Rest von Bauten aus der unmittelbaren Umgebung.

Das Resultat der Untersuchung war bemerkenswert: Zwischen den Datierungsergebnissen und der traditionellen Datierung klaffte eine Lücke von mindestens 400 Jahren.

Anders ausgedrückt: Beinahe alle untersuchten Komplexe – inklusive der Cheops-Pyramide – sind offenbar rund 400 Jahre älter als bisher angenommen. Die kontroversen Ergebnisse wurden 1987 offiziell veröffentlicht – und ignoriert. Bis heute sucht man sie in der ägyptologischen Fachliteratur vergeblich.
Mittlerweile sind die Forscher dabei, ihre Ergebnisse durch eine zweite Untersuchung zu verifizieren, wie mir Georg Bonani während eines Telefongespräches bestätigte: »Da beim ersten Mal hauptsächlich Holzkohle datiert wurde, wollten wir diesmal mit kurzlebigeren Materialien wie etwa Stroh oder Grashalmen arbeiten. Leider fand sich im Pyramiden-Mörtel entgegen unseren Erwartungen kaum eine Spur davon. So müssen wir uns damit begnügen, die Untersuchung quasi zu wiederholen.«
Immerhin: Die zweite Studie scheint die erste vollauf zu bestätigen. Die Ergebnisse sollen noch 1998 offiziell bekanntgegeben werden. Dennoch rechnet Bonani nicht damit, daß in der Ägyptologie danach das große Umdenken einsetzen wird: »Sachen, die nicht passen, vergißt man eben lieber wieder.«
Eine Haltung, mit der auch Ingenieur Rudolf Gantenbrink konfrontiert wurde. 1993 untersuchte der Münchner in der Cheops-Pyramide einen äußerst schmalen, von der Königinnen-Kammer aufwärts verlaufenden Schacht. Am Schachtende registrierte sein ferngesteuerter Mini-Roboter einen Steinblock mit zwei Kupferbeschlägen. Eine wenige Millimeter breite Ritze unter der »Steintüre« nährte die Vermutung, daß sich dahinter ein bislang unbekannter Hohlraum verbergen könnte.

Abb. 78: Rätsel in Stein: Birgt die Cheops-Pyramide womöglich eine Geheimkammer?

Trotz des sensationellen Charakters von Gantenbrinks Entdeckung wurde die weitere Erforschung des Ganges von den Verantwortlichen sistiert. Die Hintergründe dafür habe ich 1997 in meinem Buch »Irrtümer der Wissenschaft« dargelegt. Während ich diese Zeilen tippe, erreicht mich nun die Nachricht, daß die ägyptischen Behörden die Forschungsarbeit in der Königinnenkammer möglicherweise wieder aufnehmen wollen – unter Ausschluß der Öffentlichkeit. Das ist bedauerlich. Immerhin ist im »Hitat«, einer knapp 600 Jahre alten arabischen Chronik, von geheimnisvollen »Schätzen« die Rede, die ein gewisser Saurid »vor der Sintflut« in den ägyptischen Pyramiden verstaut haben soll.
Verfasser Al-Makrizi trug für sein Werk alle Informationen und Überlieferungen über die Pyramiden zusammen, die er in den Bibliotheken seiner Epoche finden konnte. Er schreibt: »Darauf ließ Saurid in der westlichen Pyramide 30 Schatzkammern aus farbigem Granit anlegen. Die wurden angefüllt mit reichen Schätzen, mit Geräten und Bildsäulen aus kostbaren Edelsteinen, mit Geräten aus vortrefflichem Eisen wie Waffen, die nicht rosten, mit Glas, das sich zusammenfalten läßt, ohne zu zerbrechen, mit seltsamen Talismanen, mit den verschiedenen Arten der einfachen und der zusammengesetzten Heilmittel und mit tödlichen Giften. In der östlichen Pyramide ließ er die verschiedenen Himmelsgewölbe und die Planeten darstellen sowie an Bildern anfertigen, was seine Vorfahren hatten schaffen lassen. Dazu kam Weihrauch, den man den Sternen opferte, und Bücher über diese. Auch findet man dort die Fixsterne und das, was sich in ihren Perioden von Zeit zu Zeit begibt und die im Hinblick auf sie eingeführten Epochen darstellt, sowie die Ereignisse der Vergangenheit, die Zeiten, zu denen man die zukünftigen Geschehnisse erwartet und alle Herrscher Ägyptens bis ans Ende

29

) Die Reste der Metall-Kollektion von Pater Crespi befinden sich heute
den Räumen des Salesianer-Ordens von Cuenca (Ecuador).

) Einige der Stücke werden im Kloster zur Ausbesserung des Fußbodens
nutzt...

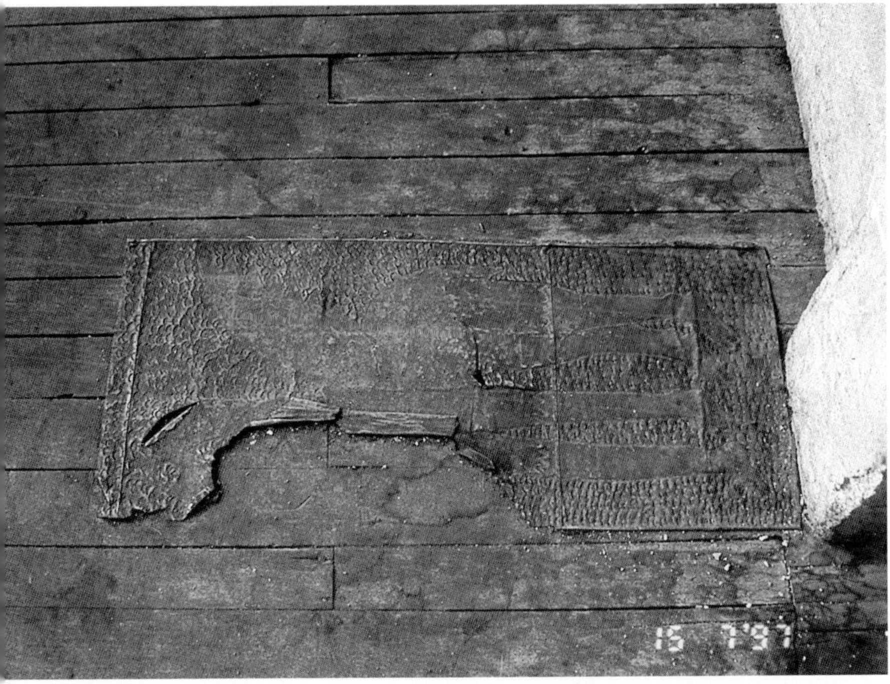

30

31

31/32 So präsentierte sich Crespis »Museum«, als Erich von Däniken den Pater 1972 besuchte.

32

–39 Weitere Objekte aus der Crespi-Kollektion von Cuenca.

34

35

36

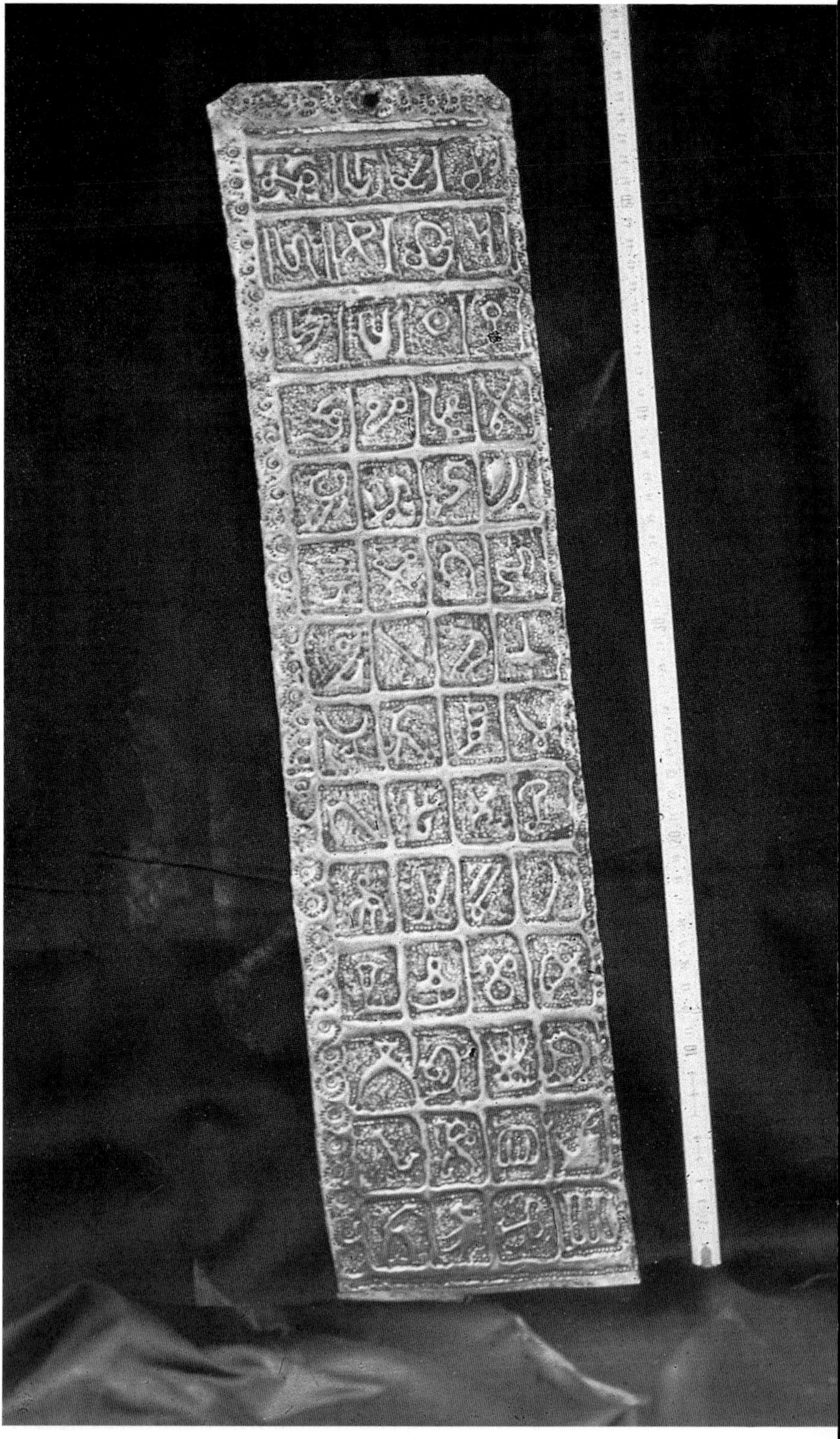

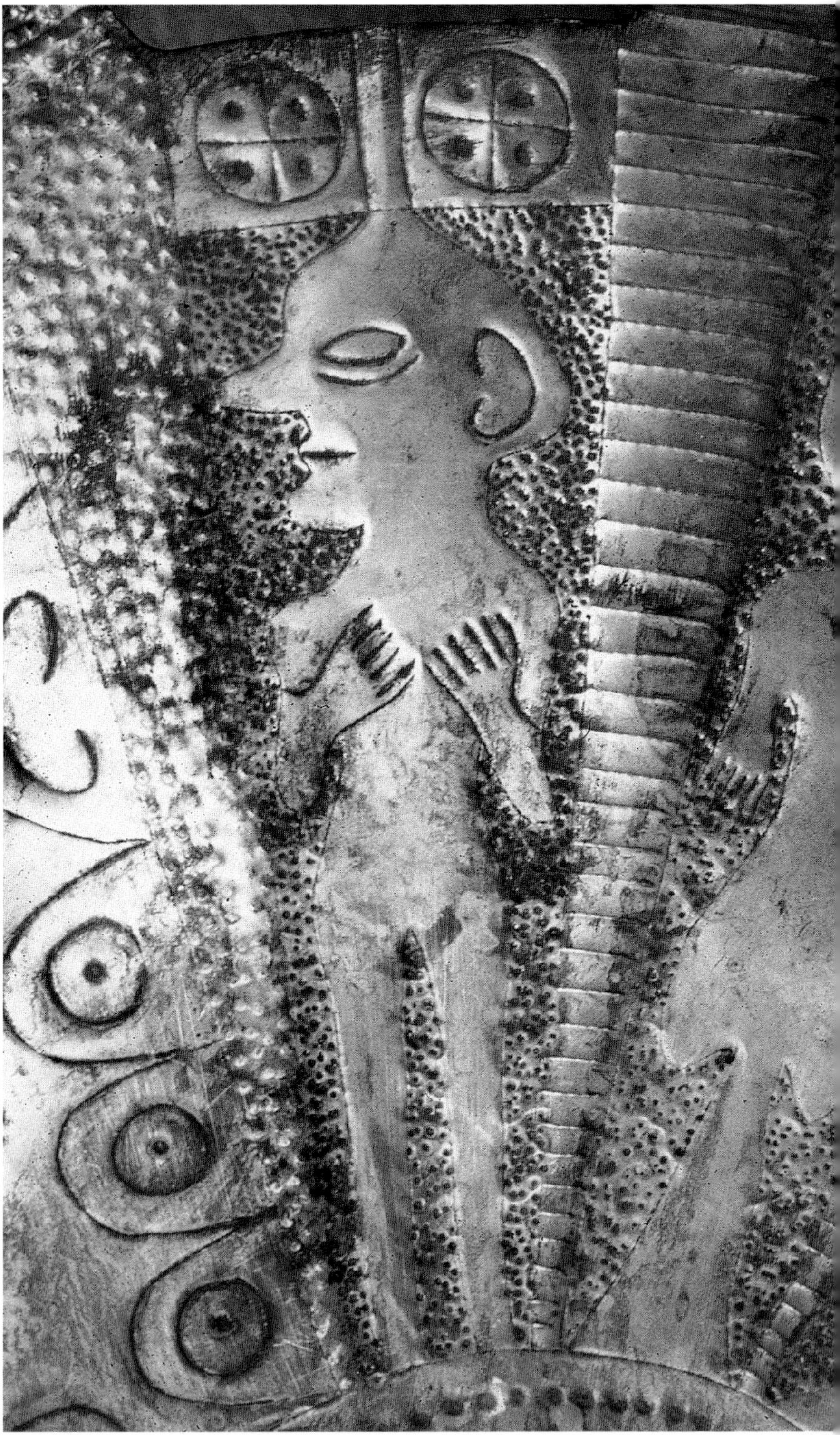

39

Abb. 79: Der von Rudolf Gantenbrink entdeckte »Abschlußstein«.

der Zeiten. Außerdem ließ er dort Gefäße aufstellen, in denen sich Arzneigetränke und Ähnliches befand.«
Möglicherweise sind Saurids Kammern längst entdeckt worden. Dies behauptete Mitte dieses Jahrhunderts zumindest John Ora Kinnaman (1877–1961). Während eines Privatvortrags vor einer Freimaurer-Gesellschaft in Northern California erwähnte der amerikanische Archäologe um 1955 beiläufig, zusammen mit dem renommierten Ägyptologen Sir William Flinders Petrie auf einen geheimen Eingang zur Cheops-Pyramide gestoßen zu sein.
Laut Kinnaman befindet sich die bislang unbekannte Öff-

nung auf der Südseite der Pyramide. In den dahinter liegenden Kammern wollen die beiden Forscher uralte Aufzeichnungen der geheimnisumwitterten Kultur von Atlantis entdeckt haben. Aus ihnen sei eindeutig hervorgegangen, daß die Pyramide vor über 45 000 Jahren errichtet wurde. Doch damit nicht genug: Auch »Antigravitations-Apparaturen« will Kinnaman zusammen mit Petrie in Augenschein genommen haben.

Auf die Frage, weshalb über diese sensationelle Entdeckung nichts publiziert wurde, antwortete Kinnaman, sowohl er als auch Petrie seien zur Überzeugung gelangt, daß die Menschheit für derlei Informationen noch nicht reif ist. »Wir schworen beide einen Eid darauf, die Sache zu unseren Lebzeiten nicht öffentlich bekanntzumachen.«

Zugegeben, diese ganze Geschichte klingt mehr als phantastisch. Wie zum Beispiel konnten Flinders Petrie und John Kinnaman so rasch 45 000 Jahre alte Texte entziffern, die sicher nicht ägyptisch waren? Wie waren sie – zwei Archäologen – dazu in der Lage, »Antigravitations-Apparaturen« zu erkennen? Alles nur billige Sciencefiction? Vielleicht – wäre da nicht Kinnamans beruflicher Werdegang. Der Amerikaner war in Fachkreisen nämlich durchaus angesehen: Als Vizepräsident der Society of the Study of the Apocrypha und des Victoria Institute of Great Britain, als Mitglied der International Society of Archaeologists, als Redakteur von fünf verschiedenen Fachzeitschriften sowie als Chefredakteur des renommierten »American Antiquarian« und des »Oriental Journal« besaß er einen tadellosen Ruf.

Kurz vor seinem Tod rief Kinnaman eine nach ihm benannte Organisation ins Leben. Geleitet wird diese »Kinnaman Foundation for Biblical and Archaeological Research« heute von Albert J. McDonald. Als Director of Research fungiert Stephen Mehler. Seit 1994 ist Mehler

daran, Kinnamans Nachlaß zu sichten. Unter den unzähligen Papieren befindet sich auch eine Tonband-Aufzeichnung des eingangs erwähnten Vortrags. Für Mehler Grund genug, noch lebende Forscher über ihre Erinnerungen an Kinnaman zu befragen. »Seltsamerweise läßt sich in Petries Schriften nämlich kein einziger Hinweis auf Kinnaman finden«, meint Mehler. »Indirekte Verbindungen gibt es dagegen einige. So gehörte Petrie ebenso wie Kinnaman der Freimaurer-Loge an. Außerdem waren die beiden zur gleichen Zeit Mitglieder in den selben Vereinigungen.«
Möglicherweise werden wir schon sehr bald erfahren, was von Kinnamans phantastisch anmutenden Behauptungen zu halten ist. Im Oktober 1997 nämlich informierte Mehler die Herausgeber der amerikanischen Zeitschrift »Atlantis Rising« darüber, in Kinnamans Nachlaß auf eine Notiz gestoßen zu sein, in welcher der Standort des Südeingangs präzise beschrieben wird. Kinnaman soll die brisante Aufzeichnung fünf Monate vor seinem Tod verfaßt haben. Die »Kinnaman-Foundation« will nun Gelder auftreiben, um der Angelegenheit vor Ort nachzugehen. Wir dürfen gespannt sein.

IV *Bizarre Funde*

»Wenn aber, fragt der klassische Archäologe, in der Vorgeschichte höher entwickelte Techniken existierten, warum findet man dann keine Spuren davon? Aber gewiß doch, man findet Spuren. Und vielleicht würde man noch mehr Spuren finden, wenn der Geist bereit wäre, sie zu suchen.«

LOUIS PAUWELS und JACQUES BERGIER

Je mehr wir über unsere Vorfahren in Erfahrung bringen, desto größer wird auch unsere Ehrfurcht vor ihren Leistungen. Sollte sich dieser Trend in den kommenden Jahrzehnten fortsetzen, stehen uns aufregende Zeiten bevor. Gewisse Fundstücke und Darstellungen lassen nämlich darauf schließen, daß unsere Vergangenheit weitaus phantastischer gewesen sein könnte als heute angenommen. Je weiter sie zurückreichen, desto schwieriger wird es, konventionelle Erklärungen für ihre Entstehung zu formulieren.

Was hat etwa eine »Zündkerze« in einem 500 000 Jahre alten Stein zu suchen? Wie erklärt man sich Spuren zeitgenössischer Kernbohrungen an altägyptischen Steinquadern?

Wo herkömmliche Erklärungsmodelle versagen, muß alternatives Gedankengut her. Wo Spezialisten nicht mehr weiter wissen, sind Querdenker gefragt: Hat etwa der umstrittene Vorzeit-Forscher Erich von Däniken doch recht, wenn er behauptet, daß unser Planet einst von technisch hochzivilisierten Besuchern aus dem Weltall aufge-

sucht wurde? Und was hat es mit der sagenhaften Hochkultur Atlantis auf sich, von der uns der griechische Philosoph Platon berichtet?
Ich meine: Archäologen sollten in Zukunft vermehrt unkonventionelle Erklärungsansätze in ihre Überlegungen einbeziehen und diese einer gründlichen Untersuchung unterziehen. Die Überraschungen sind dann vorprogrammiert.

21 *Spiralen aus dem Kosmos*

Die russischen Geologen, die 1992 im Ural-Gebirge nach Gold suchten, staunten nicht schlecht, als sich in ihren Sieben Gegenstände verfingen, wie sie ihnen noch nie unter die Augen gekommen waren. Die kleinen Fremdkörper wurden unter den Abenteurern bald zum dominierenden Gesprächsthema, stellte sich doch heraus, daß sie sich an den Flußufern der Narada, des Kozim und des Balbanju gleich zu Hunderten zutage fördern ließen.
Die meist spiralförmigen Artefakte sind teilweise derart klein, daß sie vom menschlichen Auge kaum wahrgenommen werden können. Manche von ihnen messen gerade mal winzige 0,03 Millimeter. Gefertigt sind die Spiralen aus Kupfer, aber auch aus selteneren Metallen wie Wolfram oder Molybdän.
Besonders faszinierend: Die augenscheinlich künstlichen Objekte stammen aus uralten geologischen Schichten, in denen sie eigentlich gar nichts zu suchen haben. Ihr Alter wird je nach Fundstätte auf 20 000 bis 318 000 Jahre angesetzt. Sogar in Lavaschichten tauchen die Spiralen auf, was bedeutet, daß sie über eine Million Jahre alt sein könnten. Kein Wunder, daß sich mittlerweile auch Wissenschaftler der Russischen Akademie der Wissenschaften in Moskau ihre Köpfe über die mysteriösen Artefakte zerbrechen.
1995 organisierte der russische Journalist und Forscher Valery Uvarov eine Expedition in den Ural. Wie er mir mitteilte, gelang es bei dieser Gelegenheit, zusammen mit der Geologin Elena Matveeva, weitere Spiralen zu bergen,

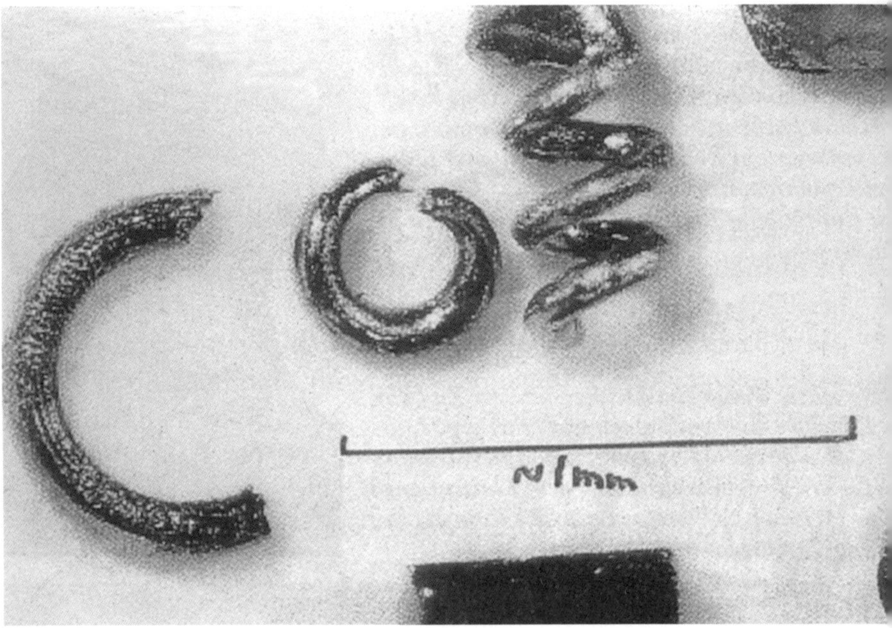

Abb. 80: Mikrotechnik vor Jahrtausenden?

so etwa Wolfram-Objekte, die einer 100 000 Jahre alten Schicht des Flusses Balbanju entstammten. Am »Zentralen wissenschaftlichen Forschungsinstitut für Geologie und Erkundung von Bunt- und Edelmetallen« in Moskau unterzog Matveeva das Material umfangreichen Analysen unter dem Elektronen-Mikroskop. Ihr Gutachten datiert vom 29. November 1996.

»Der Schlick, welcher die spiralförmigen Objekte enthielt, charakterisiert sich als Geröll- und Geschiebeablagerungen der dritten Sohle, die unserer Auffassung nach ein Ergebnis der innersedimentären Auswaschung von polygenetischen, akkumulativen Schichten darstellen«, schreibt Elena Matveeva. »Diese Ablagerungen können auf 100 000 Jahre datiert werden und entsprechen den liegenden Teilen

der Mikulinsker Sohle des oberen Pleistozäns. (...) Die kristallinen Neubildungen an der Oberfläche der fadenförmigen Aggregate gediegenen Wolframs zeugen von den ungewöhnlichen Bedingungen in den alluvialen Ablagerungen des oberen Pleistozäns. Das Alter dieser Ablagerungen und die Erprobungsbedingungen lassen die Annahme als wenig wahrscheinlich erscheinen, der Ursprung der Wolframkristalle könne auf den Verlauf der Raketen-Startroute vom Weltraumbahnhof Plisezk zurückgeführt werden.«
Kurz: Wegen ihres hohen Alters kann es sich bei den Spiralen nicht um Abfallprodukte moderner Raumfahrt-Aktivität handeln. Matveevas aufsehenerregende Schlußfolge-

Abb. 81: Einige der Spiralen sind lediglich 0,03 Millimeter lang.

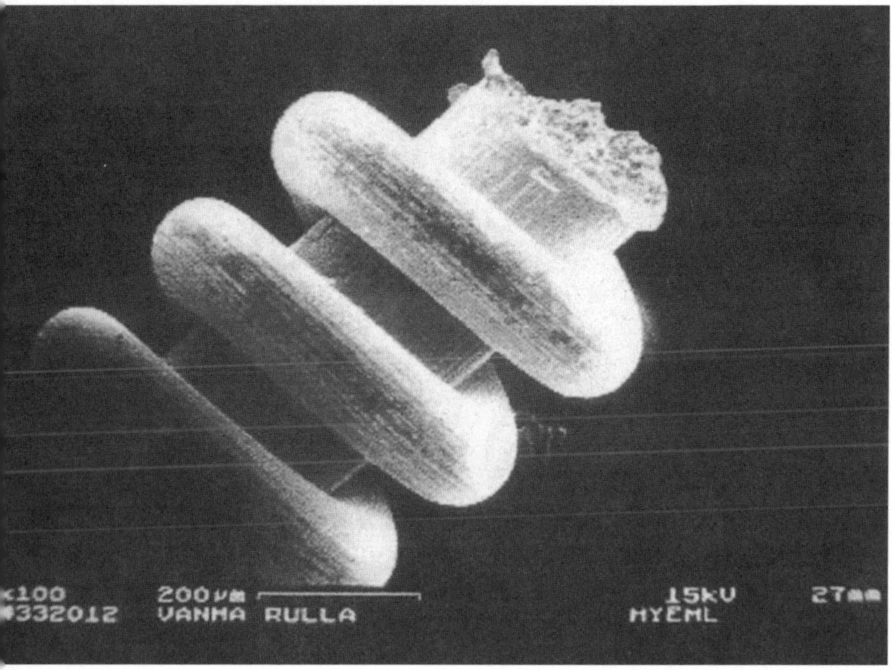

rung: »Die angeführten Daten erlauben die Frage nach einem ›außerirdischen‹ Ursprung der Objekte.«
Wie glaubwürdig sind die Aussagen der russischen Wissenschaftlerin? Matveeva sei eine erstklassige Geologin, versichert Valery Uvarov. »Sie besitzt bei uns einen tadellosen Ruf – und was noch viel wichtiger ist: Sie geht ihre Arbeit vorurteilsfrei an und scheut sich nicht davor, die Wahrheit offen auszusprechen.«

22 *Ein Hammer verwirrt die Experten*

Juni 1934, London (Texas, Kimball County). Die 32jährige Emma Hahn befindet sich mit ihrer Familie auf einer Wanderung, die sie auf den Llano Uplift führen soll. Einige Meilen von ihrem Ausgangspunkt entfernt, stoßen die Wanderer neben einem Wasserfall auf einen Findling, der seinerseits auf einem großen Steinbrocken thront. Aus dem Stein ragt ein Stück Holz hervor. Die Familie stutzt und bleibt stehen: Wie war das möglich?

Aufgeregt beginnt man das seltsame Stück freizulegen. Zur allgemeinen Überraschung entpuppt es sich als Holzstiel eines Hammers. Emma Hahn stockt der Atem: Das Gestein war viele Millionen Jahre alt. Ganz offensichtlich mußte der Hammer also zu einer Zeit eingeschlossen worden sein, in der – nach gängiger Auffassung – noch kein menschliches Lebewesen auf diesem Planeten existierte.

Der geheimnisumwitterte Hammer befindet sich heute im »Creation Evidences Museum« in Glen Rose, Texas. Sein Kopf ist rund 15 Zentimeter lang, sein Durchmesser beträgt 3 Zentimeter. Der hölzerne Stil ist in seinem Inneren teilweise verkohlt, an seinem unteren Ende scheint er abgesägt worden zu sein. Nach Auskunft des Museumsleiters Carl Baugh stammt das Fundstück aus einer 140 bis 65 Millionen Jahre alten kreidezeitlichen Sandstein-Formation. Eine Analyse des metallischen Oberteils am Battelle-Institut in Columbus (Ohio) habe 1989 eine Zusammensetzung von Eisen (96 Prozent), Chlor (2,6 Prozent) sowie Schwefel (0,74 Prozent) ergeben. Das Metall sei außeror-

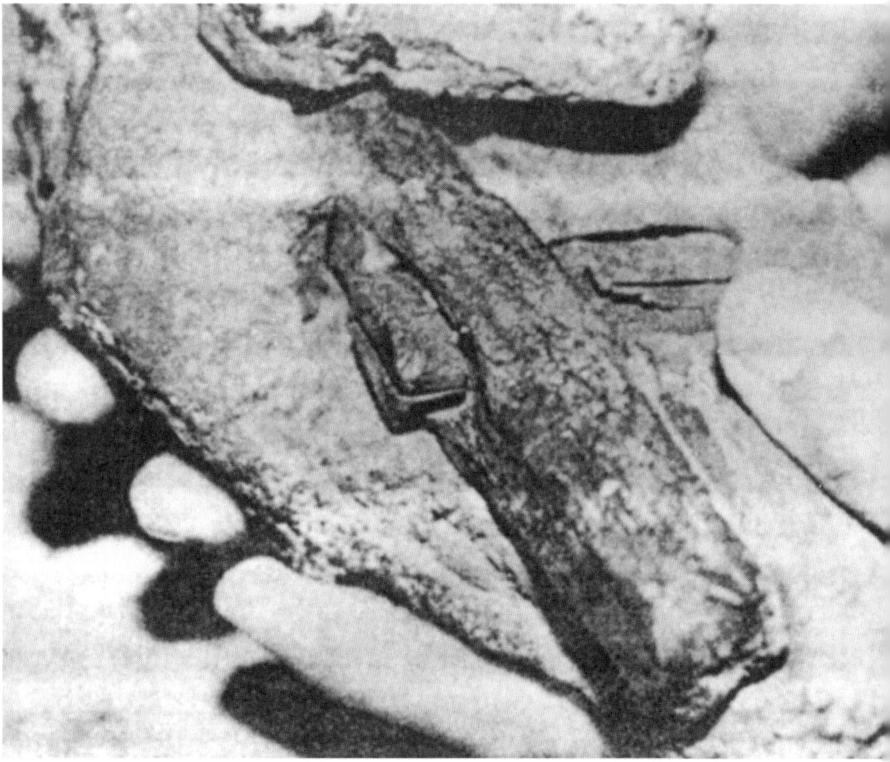

Abb. 82: Der Hammer von Emma Hahn: Heute liegt er im Creation Evidences Museum von Glen Rose (Texas).

dentlich rein, von keinerlei Blasen durchzogen und damit von einer Qualität, wie sie höchstens industriell erreicht werden könne.

Amerikanische Kreationisten feiern den Hammer mittlerweile als eines der wichtigsten Indizien dafür, daß Darwins Abstammungslehre falsch sein könnte. Im Gegensatz zu den Evolutionisten glauben sie an die göttliche Schöpfung. Entsprechend stark ist die Kontroverse zwischen den beiden Lagern. Bis auf den heutigen Tag liefern sich beide Sei-

ten einen unerbittlichen Schlagabtausch. Das aktuellste und informativste Buch hierzu hat Hans-Joachim Zillmer (»Darwins Irrtum«) bei Langen Müller veröffentlicht.
Dave E. Matson zählt zur Fraktion der Evolutionisten. In einer 1994 erschienenen Publikation rechnet er mit zahlreichen »Beweisen« aus dem Kreationisten-Lager ab, so auch mit dem seltsamen Fundstück von Emma Hahn. »Der Hammer dürfte aus dem 19. Jahrhundert stammen«, ist Matson überzeugt. Die fragliche Gesteinsformation bezeichnet er als »ordovizisch«, also rund 435 bis 500 Millionen Jahre alt, was im Widerspruch zu Baughs Ausführungen steht, wonach der Hammer in einer kreidezeitlichen Sandstein-Formation steckte.
Für Matson ist die Mineralkonkretion »selbstverständlich echt«. Allerdings sei sie selbst nicht ordovizischer Herkunft: »Genauso wie etwa Stalaktiten heutige Objekte im Laufe ihres Wachstums umschließen, können sich gelöste Minerale rund um ein eingedrungenes Objekt auskristallisieren und verhärten, etwa wenn es sich in einer Spalte befindet, aber auch dann, wenn es lediglich liegengelassen wurde«, gibt er zu bedenken. »Voraussetzung dafür ist allerdings, daß das umgebende Gestein (in diesem Fall das ordovizische) chemisch löslich ist. Die Schnelligkeit, mit der sich Konkretionen und ähnliche Gesteinsarten bilden können, läßt sich an der Entwicklung von Boden-Caliche (eine Kalkstein-Bodenart) nachweisen.«
Kurz: Die Gesteinsbildung kam nach Matson vor nicht allzulanger Zeit zustande, indem Mineralien aus dem umgebenden Gestein durch zirkulierendes Wasser herausgelöst wurden, sich im Hohlraum rund um den Hammer sammelten und dort erneut auskristallisierten.
Matson stützt sich bei seiner Interpretation des Fundstücks auf Informationen aus der Literatur. Genau dies aber macht seine Aussagen nach Ansicht des deutschen

Geologen Johannes Fiebag wertlos: »Leider unterläßt es Matson, anzugeben, um was für eine Gesteinsart es sich handelt: Kalkstein, Sandstein oder Kieselschiefer? Die zweite Frage: Handelt es sich nun um ordovizisches Gestein, wie Matson behauptet, oder um kreidezeitlichen Sandstein, wie Baugh versichert? Ebenso wenig wird erklärt, aus welchen Mineralien die Ummantelung selbst besteht. Dies wäre meines Erachtens aber unbedingt notwendig, um sagen zu können, ob es sich tatsächlich nur, wie Matson meint, um eine Konkretion handelt.«
Auch Carl Baughs Aussagen über die Beschaffenheit des Hammers erscheinen Fiebag reichlich vage: »Bevor keine exakte Bestimmung sowohl des Hammers als auch des angrenzenden Nebengesteins vorliegt, ist jede Aussage a priori spekulativer Natur. Angebracht wäre eine mineralogisch-chemische Untersuchung an einem unabhängigen mineralogischen Institut sowie eine Zeitbestimmung, die das Alter des Objekts festgelegt. Dazu wäre es notwendig, Teile davon zu ›opfern‹. Ob die Eigner dazu bereit sind, ist natürlich eine andere Frage.«

23 *Zündkerzen vor 500000 Jahren?*

Eigentlich hatten Mike Mikesell, Wallace Lane und Virginia Maxey gehofft, eine »Geode« in den Händen zu halten. Solches Kugelgestein ist in seinem Blasenhohlraum gelegentlich mit wertvollen Kristallen gefüllt. Doch als Mikesell den am 13. Februar 1961 in den nordöstlich von Olancha (Kalifornien) gelegenen Coso-Bergen gefundenen

Abb. 83: Die beiden Hälften der seltsamen Geode.

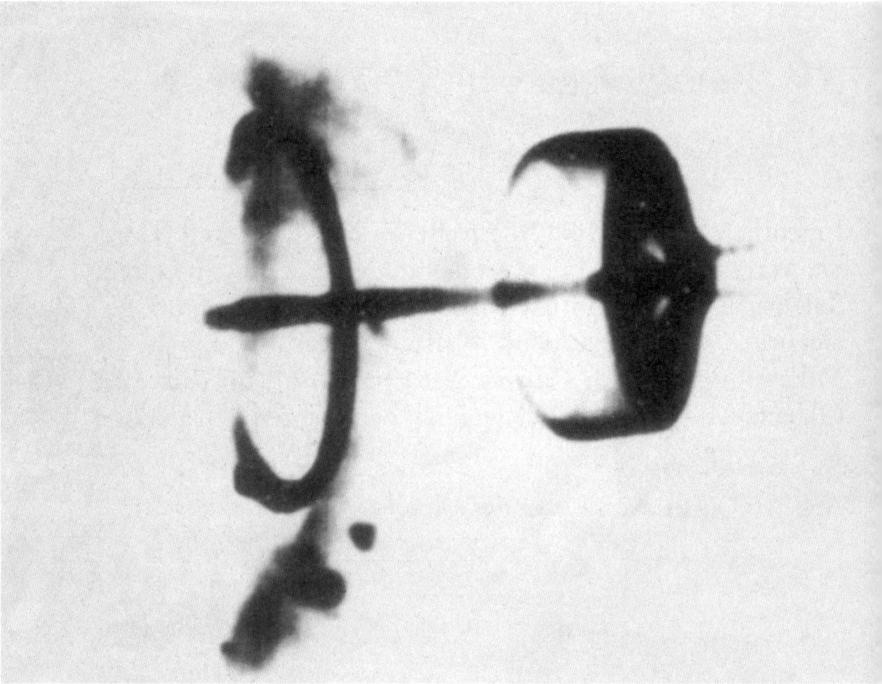

Abb. 84: Röntgenaufnahmen enthüllten spektakuläre Details im Innern des Steines.

Stein aufsägte, kam er aus dem Staunen nicht mehr heraus: Statt wertvollen Kristallen barg dieser in seinem Innern Teile eines seltsamen Gegenstandes.

Unter dem äußeren Belag – er bestand aus gehärtetem Ton und Kies mit fossilen Einschlüssen – stieß Mikesell auf eine hexagonale Schicht aus einer unbekannten Substanz, die weicher als Achat oder Jaspis sein mußte. Darin eingebettet befand sich ein von Kupferringen umschlossener Zylinder aus Hartporzellan oder Keramik von rund 20 Millimeter Durchmesser. In der Mitte des Zylinders steckte ein zwei Millimeter dicker Metallstab.

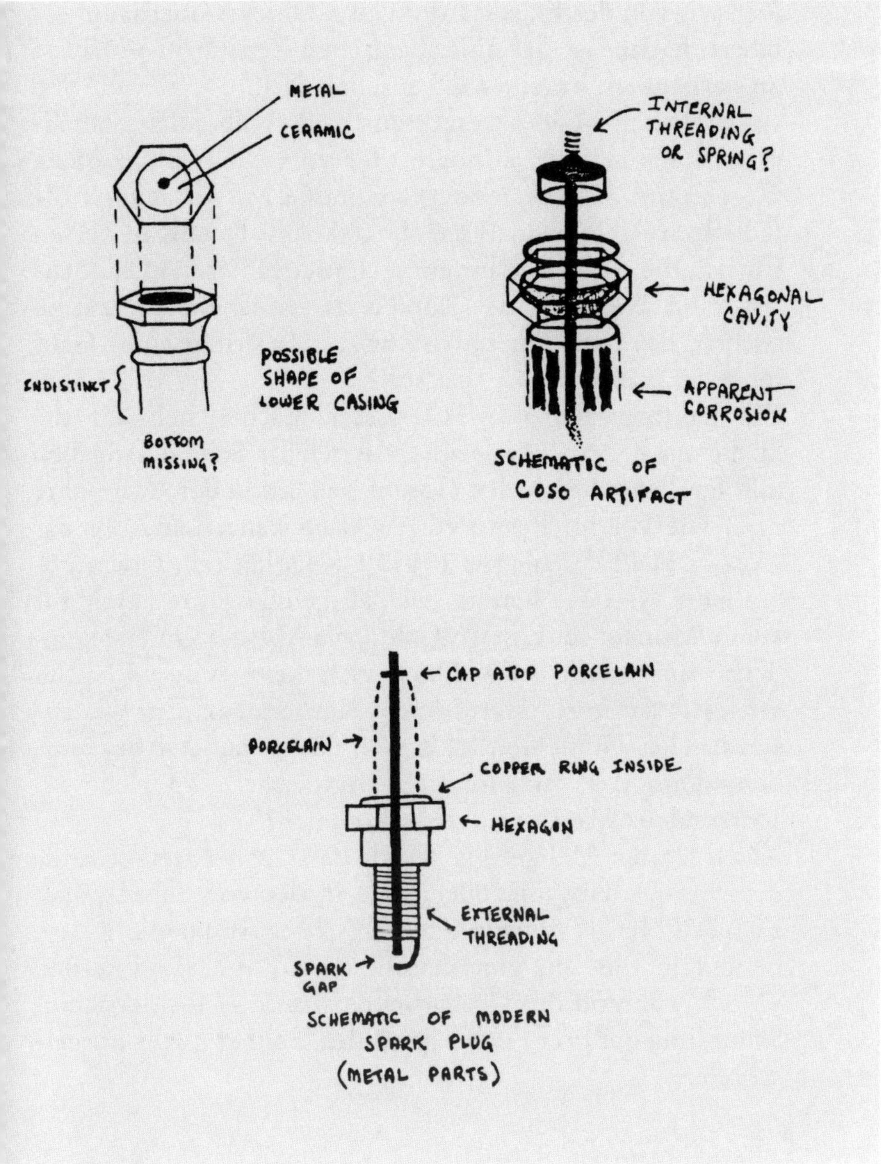

Abb. 85: So skizzierten die Redakteure der Zeitschrift »INFO« das Innere des Artefakts.

Daß wir von der Existenz des Coso-Objekts überhaupt erfahren haben, ist der amerikanischen Zeitschrift »INFO« zu verdanken. Bereits 1969 machte sie ihre Leser auf den erstaunlichen Fund aufmerksam. Paul Willis, den damaligen Chefredakteur, erinnerte der vom Stein ummantelte Gegenstand an eine moderne Zündkerze. Tatsächlich offenbarten Röntgenanalysen spektakuläre Details in dessen Innern, die eindeutig auf ein technisches Artefakt hindeuten. Nur: Was hat eine »Zündkerze« in einem Gestein zu suchen, das nach der unbestätigten Datierung eines Geologen 500 000 Jahre alt sein soll?
Ein kalifornischer »INFO«-Leser machte sich auf die Suche nach dem mysteriösen Artefakt. Seinen Angaben zufolge befand sich der Gegenstand Ende der 60er Jahre nach wie vor im Besitz von Wallace Lane. Lane bot das Coso-Objekt damals für 25 000 US-Dollar feil. Doch, obwohl die »Geode« bereits 1963, also einige Jahre zuvor, für einige Monate im Eastern California Museum in Independence ausgestellt war, schien sich kein Wissenschaftler ernsthaft dafür zu interessieren. Konsequenz: Ein wissenschaftliches Gutachten fehlt, und das ist äußerst bedauerlich, denn das Fundstück ist mittlerweile spurlos verschwunden. Wie ist es dazu gekommen?
»Zum letzten Mal gezeigt wurde das Coso-Artefakt Ende der 70er-/Anfang der 80er Jahre in der von Schauspieler Leonard Nimoy präsentierten TV-Show ›In search of …‹«, berichtete mir ein amerikanischer Kollege via Internet. »Noch während der Dreharbeiten wurde es aus der Stein-Sammlung der drei Finder gestohlen. Seither gilt es als verschollen.«

24 *Kernbohrungen in Abusir*

Exakt zylindrische Löcher, professionell in Hartgesteine wie Granit oder Grauwacke getrieben, Bohrkerne – mit modernsten Geräten entfernt: Nichts Erstaunliches, könnte man meinen. Schließlich werden Kernbohrungen heute auf der ganzen Welt vorgenommen. Doch die Sache hat einen Haken, denn die bearbeiteten Steinbrocken liegen im Ruinenfeld des Totentempels der Sahure-Pyramide in Abusir (Ägypten). Ihr Alter: sagenhafte 4300 Jahre.
Die Bohrlöcher, so versichern uns Fachleute, haben einst als Riegellöcher für die Türen des Totentempels gedient. Wie sie damals in den Stein getrieben wurden, kann uns niemand zufriedenstellend erklären. Klar ist: Die alten Ägypter dürften bereits Rohrbohrer gekannt haben. Deren Spitzen aber konnten höchstens aus verhältnismäßig weichem Kupfer gefertigt sein; als Schneidematerial diente kristallines Quarz.
Um nun Bohrungen vorzunehmen in der Perfektion, wie wir sie heute in Abusir bestaunen können, muß im Minimum ein diamantenbesetzter Bohrkopf her. Und Diamanten gab es im alten Ägypten nicht. So lehren es uns die Fachbücher.
Bleibt noch die Möglichkeit, daß die Löcher erst in diesem Jahrhundert in die Brocken getrieben wurden. Was spricht gegen diese Annahme? Ich befragte den Berliner Publizisten und Ägypten-Spezialisten Michael Haase, der die Steinbearbeitungen von Abusir persönlich untersucht hat.
»Mit etwas Wohlwollen könnte man einige isolierte

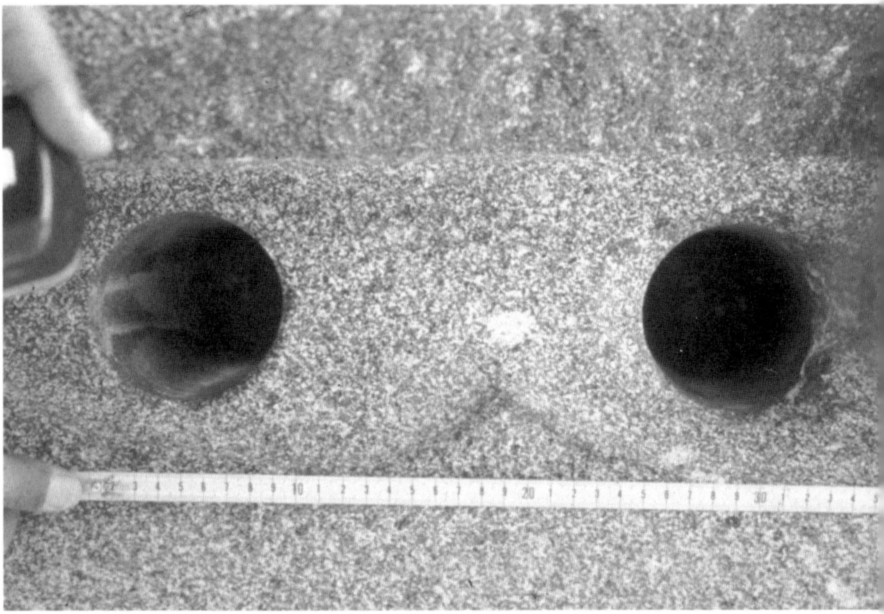

Abb. 86: Die Bohrlöcher von Abusir: Spuren einer vergessenen Technologie.

Abb. 87: Die Strukturen um die Löcher herum lassen auf eine Entstehung vor Jahrtausenden schließen.

Abb. 88: Mit welchen Hilfsmitteln haben die alten Ägypter die Löcher gebohrt?

Bohrungen tatsächlich als neuzeitlich werten«, erklärte er mir. »Aus dem Umfeld der Bohrungen ist indes klar ersichtlich, daß es sich dabei um Riegellöcher handelt. Und: Markant herausgearbeitete Strukturen um die Bohrlöcher herum deuten darauf hin, daß sie zeitgenössischen Ursprungs, also nicht modern sind. Bereits der bekannte Ägyptologe Ludwig Borchardt hat sie in seinen Schriften um die Jahrhundertwende erwähnt und auch verschiedene Zeichnungen davon veröffentlicht. Das ist für mich ein weiteres Indiz, daß es sich im Fall von Abusir tatsächlich um Bohrungen aus älterer Zeit handelt.«

Da die Tempelanlage im Laufe der Jahrhunderte einige

Male rekonstruiert worden sei, könne nicht definitiv ausgeschlossen werden, daß einige der Bohrungen vielleicht »erst« vor 2000 Jahren entstanden, und nicht wie die übrigen vor 4300 Jahren. Haase: »Das alles ändert nichts an der Tatsache, daß die alten Ägypter offensichtlich mit uns bislang unbekannten, technischen Hilfsmitteln zu Werke gegangen sind.«

25 *Der »Metallfuß« von Aiud*

1974, zwei Kilometer östlich der rumänischen Ortschaft Aiud. Eine Gruppe von Arbeitern stößt am Ufer des Flusses Mures auf drei Gegenstände, die in einer rund zehn Meter tiefen Sandgrube eingebettet sind. Zwei davon werden als viele Millionen Jahre alte Knochenteile identifiziert. Das dritte Fundstück – ein Metallklotz, der an den Oberteil eines Hammers erinnert – wird zur Untersuchung an das Archäologische Institut von Cluj-Napoca weitergeleitet.

Die Untersuchung des 20,2 Zentimeter langen, 12,5 Zentimeter breiten und 7 Zentimeter hohen Gegenstands sorgte unter den lokalen Gelehrten für heftige Diskussionen. Dies behauptet der Rumäne Florin Gheorghita. Er hat das Objekt selbst in den Händen gehalten und bat mich darum, den ungewöhnlichen Fund auch hierzulande bekannt zu machen: »Metallurgische Untersuchungen haben das Rätsel um dieses Fundstück nämlich nicht gelöst, sondern vielmehr nur noch vergrößert.«

Tatsächlich zeigten Analysen unter der Leitung von Dr. I. Niederkorn am »Institut zur Erforschung nichteisenhaltiger Erze und Metalle« (ICPMMN) im rumänischen Magurele, daß das Objekt aus einer äußerst komplexen Metall-Legierung besteht. Gheorghita: »Die Legierung setzte sich aus zwölf verschiedenen Elementen zusammen, wobei 89 Volumenprozente Aluminium identifiziert werden konnten. Ebenfalls gefunden wurden die Elemente Kupfer (6,2 Prozent), Silizium (2,84 Prozent), Zink (1,81 Prozent), Blei (0,41 Prozent), Zinn (0,33 Prozent), Zirkonium (0,2 Pro-

Abb. 89: Spürte das Aiud-Fundstück in Rumänien auf: der deutsche Publizist Michael Hesemann.

zent), Cadmium (0,11 Prozent), Nickel (0,0024 Prozent), Kobalt (0,0023 Prozent), Wismut (0,0003 Prozent), Silber (0,0002 Prozent) und Gallium (in Spuren).«

Daß das Metall-Artefakt ausgerechnet am gleichen Ort entdeckt wurde wie uralte Knochenreste, stimmt nachdenklich. Denn Aluminium kommt in der Natur ausschließlich in gebundenem Zustand vor und kann erst seit rund 100 Jahren industriell verarbeitet werden. Dazu kommt, daß der Gegenstand mit einer über einen Millimeter dicken Aluminiumoxyd-Schicht überzogen ist. Ein Zustand, der auf ein extrem hohes Alter hindeutet.

Unter den rumänischen Wissenschaftlern machten denn

auch abenteuerliche Spekulationen die Runde. Eine davon scheint Gheorghita besonders erwähnenswert: »Ein Flugzeugingenieur schlug eine interessante Hypothese vor: Das Fundstück erinnere ihn irgendwie an den Landefuß eines nicht allzu großen Flugkörpers, um damit ähnlich wie die Mondfähre oder die Viking-Sonde weich auf dem Boden aufsetzen zu können. Tatsächlich könnten sowohl die Form des Objektes, die beiden länglichen Löcher, die Kratzspuren an Unterseite und Kanten sowie das Material selbst – leichtes Aluminium – Indiz für eine solche Vermutung sein.«
Was aber ist aus dem Metallobjekt geworden? Vermutlich sei es nach der Untersuchung in irgendeiner Institutsschublade verschwunden, mutmaßte Florin Gheorghita,

Abb. 90: Die erste Aufnahme des ungewöhnlichen Artefakts.

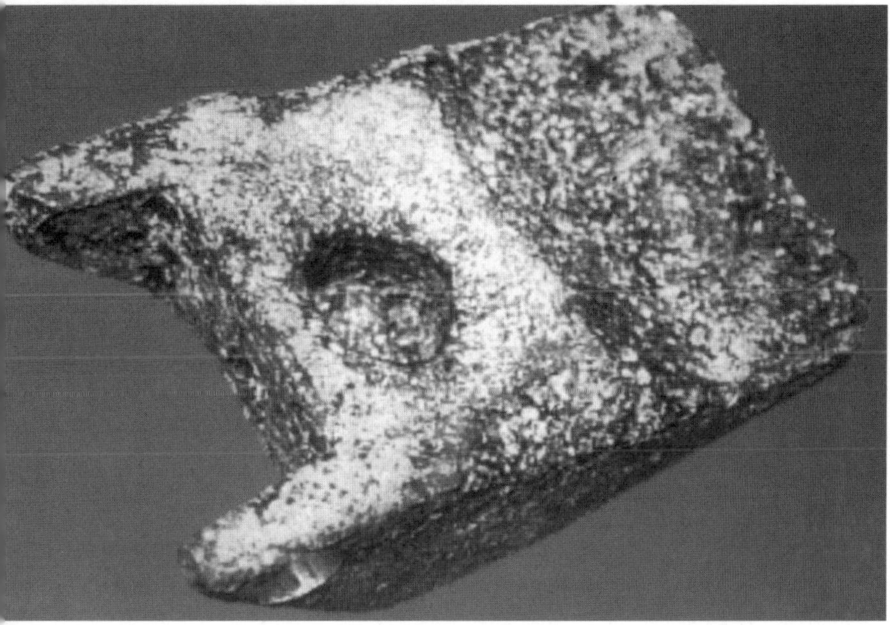

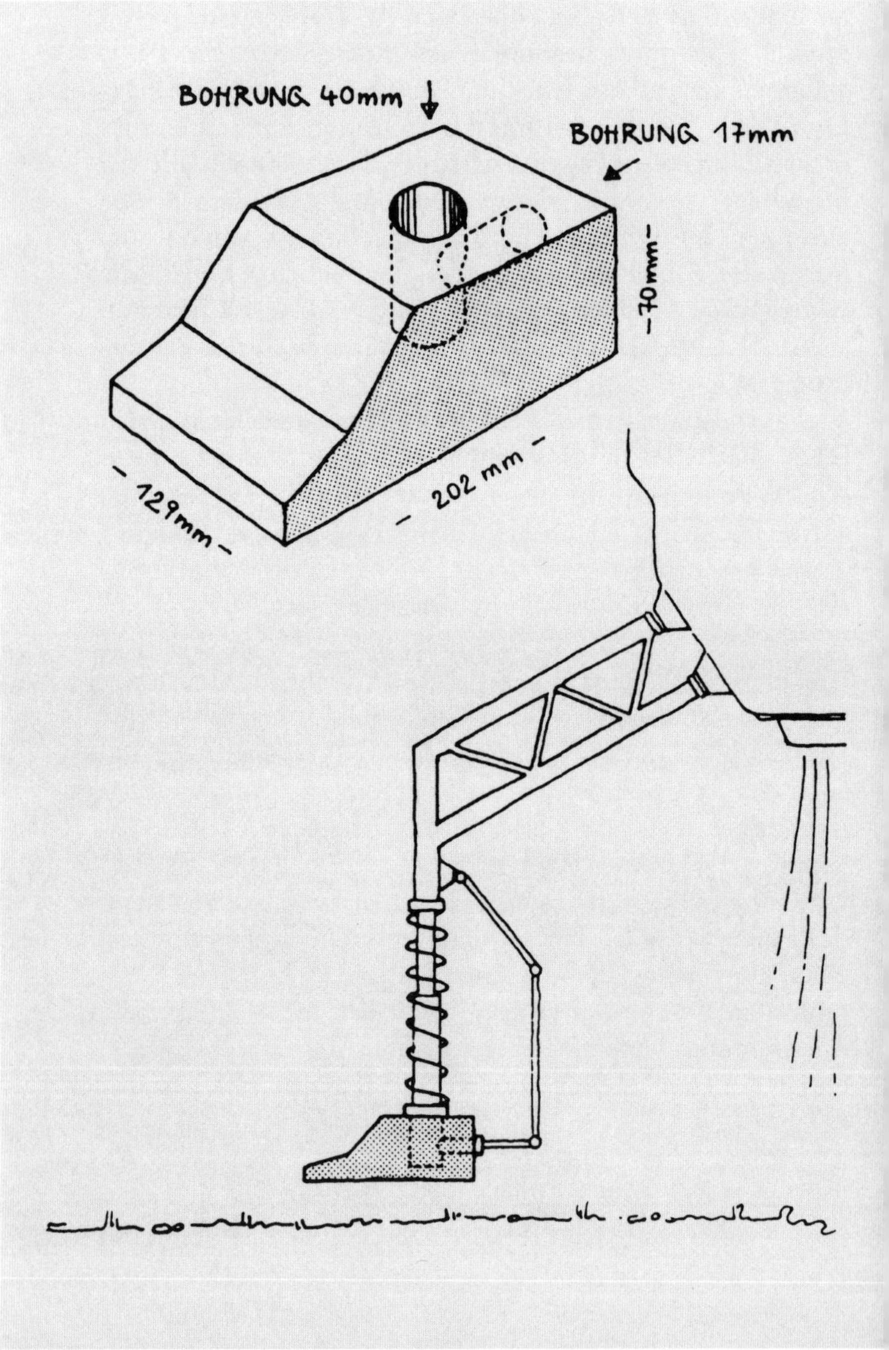
BOHRUNG 40mm
BOHRUNG 17mm
70mm
202 mm
129mm

als ich 1993 mit ihm korrespondierte. Der deutsche Publizist Michael Hesemann mochte sich damit nicht zufriedengeben. Auf eigene Faust begann er der Sache nachzugehen – und wurde fündig.

Hesemann: »Auf einer internationalen Konferenz in Debrecen/Ungarn im Oktober 1994 war ich erstmals mit Forschern aus Transsylvanien zusammengekommen. Sofort fragte ich sie nach dem Objekt von Aiud. Als ich von ihnen eingeladen wurde, einen Vortrag in Cluj, der Hauptstadt Transsylvaniens, zu halten, sagte ich zu. Schließlich kamen sie mit einem Chemiker der Universität von Cluj in Kontakt, der wußte, wo sich der Gegenstand befindet.«

Am 25. September 1995 sprach Hesemann an der Universität von Cluj vor über 1000 Zuhörern, darunter auch Gheorghe Funai, Bürgermeister von Cluj-Napoca. »Einen Tag später wurde ich zu dem Institut gebracht, in dem das ›Ding‹ heute aufbewahrt wird«, erzählt er. »Es wurde mir erlaubt, eine Reihe von Fotos aufzunehmen.«

Wie sich später indes herausstellte, scheint es sich bei dem von Hesemann fotografierten Objekt nicht um denselben Gegenstand zu handeln, den Gheorghita seinerzeit in den Händen hielt. »In meinem Fall fehlten die Flügelchen, und auch das Loch sah anders aus«, betont der Rumäne. Offensichtlich existieren also zwei, beinahe identisch geformte Objekte.

Leider bemühte sich Michael Hesemann vergeblich darum, das Fundstück nach Deutschland zu holen, um es hier von einer Universität adäquat untersuchen zu lassen. »Neben mühseligen Behördengängen hätte ich nicht zuletzt die Zustimmung des örtlichen Kulturministeriums benötigt«, erklärte er mir. »Diese wiederum wäre aber nur gewährt

Abb. 91: Diente das Aiud-Objekt einst als »Landefuß«?

worden, wenn eine deutsche Universität einen offiziellen Antrag gestellt hätte. Kaum nötig zu bemerken, daß kein angesehener Professor seinen Lehrstuhl für eine Untersuchung riskieren dürfte, die unser traditionelles Geschichtsbild völlig umkrempeln könnte.«

Hesemann will den aktuellen Aufbewahrungsort des zweiten Aiud-Artefakts deshalb vorläufig für sich behalten. »Ich habe keine Lust, daß Außenstehende die Früchte meiner Arbeit ernten«, meint er. »Schließlich habe ich große Anstrengungen unternommen, das Objekt ausfindig zu machen.« Sollte sich wider Erwarten doch noch ein Wissenschaftler finden, der bereit wäre, seinen guten Namen aufs Spiel zu setzen, sei er selbstverständlich gerne bereit, diesem mit entsprechenden Informationen behilflich zu sein. Hesemann: »Gegen eine Kooperation hätte ich nichts einzuwenden.«

26 *Noch mehr Kuriositäten*

– Höhlenbewohner in modischen Kleidern? Im Keller des Musée de l'Homme in Paris liegen Teile einer regelrechten »Steinbibliothek«, die 1937 in einer Höhle unweit der Ortschaft Lussac-les-Châteaux entdeckt wurde. Die handflächengroßen Stücke sind mit komplexen, übereinandergelagerten Strichmustern überzogen. Manche Forscher wollen darauf Abbilder modisch gekleideter Menschen erkennen. Menschen mit Hüten, Jacken, Hosen und Schuhen – aber auch karikierte Gesichter mit Schnurrbärten. Der Haken an der Sache: Die künstlerischen Prachtstücke sind sagenhafte 17000 Jahre alt.
– Ein zweites Glozel? Im Banpo-Museum von Xian (China) liegen Tontäfelchen mit Schriftzeichen, die einer steinzeitlichen Fundstätte entstammen. Die Buchstabenschrift zeigt deutliche Parallelen zum lateinischen Alphabet.
– Antike Rechenmaschine? Im Archäologischen Nationalmuseum von Athen stehen Teile einer bronzenen Apparatur, die aus einem Schiff geborgen wurde, das im 1. Jahrhundert v. Chr. vor der griechischen Insel Antikythera versunken war. Es handelt sich um eine Art astronomische Rechenmaschine mit komplexen Zahnradstrukturen. Nach Auskunft von Museumsvorsteherin Aikaterini Dimakopoulou stellt der Apparat von Antikythera »das einzig bekannte antike Objekt seiner Art« dar. Anderer Meinung ist ein angesehener griechischer Archäologe (sein Name ist mir bekannt): Ihm zufolge verrotten derzeit weitere 40 Teile dieser oder ähnlicher Apparaturen in griechischen Instituts- und Museumskellern.

Abb. 92: Faksimile einer 17 000 Jahre alten Ritzzeichnung aus Lussac-les-Châteaux.

– Jahrhunderte alte Dampfwalzen? Peruanische »Tongefäße«, die unweit der Hochebene von Nazca zu Tage gefördert wurden, zeigen verblüffende Ähnlichkeiten mit modernen Dampfmaschinen. Die Objekte werden den sogenannten Vicús- und Virú-Kulturen (um 400 v. Chr. – 600 n. Chr.) zugeordnet. Eines der bemerkenswerten Stücke befindet sich heute in der in Basel und Zürich (Schweiz) ausgestellten »Sammlung Carmen Oechsle«.
– Elektrisches Licht im alten Ägypten? Im Tempel von Dendera prangen eindrückliche Wandreliefs, die mit etwas

Phantasie als Darstellungen antiker Glühbirnen interpretiert werden können.
– Dinosaurier in Peru? Im Goldmuseum von Lima ist eine Keramikvase ausgestellt, auf der zwei bipede Saurier dargestellt sind. Die Vase entstammt der sogenannten Mochica-Kultur (um 100 v. Chr.).
– Mischwesen im Topkapi-Palast? 1992 kursierte eine Meldung durch die Weltpresse, wonach türkische Archäologen im Keller des Topkapi-Palastes von Istanbul auf eine seltsame ägyptische Mumie gestoßen seien. Das Wesen habe

Abb. 93: Dinosaurier-Motiv auf einer Vase im Goldmuseum von Lima.

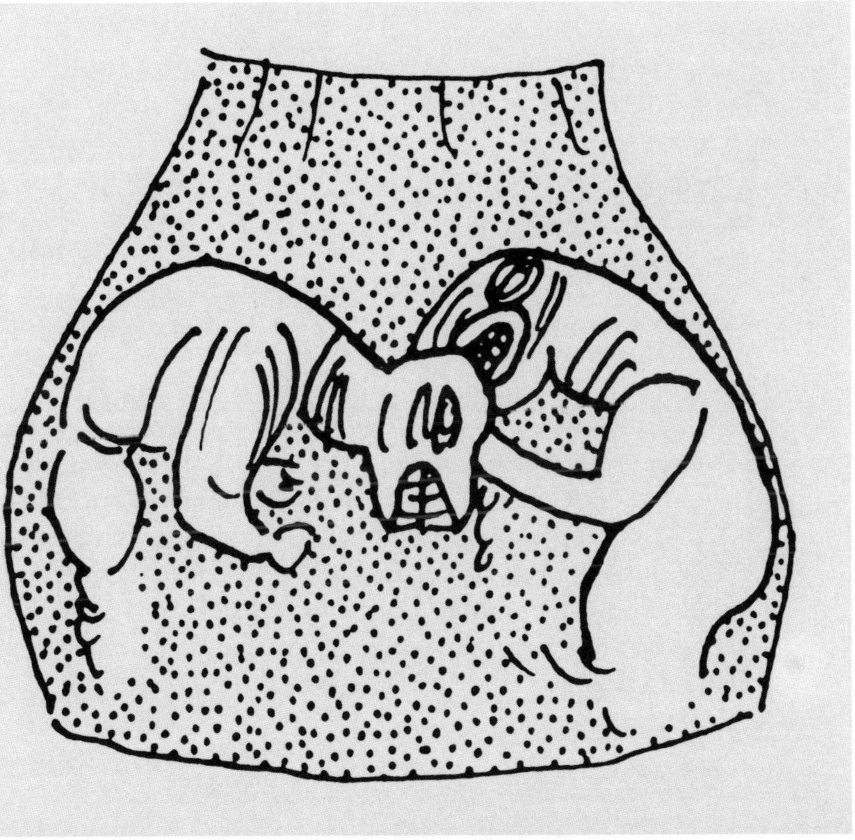

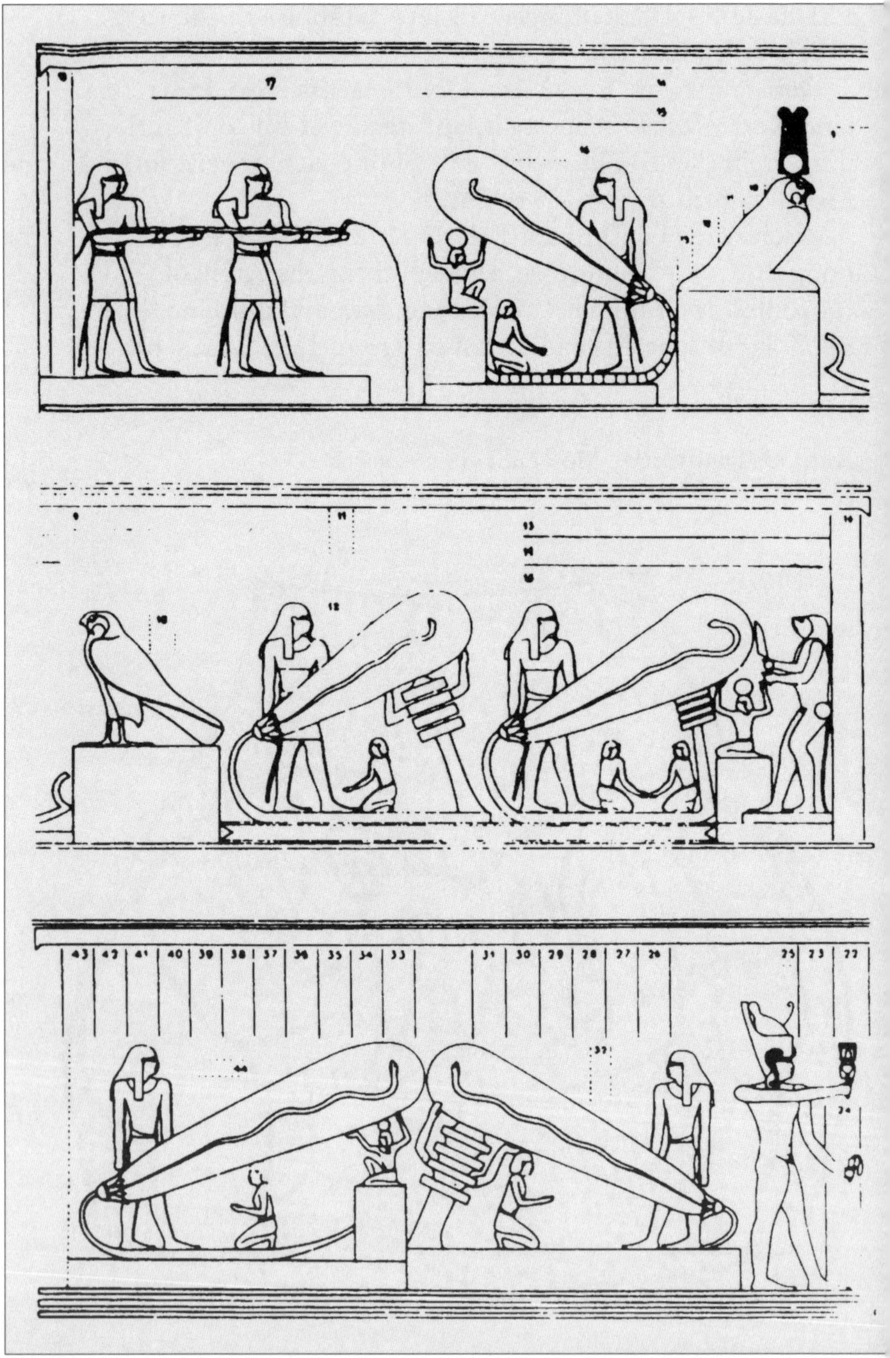

Abb. 95: Präkolumbianisches Tongefäß der Vicús-Kultur.
Verblüffende Ähnlichkeit mit einer Dampfmaschine.

oben die Gestalt eines Jungen und unten diejenige eines Krokodils besessen. Trotz mehrfacher Anfrage gelang es mir nicht, die Verantwortlichen zu einer Stellungnahme zu bewegen.

– »Motorrad-Fahrer« bei den Maya? Auf einer Grabplatte im »Tempel der Inschriften« von Palenque (Mexico) findet sich das Relief eines Maya-Herrschers, dessen »Untersatz« spontan an ein technisches Fahrzeug erinnert. Vornüberge-

---

Abb. 94: Glühbirnen im alten Ägypten?
Merkwürdige Darstellungen im Tempel von Dendera.

neigt, in der Pose eines heutigen Motorradfahrers, scheint er mit seinen Händen an irgendwelchen Knöpfen oder Hebeln zu manipulieren.

– Flugzeuge vor Jahrtausenden? Im Smithsonian-Institute in Washington, im Goldmuseum von Bogota sowie im Überseemuseum von Bremen lagern Goldmodelle aus kolumbianischen Fürstengräbern, die frappant an moderne Düsenjets erinnern. Algund Eenboom, Peter Belting und Conrad Lübbers aus Deutschland haben die Objekte maßstabgetreu nachgebaut und auf ihre Gleiterfähigkeiten hin überprüft. Ihr Fazit: Die offiziell als »Darstellungen von Vögel oder Insekten« klassifizierten Grabbeigaben zeichnen sich durch eine hervorragende Aerodynamik aus.

V *Versteckte Botschaft*

»Verfolgt man die archäologischen Funde, die anerkannten geschichtlichen Quellen und die alten Schriften unvoreingenommen, so gelangt man bald zur Überzeugung, daß an der herkömmlichen Ansicht einer gleichmäßigen Entwicklung Korrekturen angebracht werden müssen.«

HERMANN WILD

Sie gilt als erfolgreichster Bestseller aller Zeiten. Ob Laien, Theologen oder Naturwissenschaftler: Milliarden von Menschen haben sich über das »Buch der Bücher« – die Bibel – im Laufe der Jahrhunderte bereits ihre Köpfe zerbrochen. Die Kernfrage: Wurde das Alte Testament von Gott höchstpersönlich diktiert, wie manche glauben? Oder stammt es vielmehr von Menschenhand, genauer gesagt von unzähligen Autoren, welche die traditionellen Überlieferungen ihrer Vorfahren lediglich in eine neue Form gossen? Und wenn ja, wer waren diese Autoren?

Eine brisante mathematische Entdeckung wirft jetzt neues Licht auf die alten Fragen. Sollte sie sich bewahrheiten – und vieles deutet darauf hin –, müßte der Ursprung der heiligen Schrift, und damit auch unsere bisherigen Vorstellungen von der Entwicklung der Menschheit, grundlegend überdacht werden.

Noch sind die endgültigen Konsequenzen nicht absehbar, zu verwirrend sind die neuen Erkenntnisse. Erst die Zukunft wird zeigen, ob sich definitiv bestätigt, was sich derzeit abzeichnet. Mit etwas Phantasie aber läßt sich bereits heute ein geschichtliches Szenario ausdenken, das es mühelos mit jedem Science-fiction-Film aufnehmen kann. Ein Szenario, das eine verblüffende Erklärung für viele Rätsel der Vergangenheit liefern könnte: Die Möglichkeit eines Kontakts mit einer uns fremden, hochentwickelten Zivilisation in grauer Vorzeit – die Präsenz einer nichtirdischen Intelligenz vor Jahrtausenden.

27 *Wer hat die Bibel codiert?*

1997 sorgte eine sensationelle Entdeckung für Schlagzeilen. In der Thora, der hebräischen Fassung der fünf Bücher Mose, so berichteten israelische Wissenschaftler, sei ein raffiniert angelegter Zahlencode verborgen. Um ihn zu verifizieren, genüge es, alle Schriftzeichen ohne Zwischenräume hintereinander aufzureihen. In regelmäßigen Abständen ließen sich auf diese Weise Buchstaben finden, die aneinandergereiht einen Sinn ergeben. So läßt sich etwa das Wort »Thora« im ersten, zweiten, vierten und fünften Buch Mose mit jedem 50. Schriftzeichen bilden, während sich das Wort »Gott« im dritten Buch Mose durch die Aneinanderreihung jedes 26. Schriftzeichens ergibt.

Zu den ersten, die in diesem Jahrhundert auf die versteckten Worte aufmerksam gemacht haben, zählt der tschechische Rabbi Michael Ber Weissmandl. Da Weissmandl seine Arbeit als Hobby betrachtete, hielt er es nicht für nötig, seine Ergebnisse zu publizieren. Daß sie uns dennoch überliefert geblieben sind, verdanken wir seinen Schülern. Unter dem Titel »Torath Hemed« veröffentlichten sie 1958 ein Buch, in dem sie Weissmandls Entdeckung erstmals einer breiteren Öffentlichkeit zugänglich machten.

Es sollte in der Folge bis in die achtziger Jahre dauern, ehe Weissmandls Erkenntnisse mit Computern überprüft wurden. Geboren wurde die Idee dazu 1983 von Moshe Katz, Professor am Israel Institute of Technology der Universität Technion. Zusammen mit seinem Kollegen, dem Computerfachmann Menachem Wiener hatte er das Alte

Testament intensiv studiert und dabei bemerkenswerte Entdeckungen gemacht.

Eine davon betrifft die Passage 9,1 ff. im Buch Esther, in der uns die historische Begründung für die Einführung des jüdischen Purim-Festes überliefert wird. Die Bibel schreibt: »Am dreizehnten Tag im zwölften Monat, dem Monat Adar, sollte der Erlaß des Königs und sein Befehl ausgeführt werden. Es war der Tag, an dem die Gegner der Juden gehofft hatten, sie zu überwältigen. Doch nun überwältigten umgekehrt die Juden ihre Feinde. In allen Provinzen des Königs Artaxerxes taten sich die Juden in den Städten zusammen und überfielen die, welche den Untergang der Juden geplant hatten. Niemand konnte ihnen standhalten, denn alle Völker hatte Schrecken vor ihnen befallen (...) So metzelten die Juden all ihre Feinde mit dem Schwert nieder, es gab ein großes Blutbad. Sie machten mit ihren Gegnern, was sie wollten. In der Burg Susa brachten die Juden 500 Männer um, und auch Parschandata, Dalfon, Aspata, Porata, Adalja, Aridata, Parmaschta, Arisai, Aridai und Wajesata, die zehn Söhne des Judenfeindes Haman, des Sohnes Hammedatas, töteten sie, aber sie vergriffen sich nicht an ihrem Besitz.«

Katz und Wiener entnahmen dieser Stelle die Aussage, daß alle zehn Söhne des Judenfeindes Haman bei den Kämpfen umgebracht worden waren. Dies wird einige Verse später noch einmal ausdrücklich betont: »Als man an jenem Tag dem König meldete, wie viele Menschen in der Burg Susa erschlagen worden waren, sagte er zur Königin Esther: In der Burg Susa haben die Juden ein Blutbad angerichtet. Man hat 500 Männer, auch die zehn Söhne Hamans, umgebracht.«

Erfreut über die Vorgänge, will der König seiner Frau in der Folge einen Wunsch erfüllen: »Hast Du einen

Wunsch? Er wird Dir erfüllt werden. Hast Du eine Bitte? Sie soll erfüllt werden.«
Esther zögert nicht lange: »Wenn es dem König gefällt, soll den Juden in Susa erlaubt werden, auch morgen nach dem Gesetz von heute zu handeln. Außerdem soll man die zehn Söhne Hamans an den Galgen hängen ...«
Ein seltsamer Wunsch: Dem König wird soeben die Botschaft überbracht, daß die zehn Söhne seines Erzfeindes umgebracht worden sind, und nun bittet seine Gemahlin darum, ebendiese zehn Söhne noch einmal töten zu lassen.
Auch Katz und Wiener sinnierten lange Zeit über den Sinn dieser Passage nach, bis sie unvermutet eine Entdeckung machten. Aufgeregt stellten sie fest, daß in der Liste von Hamans zehn erhängten Söhnen drei hebräische Buchstaben erscheinen – nämlich »taf«, »schin« und »sajin« –, die in der Thora kleiner als die übrigen geschrieben werden, also hervorgehoben sind. »Taf«, »schin« und »sajin« bezeichnen nach dem hebräischen Kalender das Jahr 1946.
Der Clou: Am 16. Oktober 1946 wurden exakt zehn der vom Internationalen Gerichtshof in Nürnberg zum Tode verurteilten Nazi-Kriegsverbrecher gehängt. (Elf waren tatsächlich verurteilt worden, aber Göring entzog sich der Vollstreckung durch Selbstmord.) Wie Zeugen berichteten, rief Julius Streicher noch Sekunden vor seiner Hinrichtung völlig unmotiviert: »Purim-Fest 1946!« Dazu Moshe Katz: »Zufälligerweise fiel der 16. Oktober 1946 genau auf den Feiertag ›Hoshana Rabba‹, der als der ›letzte Tag des Gerichts‹ zur Reihe der hohen jüdischen Feiertage zählt.«
Versteckte Worte, die im Bibeltext verschlüsselt sind? Uralte Prophezeiungen, die sich plötzlich bewahrheiten? Katz' Kollegen wurden neugierig. Unter der Federführung von Doron Witztum, Physiker am Jerusalem College of Technology, begannen die isrealischen Wissenschaftler ihre

Rechner ebenfalls mit den heiligen Texten zu füttern. Der Mathematik-Professor Eliyahu Rips von der Hebrew University in Jerusalem kreierte eine komplexe mathematische Methode, um die statistische Relevanz der Ergebnisse zu prüfen.

Zur großen Verblüffung aller Beteiligten bestätigten die Untersuchungen die Erkenntnisse von Weissmandl und Katz nicht nur, sie förderten auch so manche neue Entdeckung zu Tage.

Für eine wissenschaftliche Veröffentlichung in der Fachzeitschrift »Statistical Science« (1994) wählten Rips und Witztum die Namen sowie die Geburts- und Sterbedaten der 32 prominentesten isrealischen Rabbis von 800 n. Chr. bis 1900 n. Chr. aus. (Zahlen werden im Hebräischen mit Buchstaben dargestellt.) Für ihr Experiment bildeten die Wissenschaftler aus Namen und Lebensdaten eine Million unterschiedlichste Kombinationen. Eine korrekte und 999 999 falsche. Die Auswahl der Personen erfolgte in der Reihenfolge der Länge ihrer Biographie in der renommierten »Encyclopedia of Great Men in Isreal«.

Nun war der Computer an der Reihe. Stundenlang suchte er im Buchstabengewirr nach versteckten Wortvorkommen, die sich mit den ihm vorgegebenen Kombinationen deckten. Als das Elektronenhirn seine Resultate endlich ausspuckte, lief es den israelischen Gelehrten kalt über den Rücken: Eine einzige der vorgegebenen Kombinationen hatte das Programm innerhalb des Buches Genesis in codierter Form ausfindig gemacht – ausgerechnet die richtige! Die Wahrscheinlichkeit eines Zufalles betrug 1:62 500, ein für statistische Resultate mehr als überzeugender Wert.

Selbst mit den modernsten Computern der Welt, so waren sich Witztum und Rips einig, läßt sich die Bibel nicht in der Weise codieren, wie sie sich uns heute präsentiert. Hat-

ten sie mit ihrem Experiment also die Existenz eines allmächtigen Gottes bewiesen? Verständlich, daß es in der wissenschaftlichen Fachwelt zu rumoren begann. Konnte man die Existenz eines komplexen Buchstaben-Codes noch einem menschlichen Genius in die Schuhe schieben, war die Sache jetzt weitaus verzwickter geworden: Welches menschliche Wesen ist schon imstande, präzise Voraussagen über die Zukunft zu machen?
Mißtrauisch forderte man die israelischen Wissenschaftler dazu auf, ihr Experiment zu wiederholen. Neue Datenbasis: Die Namen und Lebensdaten der nächsten 34 Rabbis. Das Ergebnis wurde dadurch nicht entkräftet, denn der Rechner fand auch deren Namen und Lebensdaten in codierter Form vor. Und auch diesmal lagen die Resultate weit über dem statistischen Zufallswert. Dazu kam, daß man den Computer zum Vergleich alle möglichen Texte durchsuchen ließ, darunter auch eine hebräische Fassung von Tolstois »Krieg und Frieden«. Doch selbst in Thora-Fassungen, die nur in Details von der allgemein akzeptierten Version abwichen, ließ sich kein einziges statistisch relevantes Ergebnis erzielen.
Die Verwirrung unter den Experten war groß. »Unsere Referees waren völlig perplex«, erinnert sich Robert Kass, Herausgeber der »Statistical Science«. »Alle glaubten sie, daß die Bibel mit Sicherheit keine Hinweise auf zukünftige Ereignisse oder Personen enthalten könne – doch die Ergebnisse ließen sich nicht wegdiskutieren.«
Renommierte Mathematiker klopften die Veröffentlichung in den folgenden Jahren kopfschüttelnd nach Fehlern ab. Ohne Erfolg. Durch die Überprüfung wandelten sich viele von ihnen vom Saulus zum Paulus. So etwa der weltberühmte israelische Mathematiker Robert J. Aumann (»Der Code ist schlicht und einfach eine Tatsache«), Professor David Kazhdan vom Department of Mathematics

an der Harvard-Universität (»Das Phänomen ist real«), Ilya Piateski-Shapiro von der Yale University (»Die Arbeit ist seriös«) oder der amerikanische Mathematiker Harold Gans, ein pensionierter Kryptoanalytiker der National Security Agency (NSA).

Gans stand der Sache ursprünglich besonders kritisch gegenüber, wie er heute einräumt. Eigens für die Überprüfung hatte er ein Computerprogramm entwickelt, das sich von dem seiner Kollegen stark unterschied. Doch statt das Experiment zu entkräften, lieferten seine Resultate eine eindrückliche Bestätigung der Ergebnisse von Witztum und Rips. Gans: »Nachdem ich alles bis ins kleinste Detail geprüft hatte und ich nicht den geringsten Fehler fand, blieb mir nichts anderes übrig, als die vorliegenden Beweise zu akzeptieren.«

Auch Gans reichte seine Arbeit einer wissenschaftlichen Zeitschrift ein. Der Herausgeber aber entschied sich gegen eine Veröffentlichung. Begründung: »Das von ihnen beschriebene Phänomen ist bereits wissenschaftlich erhärtet worden. Ihre Arbeit ist also nur ein weiteres Beispiel desselben Phänomens.«

Im Juni 1997 unterrichteten Witztum und Rips die internationale Presse über ihre Entdeckung. Dabei machten sie auf weitere Aspekte des Codes aufmerksam. Neugierig geworden, waren die beiden nämlich noch einen Schritt weitergegangen. Ihre Überlegung: Wenn sich in der Thora schon Lebensdaten und Geburtsstätten von Rabbinern finden ließen, die zum Zeitpunkt der Niederschrift noch gar nicht geboren waren, sollte es dann nicht auch möglich sein, im Text weitere zukunftsgerichtete Worte zu finden?

Witztum: »Wir wählten etwa das Wort ›Auschwitz‹ aus und ließen den Computer eine Tabelle aller von ihm aufgefundenen codierten Wortvorkommen erstellen. Nun fütterten wir den Rechner mit den Namen aller Subcamps von Auschwitz und ließen ihn erneut suchen. Das Erstaunliche: Obwohl diese Namen rein statistisch gesehen überall im Text auftauchen konnten, gruppierten sie sich jeweils konsequent in unmittelbarer textlicher Nähe des Wortes Auschwitz!«

Witztum und Rips nutzten die Gelegenheit ihrer Presseorientierung aber auch, um die Öffentlichkeit vor einem fahrlässigen Umgang mit ihrer Entdeckung zu warnen. So behauptet etwa der US-Autor Michael Drosnin in seinem 1997 erschienenen Buch »Der Bibel-Code«, daß sich mit Hilfe des Codes sogar die Zukunft voraussagen ließe. Selbst die Ermordung des israelischen Staatspräsidenten Rabin will Drosnin, der früher als Journalist für die »Washington Post« sowie das »Wallstreet Journal« arbeitete, auf diese Weise prophezeit haben.

Gerade Witztum und Rips aber, auf die sich der amerikanische Journalist in seinem Werk immer wieder bezieht, zeigten sich wenig erfreut über die breite Publizität, die Drosnins Behauptungen durch die internationale Presse erfuhren. Denn, so hielten die beiden ausdrücklich fest: »Drosnins Behauptung, mit dem Bibel-Code sogar die Zukunft voraussagen zu können, entbehrt jeder wissenschaftlichen Grundlage.«

Einerseits sei man natürlich über jeden froh, der dem Bibel-Code zu mehr Beachtung verhelfe, räumten Witztum und Rips in ihrer Stellungnahme ein. Andererseits bestehe damit aber auch die Gefahr, die gesamte wissenschaftliche Glaubwürdigkeit der Entdeckung zu riskieren. Witztum: »Drosnin unterscheidet leider nicht zwischen statistisch relevanten Buchstabenmustern und zufälligen Worten, wie sie sich in jedem beliebigen Buch finden lassen. Genau so leicht wie Rabins Ermordung läßt sich mit Drosnins Methodik auch feststellen, daß der frühere britische Premier Winston Churchill ermordet worden ist. Und Churchill starb bekanntlich eines natürlichen Todes.«

Bis zu einem gewissen Grad mag man dieser Aussage zustimmen. Dennoch gebührt dem amerikanischen Journalisten das Verdienst, die internationale Öffentlichkeit als erster auf die Entdeckung aufmerksam gemacht zu haben. Möglich, daß er die israelischen Wissenschaftler damit überrumpelte. Immerhin schreibt Witztum derzeit selbst an einem Buch über den Code. Publizistisch gesehen war ihm Drosnin also zuvorgekommen.

Drosnins Buch dürfte die Wissenschaftler aber noch aus einem anderen Grund geärgert haben. Denn der amerikanische Journalist kommt in seinem Werk natürlich nicht umhin, die entscheidende Frage zu formulieren, die auch ich mir stellte, als ich zum ersten Mal von der aufsehenerregenden Entdeckung vernahm: Angenommen, es gibt keinen Gott – wer in Teufels Namen steckt dann hinter dem Code?

»Auch wenn ich die Existenz des Bibel-Codes für nachgewiesen erachte, fehlte mir doch der Beweis für die Existenz Gottes«, schreibt Drosnin. »Stammte der Bibel-Code tatsächlich von einem allmächtigen Gott, bestünde für ihn keine Notwendigkeit, uns die Zukunft vorherzusagen. Er könnte sie nach eigenem Ermessen abändern.« An anderer Stelle wird der amerikanische Journalist noch deutlicher: »Wenn der Bibel-Code eines beweist, so die Tatsache, daß zumindest zur Zeit der Niederschrift der Bibel ein nichtmenschliches Wesen existierte.«

Unterstützt durch eine breit angelegte Werbekampagne von Drosnins Verleger verbreitete sich die Kunde über die Entdeckung des Bibel-Codes wie ein Lauffeuer über den Erdball. Sehr zum Leidwesen von Bibel-Code-Pionier Moshe Katz freilich. Grund: Der Professor veröffentlichte 1996 ebenfalls ein Buch, das sich mit dem Bibel-Code beschäftigte – leider aber weitgehend unbeachtet blieb. »Zahlreiche meiner Entdeckungen, auf die ich Drosnin bereits vor Jahren aufmerksam gemacht habe, finden sich auch in seinem Werk – ohne jede Quellenangabe«, teilte mir Katz am 19. September 1997 erzürnt mit. »Ich bin gerade daran, juristische Schritte gegen den Amerikaner einzuleiten.«

Auch »Statistical Science«-Herausgeber Robert Kass hatte mit dem Medienrummel, den Drosnins Buch entfachte, seine liebe Mühe – wenngleich aus ganz anderen Motiven als Katz. Der Aufschrei der Entrüstung, der sich in akademischen Kreisen breit machte, ließ den Leiter des Department of Statistics an der Carnegie Mellon University in Pittsburgh offenbar um seine wissenschaftliche Karriere fürchten.

Via Internet ließ mich Kass am 15. August 1997 wissen, daß eine Veröffentlichung in seiner Zeitschrift nicht automatisch einer wissenschaftlichen Approbation gleichkomme: »›Statistical Science‹ veröffentlicht ein breites Spektrum an Artikeln, die für Statistiker von Interesse sind. Obwohl unsere Gutachter die Arbeit von Witztum und Rips gründlich nach allfälligen Fehlern abgesucht haben, wiederholten sie nicht jeden einzelnen Schritt. Ebenso wenig reanalysierten sie die Daten unabhängig voneinander oder versuchten, mögliche Schwächen in der Logik ausfindig zu machen. Wie ich seinerzeit bereits in meinem Vorwort angesprochen hatte, präsentierten wir die Arbeit unseren Lesern als provokatives Puzzle.«

Autor Michael Drosnin mochte die Kritik an seinem Buch ebenfalls nicht unkommentiert lassen. In einem Interview mit dem amerikanischen Nachrichtensender CNN betonte er, alle Zitate von Eliyahu Rips in seinem Werk wahrheitsgetreu wiedergegeben zu haben. Drosnin: »Rips bestätigte mir ausdrücklich, daß ich ihn richtig zitiert habe.« Es gehe

ihm auch nicht darum, aus der Entdeckung irgendeinen Beweis für die Existenz Gottes abzuleiten, stellte Drosnin bei dieser Gelegenheit klar. Denn: »Ich bin zwar jüdischer Herkunft, aber ich glaube nicht an Gott.«
Auf die provokative Frage, ob er statt dessen glaube, daß Außerirdische oder Zeitreisende den Code in die Bibel eingearbeitet hätten, gab sich Drosnin diplomatisch. »Selbstverständlich habe ich über diese Möglichkeit nachgedacht«, räumte er ein. »Aber ich bin Reporter. Und als Reporter interessieren mich die Fakten. Faktum ist: Es gibt einen Code, also gibt es jemanden, der für dessen Entstehung verantwortlich ist. Wer oder was dahinter steckt, weiß ich nicht.«

Epilog

»Schon längst müßte ein ›Institut für Vorzeitforschung‹ existieren. Ein Institut, das nicht von der konservativen Gruppe geleitet wird, die bislang diesen Teil der Forschung geprägt hat. Ein derartiges Institut müßte von vorausschauenden, dynamischen Leuten geleitet werden, mit den Qualitäten derer, die die ersten Raumfahrtprobleme unserer Zeit gelöst haben.«

TONS BRUNÉS

Drei Millionen US-Dollar. Für diese stolze Summe wollten Andreas Bittar und Panagiotis Evangelou Ende 1997 ihren Goldschatz verhökern. Buchstäblich in letzter Sekunde gelang es der griechischen Polizei, den Verkauf zu verhindern. 54 kostbare Stücke konnten sichergestellt werden.

Laut Aikaterini Dimakopoulou vom Archäologischen Nationalmuseum in Athen dürften die Gold-Gegenstände zwischen 4500 und 3200 v. Chr. hergestellt worden sein. Sie stammen höchstwahrscheinlich aus prähistorischen Grabstätten im nördlichen Teil Griechenlands. Kein Archäologe wußte bisher von ihrer Existenz. Wäre der Handel nicht aufgeflogen, hätte wohl auch niemand von ihnen erfahren.

Wie viele weitere Fundstücke mögen heute wohl in privaten Archiven lagern, ohne daß wir je von ihnen erfahren haben? Gibt es überhaupt eine Garantie, daß archäologische Entdeckungen an die Öffentlichkeit gelangen? Es gibt sie nicht. Je kontroverser ein Fundstück, desto größer auch die Chance, daß es in die falschen Hände gerät.

Mag sein, daß sich unter all den rätselhaften Zeugnissen unserer Vorfahren die eine oder andere Fälschung befindet. Mag sein, daß so mancher Gegenstand ohne böse Absicht verschwand. Zu oft aber spricht die Realität eine andere Sprache:

– Der Großteil der »Burrows' Cave«-Artefakte wurde an private Sammler verkauft, einige der Stücke offenbar eingeschmolzen.
– Teile der Crespi-Kollektion wanderten in die Keller des Salesianer-Ordens von Cuenca.
– Die Michigan-Platten lagern im Tempel der Mormonen.
– Die Acambaro-Figuren verkommen auf Weisung der mexikanischen Behörden in einer Lagerhalle.
– Was mit den Fundstücken von Glozel geschehen wird, ist unklarer denn je.
– Der Metallfuß von Aiud liegt irgendwo in einem rumänischen Institut.
– Das Coso-Objekt gilt seit Jahrzehnten als verschollen.

All diese kuriosen Kulturgüter hätten mühelos gerettet werden können: Ein winziger Bruchteil aller jährlich ausgegebenen Forschungsgelder hätte ausgereicht, um sie kommenden Forschergenerationen zu erhalten und der Öffentlichkeit zugänglich zu machen. Höchste Zeit also, umzudenken, denn was heute Rätsel aufgibt, kann bereits morgen vor dem Hintergrund neuer Erkenntnisse einen Sinn ergeben.

Warum nicht ein neues Museum schaffen? Ein Museum für alles Unerklärliche und Rätselhafte – finanziert mit privaten Mitteln. Ein Museum, dessen wissenschaftliche Leitung sich keiner Lehrmeinung beugen muß, mit einem Direktor, der auch Fragezeichen in seinen Ausstellungskatalogen duldet. Museen, wo das Unwichtige ausgestellt ist und das Interessante in den Kellerräumen lagert, haben wir schließlich zur Genüge.

40

0–52 Gravierte Steine und Knochen aus Glozel (Frankreich):
'hermolumineszenz-Datierungen bestätigen ihre Echtheit.

41

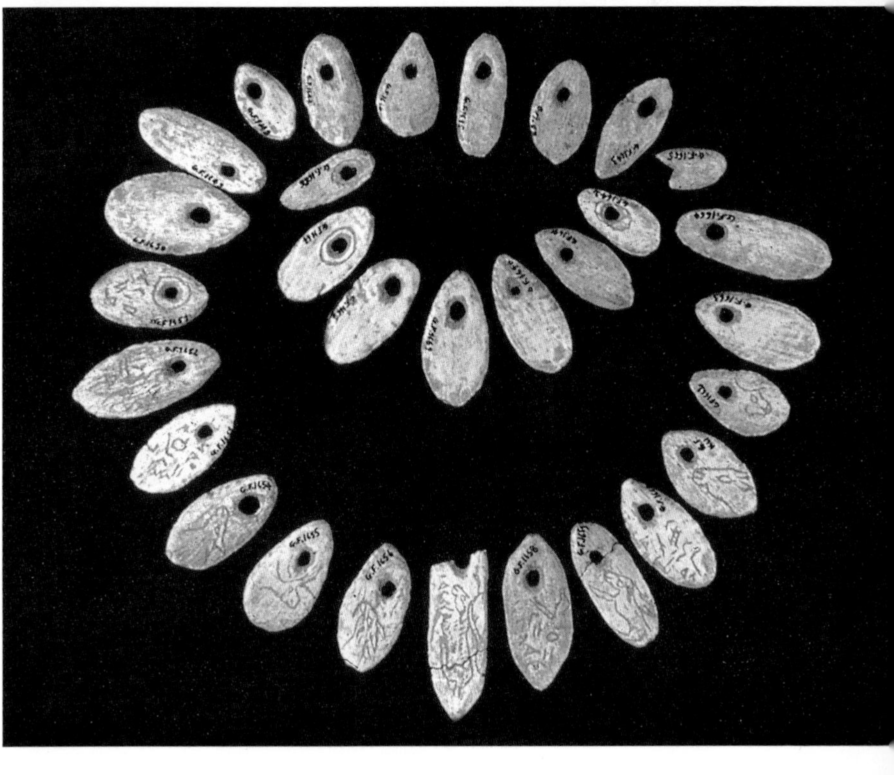
42

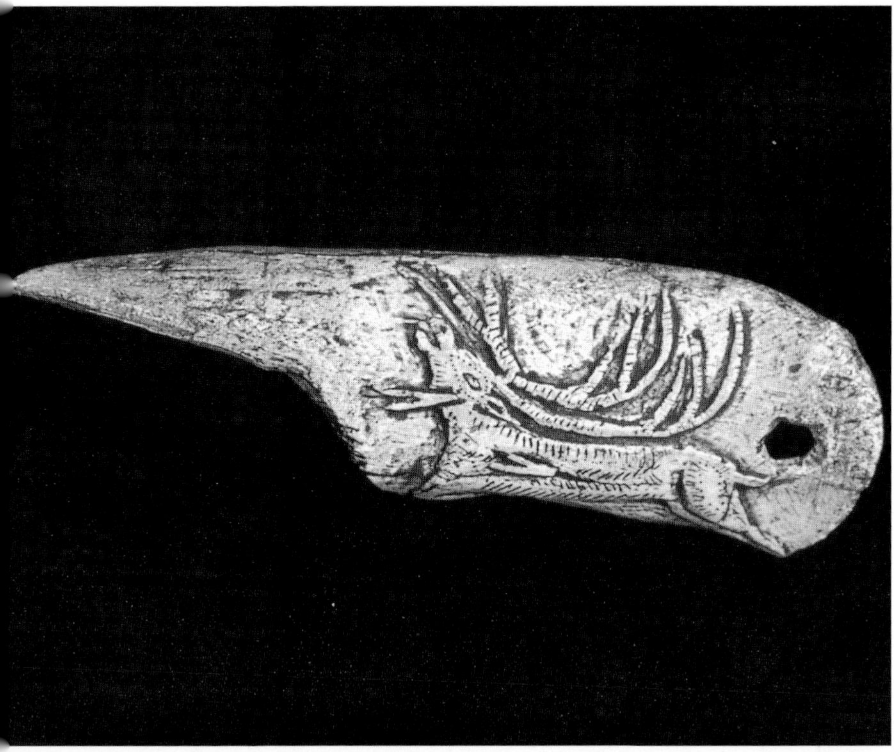

43

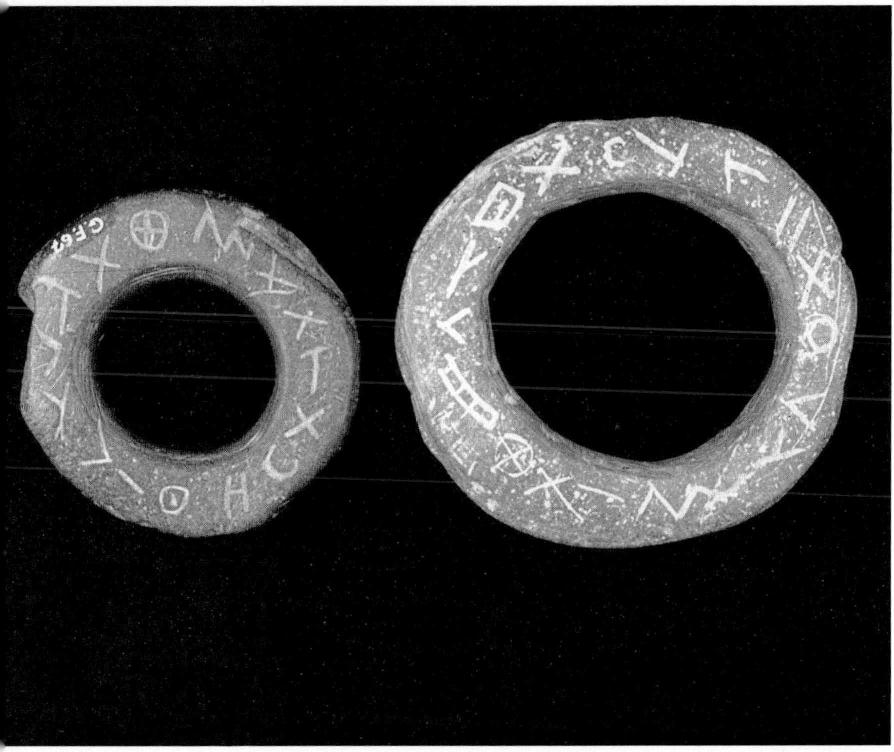

44

45

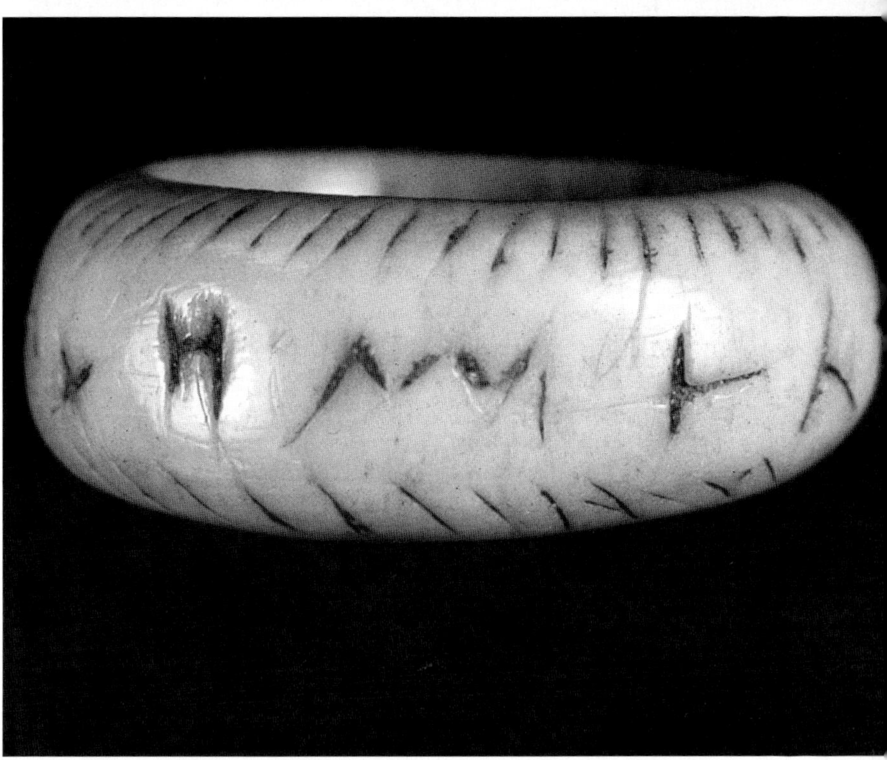
46

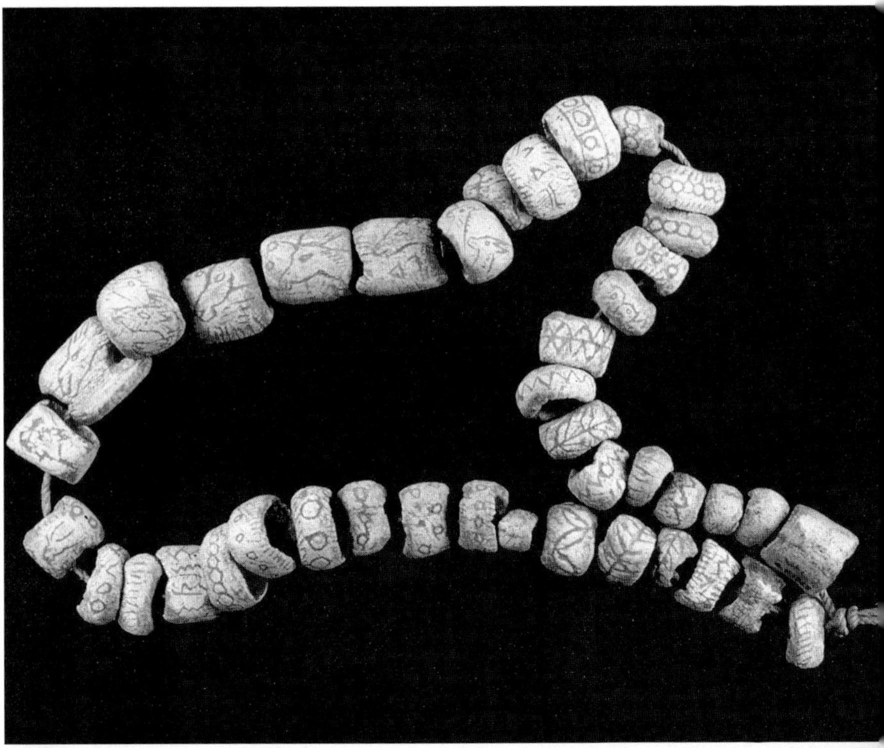
48

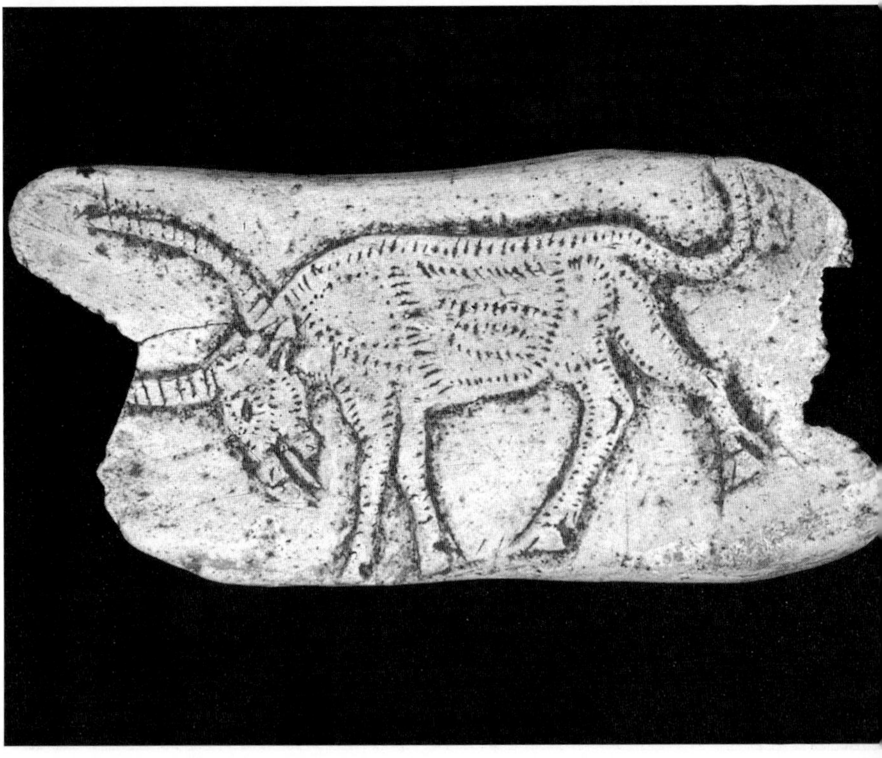
49

50

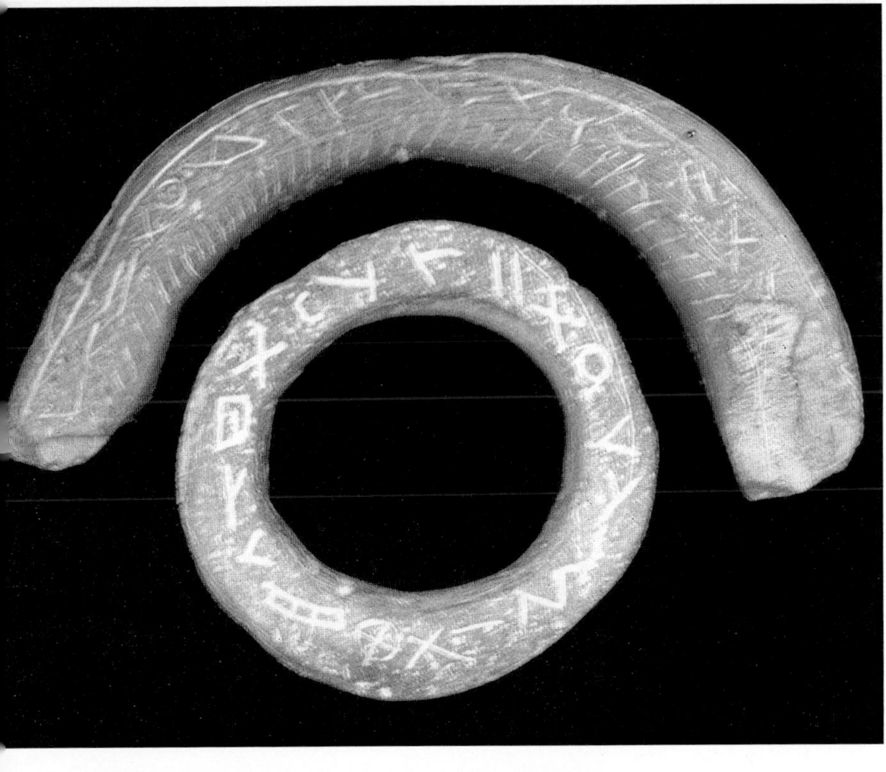

51

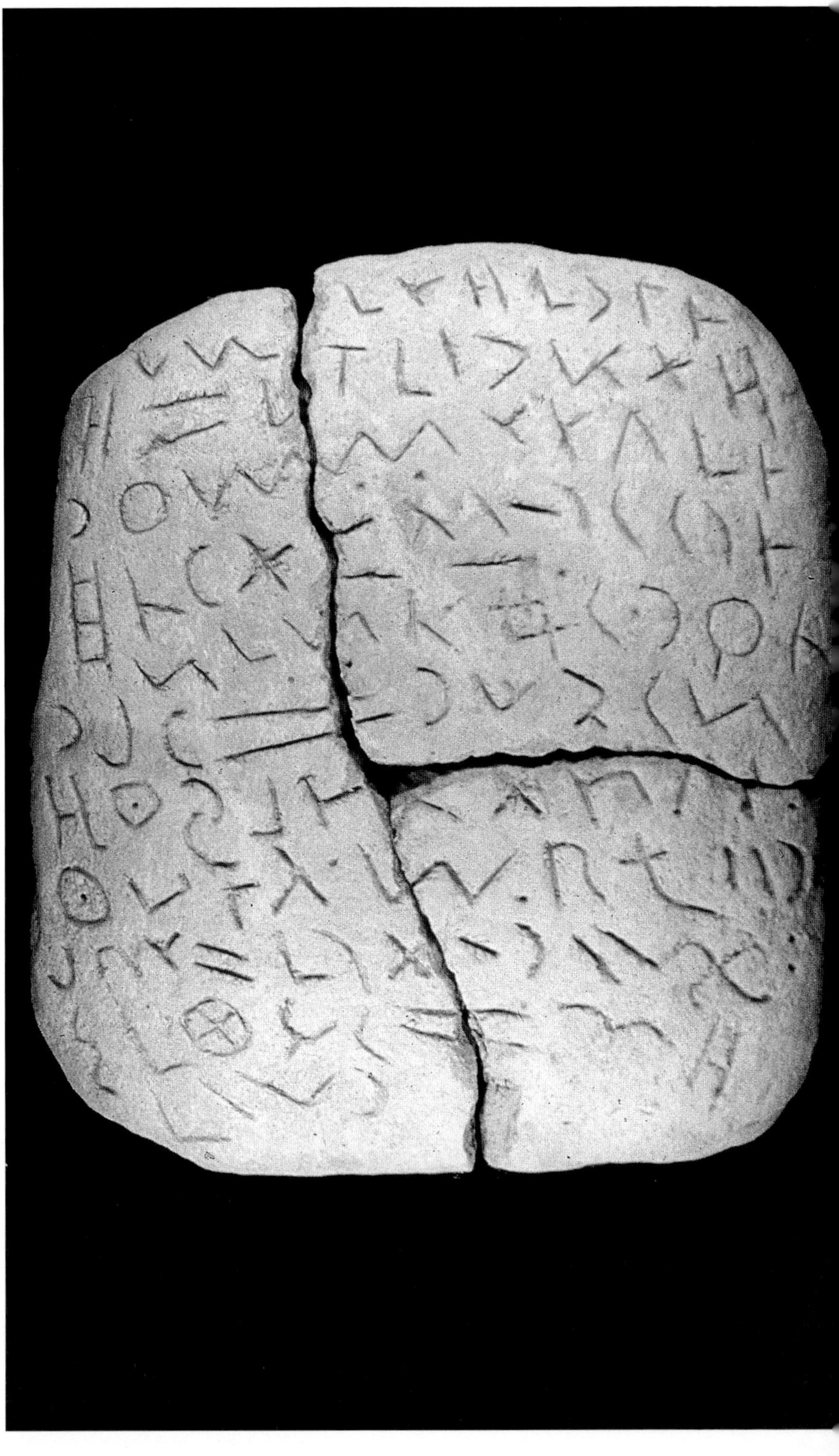

Warum nicht eine alternative archäologische Fachzeitschrift ins Leben rufen? Eine Fachzeitschrift von Archäologen für Archäologen, in der auch kontroverse Themen angeschnitten werden dürfen. Ein Journal, das mit einer klaren, auch für den Laien verständlichen Sprache aufwartet. Ist es nicht bezeichnend, daß die wenigen Zeitschriften dieser Art bisher allesamt von privater Seite lanciert werden mußten?

Übrigens: Zur selben Zeit, als die griechischen Hehler aufflogen, berichtete die amerikanische Zeitschrift »Archaeology« auf ihrer Internet-Seite über Steve Elkins und Ron Blom. Die beiden wollen auf Satelliten-Fotos der Moskito-Küste im nordöstlichen Honduras seltsame geometrische Strukturen im Urwald entdeckt haben. Aus »Angst vor Plünderungen«, wie sie schreiben, haben sie bisher davon abgesehen, deren Position offiziell zu benennen. Sehr zum Ärger der Fachwelt freilich, die bereits von unverständlicher Geheimniskrämerei spricht und Elkins und Blom ihr »unwissenschaftliches« Verhalten zum Vorwurf macht.

Nur: Kann man den beiden ihr Mißtrauen wirklich verübeln?

Dokumente

»Burrows' Cave« (Dokumente 1–10)

1 Russell Burrows bestätigt die Echtheit der zum Verkauf angebotenen Artefakte.
2 Vereinbarung zwischen John Ward, Norman Cullen, George Neff und Russell Burrows über die Erforschung des Höhlensystems.
3a–3e Gold im Wert von sieben Millionen US-Dollar verhökert? Auszüge aus den internen Abrechnungen von Russell Burrows und Jack Ward.
4 »Wir haben über 500 Unzen Gold aus der Höhle geholt.«
5 Russell Burrows bestätigt, leihweise 19000 US-Dollar von Jack Ward und Norman Cullen erhalten zu haben.
6 George Neff fordert Jack Ward und Norman Cullen dazu auf, Burrows weiterhin finanziell zu unterstützen.
7 Wo kann gestohlenes Gold eingeschmolzen werden? Antwortschreiben von Frank McCloskey an Jack Ward.
8 »Die restlichen Artefakte aus ›Burrows' Cave‹ sind für 7000 US-Dollar an Joseph Mahan verkauft worden.«
9 Thomas Emerson, Chefarchäologe der Illinois Historic Preservation Agency, zweifelt an der Existenz des Höhlensystems.
10 »Die Steine aus ›Burrows' Cave‹ sind keine modernen Fälschungen.« Ausführliche Stellungnahme von Professor Warren L. Cook.

Diverse (Dokumente 11–17)

11 Vereinbarung zwischen Juan Moricz und seinen Mitarbeitern, Stillschweigen über die Lage des von ihnen erforschten Höhlensystems zu bewahren.
12 Die Mormonen räumen ein, über 1500 der Michigan-Artefakte in ihrem Besitz zu haben.
13 »Die Metall-Arbeiten aus der Crespi-Sammlung befinden sich in den Händen des Salesianer-Ordens von Cuenca. Sie sind für die Öf-

fentlichkeit nicht zugänglich.« Brief der Banco Central del Ecuador vom 29. Januar 1998.

14 Thermolumineszenz-Datierungen bestätigen die Echtheit der Glozel-Fundstücke. Titelseite einer Veröffentlichung in der Fachzeitschrift »Antiquity« (Nr. 192/1974).

15 »Der Eismensch von Minnesota ist keine Fälschung.« Titelseite einer Veröffentlichung von Bernard Heuvelmans im »Bulletin de l'Institut Royal des Sciences Naturelles de Belgique« (Nr. 4/1969).

16 Bericht über den von François de Loys in Venezuela erlegten Riesenaffen. Titelseite einer Veröffentlichung von George Montandon im »Journal de la Société des Américanistes« (Nr. 21/1929).

17 C-14-Datierungen beweisen: Die Cheops-Pyramide ist rund 400 Jahre älter, als bisher angenommen. Titelseite einer Veröffentlichung in den »BAR International Series« (Nr. 379/1987).

18 »Die untersuchten Spiralen sind nichtirdischen Ursprunges.« Titelseite des Gutachtens von Elena Matveeva.

August 22, 1985

By this letter I certify that the artifacts presented by me for sale are found. I have not manufactured them nor have I caused their manufacture.I cannot attest to their authentisity as I am not qualifyed to do so. This has been done by Mr. John Ward.

I aggree and am bound to buy them back at the price which they were sold should it ever be proven that these artifacts are not as they are claimed to be.

Russell E. Burrows
512 N. Fair St.
Olney, Il. 62450

6/7/89

TO WHOM IT MAY CONCERN:

We, the undersigned.agree to accept the financial obligations of the cave now know as BURROWS CAVE. Be it also known that we, the undersigned shall divide said operational cost and that RUSSELL E. BURROWS, residing at 512 North Fair Street in the city of Olney, Illinois, shall provide the required physical requirements only.

Be it also know that we, the undersigned, shall not attempt to require RUSSELL E. BURROWS to escort any person to the cave site and further; be it known that should any part of this agreement be violated by those who are required to sign this agreement or their heirs, all rights to a share of the proceeds from the sale of artifacts from the cave known as BURROWS cave, metal or stone shall be forfeit.

It is also agreed by the undersigned that the silent partner known to them and holding ten percent(10%) of the partnership known as A.R.E. has full authority within said partnership of A.R.E. concerning the sale of artifacts, metal or stone and that he and he alone shall have authority to sell artifacts of metal.

Should one or more of the partners of A.R.E. refuse to sign said agreement, that partner then shall at the time of refusal, forfeit his share of proceeds from the sale of artifacts. That partner shall, at that time, be entitled to a refund of his cost; subject to varification of said cost by cancelled checks payable to RUSSELL E. BURROWS, RUSSELL BURROWS, RUSS BURROWS. The amount of said refund shall be reduced by the cost of labor and and transportation of artifacts.

Should both partners refuse to accept the terms of this agreement, all artifacts, metal or stone are then reclaimed by the silent partner and the equal partner, RUSSELL E. BURROWS.

This agreement is to be concidered binding not only on the partners of A.R.E. but is to include their heirs as well. When signing this agreement, the Partners; JOHN A. WARD, NORMAN CULLAN and RUSSELL E. BURROWS so state.

Signed this 7 day of June, 1989

NC signed 6/7/89

JOHN A. WARD John A. Ward

NORMAN CULLAN Norman H. Cullen

RUSSELL E. BURROWS Russell E. Burrows

GEORGE NEFF,e'tol- George Neff.

Breast Plate	24.02 g	— 10,040.36
Bracelet	4.5 g	— 1881.00
Ankle Band	13.0 g	— 5434.00
Neck ornament	5.25 g	— 2274.50
Head piece		

BREAST PLATE	24.02 OZ	10,040.36
BRACELET	4.5 OZ	1881.00
ANKLE BAND	13.0 OZ	5435.00
NECK ORNAMENT	5.25 OZ	2274.00
HEAD PIECE		

24.02
418
1.9216
2402
9608
10040.36

418
4.5
2090
1672
1881.0

418
13
1254
418
5434

525
418
4200
525
2100
2229.50

10,040.36
1881.00
5434.00
2274.50
19,629.86

Page 1

5-18-87 to 1-5-89

GOLD REMOVAL

	2 6 10 8 5		Received	Business
up to 1-5-89	5793.31		to May 18-87	1,596.80
	319			
	7			
	55.21			
	25			
	25.9			
	14.87			
	4.7			
	6.97 6			
	13.03			
	21.57			
	14.21			
	27.42			
	28.37			
	15.95			
	21.21			
	65.46			
	241.22			
	545.67			
Expense to 5/18/87 10,442.00	525.02			
	7831.096		3,029,789.62	

7831.096
392
15662 182
6647 98 64
23493 2 88
3,029789.62 2

2 3 5.3 4

8348.46

3.70

000000

584392 2

25 04588

3,888,930.20

To day gold price

370.

3,688,930.20

2 3 5 3 4

8 3 4 8 4 6

4 7 5.

4 1 7 4 2 3 0

5 8 4 3 9 2 2

3 3 3 9 3 8 4

3 9 6 5 5 1 8.50

396518.5

3,965,518.50

we thought was

Bullion Value

3,965,518.50

3,088,930.20

876,588.30

Market loss

Recovery | 1-87 to 11-89

Date	NC Wa Paid	Tor 3 9 4 10 5	
Jan 4 87 to May 18 '87	10,442.00	1596,80 oz	
	12 6		
June 2 '87	260,00	31,29	
9	456,00	53,20	
July 1 87	1500.00	425.00	
14	250.00	1,75	
31	1300,00	48,50	
Aug 19	360.00	46,60	
27	600.00	132,12	
Sept 2	600.00	67,27	
9	400.00	24,82	
15	446.00	12,80	
29	510,00	34,82	
Oct 5 '87	1000.00	134,50	
29	200,00	81,40	
Nov 9-87	400.00	52,73	
Nov 25-87	500.00	35,75	
Dec 4-87	200.00	45,75	
9-87	800.	527,62	
15 87	120.00	97,54	10,442
22 87	234.	24,31	15,215
30 87	450.00	8,20	25,657
		3829,00 oz	This Page
1988		3631	
Jan 15-88	450,00	8,62	
25	400.00	83,40	
Feb 1	600.00	228.00	
11 88	120,00	25,30	3829,00 oz
17	700,00	67,00	1992,01
Feb 29-88	65.00	14,35	5821,01 ounces
3-7-88	400.00	138,00	
15	400.00	300.00	
21	480.00	880.00	
31	100.00	600.00	
Apr 13 88	260.00	15,20	
19	100.00	4,00	
21	600.00	27,74	
	6015.70	1992,01	

Jan 5, 1989

4. Small ingots in 2 packages 16.45 oz

1 Coin 15.4 oz

2.1 oz

Total wt. 33.95 oz

using 400.00 per oz B/V = $13,580.00

I also need $241.00 some for personel use, some for supplys.

Russell Brewer

advance Loan $41.00 141.00

Expenses 100.00

BURROWS CAVE
RESEARCH CENTER
A.R.E.

JOHN A. WARD; ADMIN.
NORMAN CULLAN; ASS"T. ADMIN.
RUSSELL E. BURROWS; EXPLORER

A report on the events of August 25, 1987.

A trip to the cave by George N. and Russell Burrows.

A telephone call from Virginia Hourigan.

On this date . came to my home and said he wanted to go to the cave with me. I told him I was not to crazy about it but that I would go. We entered the cave and went to the room with the statues. He said that he wanted me to recover as much of the gold as possiable as soon as possiable. Went asked why he said that we have some problems coming and we should get as much as possiable before hand. I asked him what kind of problems and he said he didn't know but that this time of the year we usually have problems. He and I carried out a total of just over 500 oz.

At about 10;30 on this date Virginia called from the Portland Or. area to relay to me the results of her visit with Jon Polanski. At the out set he told her that he doubted if the artifacts were real but he told her that he had not seen any of the stones or photographs. he began to look at the photos and had not gotten half way through when he told Virginia that he was convienced that they were real. He also said that I had done right when I refused Fell permission to print because he would have cut our throats for us. He also told her that he would very much like to serve on the board of directors (no pay) or in any other position we could use him. He thinks it is a great find and he is interested in seeing it done right. He has contacts world wide and will use his clout to the projects advantage. He warned Virginia and through her in turn us not to get involved at this time with Fell.
HE ALSO WANTS TO SEE THE CAVE OR AT LEST THE AREA. I told her no.

My inpression of Virginias report on Polanski is that while her intent is good, she is really gulliable. She made a bad mistake with Bart and in all proability we could expect at lest bigger problems with Polanski. However, it would be in our best interest to wait untill he shows up before we judge him. It is possiable that she could be right this one time at lest. If so it would be a valuable addition to our group.

END OF REPORT.
Submitted for concideration on August 26, 1987.

Russell E. Burrows

December 29, 1987

This is to certify that I recieved $19,020.00 from John A. Ward and Norman Cullen for the year 1987. That amount is a loan at no interest and is to be repaid at a future date as yet undetermined.

Russell E Burrows ______ Russell E. Burrows, borrower

______________________ John A. Ward, lender

______________________ Norman Cullan, lender

Hello Boys.

don't get down. your deal is going to make it. you have my absolute word on it. what is happening is that twenty men have to raise eighty mil. they also got to get englands o.k. to bring it in. I don't expect to see it done Before may first but you have my word it will fly.
now look boys. our good man is working real hard and hasn't had time this past 2 weeks to do much but write letters to keep that asshole fell off our backs. he is doing it to by GOD. we went in last night to try to get your pictures. his didn't develop again. I let him rob ole aga Z again.
he is going to tell you boys that he needs 300.00 but he has got something coming wedsday or thursday that is going to hit him and lila for another 200.00 or so. if you boys will handle it for him I will throw in my 30 ounce one and if you will give him another 500.00 about the 13th or 14th of next month I will send over five more tuesday evening to comer it.
what that is for is his good gal lila has had a trip planned to florida on the 17th and it is important to her job. its a big nurse conferance but she has togo on her own hook and she wants R to go to. will you boys do it ?
these 30 ounce ones did not come from your cave. they are mine. I will put them in to sweeten the pot. you guys are doing good by sticking with R and there is no way your going to be able to lose. like R says. if we hang to gather, how in the name of goose grease are we going to lose the battle. I'll tell you this for sure. we ain't going to lose. your doing real fine. try to keep at it for just a little bit more. I think you will see a big improvement in R money line by the end of feb.

(88)

bye-bye for now

Georg Neff

FRANK McCLOSKEY
8TH DISTRICT, INDIANA

100TH CONGRESS

ARMED SERVICES COMMITTEE
SUBCOMMITTEES:
RESEARCH AND DEVELOPMENT
INVESTIGATIONS

POST OFFICE AND CIVIL SERVICE COMMITTEE
SUBCOMMITTEES:
CHAIRMAN, POSTAL PERSONNEL AND MODERNIZATION
HUMAN RESOURCES

Congress of the United States
House of Representatives
Washington, DC 20515

WASHINGTON OFFICE
127 CANNON BUILDING
WASHINGTON, DC 20515
202-225-4636

DISTRICT OFFICES
501 S MADISON
BLOOMINGTON IN 47401
812-334-1111

FEDERAL BUILDING, ROOM 1
101 NW SEVENTH STREET
EVANSVILLE, IN 47708
812-465-6484

10 N E 4TH STREET
WASHINGTON, IN 47501
812-254-8648

March 31, 1989

Mr. John A. Ward
Archaeological Recovery Exchange
819 N. Fourth Street
Vincennes, IN 47591

Dear Mr. Ward:

Thank you for contacting my office concerning your questions about gold.

My office has been in contact with the U.S. Department of the Treasury concerning your questions. In regards to your questions, Mr. Michael Iacangelo, contracting officer, Fort Knox, KY is only a storage place for gold. The U.S. Mint in Washington, D.C. buys gold directly. Correspondence is used to form a relationship between the two parties involved. A great deal of information is needed to actually sell the gold, according to Mr. Iacangelo.

For further information about the possible sale, please contact : Mr. Michael Iacangelo, Contracting Officer, U.S. Mint, 633 Third St., N.W., Washington, D.C. 20220.

Again, thank you for contacting my office. If I can be of further assistance, please do not hesitate to contact me.

Sincerely,

Frank McCloskey

Frank McCloskey
Member of Congress

FM:rgc

BILL OF SALE

On this date, July 25, 1994, The remaining artifacts recovered from Burrows Cave are sold to Joseph Mahan of the Institute For Study Of Ancient American Cultures for the sum of seven thousand dollars ($7,000.00). Be it known also that I, Russell E. Burrows, being the sole owner of those artifacts have the authority to sell them. This sale includes those artifacts in my care as well as those which may be recovered in the future.

Seller:
Russell E. Burrows Russell E Burrows

Buyer:
Joseph Mahan Joseph B. Mahan

Transaction approved by:

George Neff George Neff

Illinois Historic Preservation Agency

Old State Capitol • Springfield, Illinois 62701 • (217) 782-4836

October 19, 1992

Ms. Lois D. Benedict
Director for Historical Research
The American Institute for Archaeological Research, Inc.

Dear Ms. Benedict:

Your request for information on "Burrows Cave" which is reputed to be located in southern Illinois and contain numerous non-Indian artifacts and burials is one of several I have received over the past year. Apparently this site is receiving wide-spread attention outside Illinois' borders, however, as far as I have been able to determine the individuals involved in this project have made no attempt to contact any members of the state's professional archaeological organization nor has there been any contact with this office with the exception of several telephone calls during the last year from Mr. Russell Burrows. Mr. Burrows briefly informed me of the possible existence of Burrows Cave, intimating that he had little involvement with it, and requesting information on the state burial law. I explained the law and the permitting process to him and sent him copies of these materials. Several months later we had virtually an identical conversation and I again sent him the materials. The essence of our conversations was that the state law was designed to create an orderly process for the treatment of graves that were not in designated cemeteries. All the excavations must be carried out by a professional archaeologist, using approved professional standards, and, unless claimed by appropriate related groups. the skeletal material and associated grave artifacts are deposited in the Illinois State Museum. No one has ever submitted an permit application to this office for Burrows Cave.

It should also be noted that failure to report the disturbance of protected graves as well as the actual disturbance of such graves are both criminal offenses. Consequently, if any activities were being carried out at Burrows Cave that disturbed human graves they would be in violation of the Act. It is my present opinion that there is little evidence to support either the existence of any protected burials and/or associated artifacts at a location known as Burrows Cave. Should evidence be produced to indicated the illegal disturbance of protected burials is occurring our Agency would notify the local law enforcement authorities and pursue prosecution of those involved.

It has been my experience that if such a site was present in southern Illinois it would have come to the attention of the local populace, the artifact collecting community, and other interested individuals. It would be virtually impossible to keep such a find secret and the cave location unknown. Yet none of our traditional information sources are aware of this cave except through the public comments of Mr. Burrows.

Sincerely,

Thomas E. Emerson
Chief Archaeologist
(217) 785-4997

1 8

Printed on Recycled Paper

copy of memo sent to G N printed on my stationery.

Att: G. N.: Memo #1
From: Warren L. Cook, D. Litt., Ph.D., Fellow of the Epigraphic Society
Prof. of History & Anthropology
Castleton State College
Castleton, Vermont 05735

Home phone: 802-468-2200
Best mailing address: Box 344, Castleton, VT 05735
Dated: Castleton, VT, July 3, 1987

Greetings, George.

I list all the above, not to be stuffy, but to provide you with the basic data on how to reach me, in this first of what may become many memos. My home is at 9 South St., within a block of the CSC campus, but I use a post office box to avoid loss of mail at a conventional mailbox out along the street. I list no College phone, because in my retired status I am seldom there, except two afternoons a week, Fall semesters only, when I teach a specialized course titled "Ancient Vermont", which might be better titled "Ancient America".

A number of other facts about me are worth stating at this point, so that you will be better able to judge what my response to personal opportunities arising from the Burrows Cave Project would be. I retired this past May as fulltime Professor, and the word is that at an August/87 Board of Trustees meeting I can expect to be named Professor Emeritus--a singular honor. I have been offered, thereafter, the opportunity to continue teaching that one course, as Adjunct Professor, for as long as I wish to do so, and my body and mind make feasible. I have formally given my word that I will teach that course this coming Fall, and twenty students have already registered for it.

I was born July 29, 1925, and on this upcoming birthday will be sixty-three. I had polio at a year and a half, which caused a spinal curvature that has never been an impediment, until the last couple of years, when it may be a factor in my present shortness of breath, but i feel that the latter is more likely aggravated by an asthmatic reaction to housedust and cat dander.

I have been divorced since 1980(after 17 years of marriage). My twenty-three year old daughter and her two cats presently live with me. Susan is about to graduate from Castleton State, with a double major in Psychology and Criminal Justice. She wishes to enroll in a Graduate School whose Psychology department offers the specialty of studying the use of animals as pets in the treatment of human problems(autism, senility, pyscho-pathology, etc.). Such a graduate program is not available within commuting distance of Castleton. Wherever she goes, her purebred Arabian horse and cats would be taken with her. She is presently employed, full time, by Rutland County Mental Health, as Psychological Consultant to three half-way houses in Rutland, with about twenty five residents, of both sexes, all ages, and various pathologies. Her working schedule permits her to complete her degree course requirements for the double major by taking two-hour courses, 8 to 10 AM, all this summer. My first responsibility in life is to be supportive of her needs, but not to the extent of her becoming over dependent on my help to the point of weakening her character. As you doubtless know, this is the most difficult challenge that all parents face. What stymies us right now is that neither she nor I have figured out how to finance her graduate study without loans and grants, and she doesn't even know yet where she wants to go. Such programs exist at universities in the following states, for starters: MN, PA, WA. She is actively seeking others.

As you may already know, I am an internationally known ethnohistorian, with one foot in history and the other in anthropology, and hold a *Doctorado en Letras* (i. e. D. Litt.) from the oldest university in America(the Universidad Nacional Mayor de San Marcos, Lima, Peru). I also obtained an M.A. and Ph.D. from Yale University, where my doctoral disseration eventually resulted in *Flood Tide of Empire, Spain and the Pacific Northwest, 1543-1819* (Yale University Press, 1973), which was nominated for the Pulitzer Prize and won the Herbert Eugene Bolton Prize for the best book of that year in Latin American history.

I am multilingual--in decreasing order of competence able to speak English, Spanish, Portuguese, French and German. I also read Italian. My special area of interest, since 1945, has been Ancient Andean Cultural History, and in particular religion. Since 1958 I have become renowned as an authority on the Spanish in the Far West. In 1975 I began to accumulate research data that has resulted in my becoming one of the only two anthropologists in America doing serious research on the Bigfoot/sasquatch phenomenon. Then in 1975 I met Barry Fell and became coordinator in Vermont for research into the significance of the Green Mountain state's great stone slab structures, inscriptions and carved stones in sexually suggestive shapes. The common denominator of all my research has been to pursue the significance of clues that don't fit into the textbook explanations of reality. For twenty-eight years at CSC I have seen my primary function as a teacher to demonstrate to my students, by example, how important it is to challenge the "experts" when their pontifications don't account for all the known facts. My proudest accomplishment, in my life thus far, is the feedback testifying to the fact that I have been able to transmit this sceptical approach to thousands of Castleton students, who have gone on to plant this same attitude in other places, in many disciplines. I see myself as a Colombo in rumpled raincoat, the ethnohistorian as detective. What really happened? Why did people do what they seem to have done? What are the real reasons for cultural change?

In 1976 I met Warren W. Dexter, an accomplished photographer of Rutland, Vermont, whose talents thereafter have made me look at things graphically, rather than primarily linear, as my academic background had conditioned me--a previous overdependence on less-evocative and less faithful linear words. Mr. Dexter, already retired at that point, put his entire services at my behest, at his own expense, out of enthusiasm for the subject. Since I hate to drive, and he enjoys it, he and I have been "side-kicks" ever since. He helped me organize a milestone conference on the subject of this state's anomalous stone mysteries at CSC in 1977, whose complete Proceedings were published as "*Ancient Vermont*" (Warren L. Cook, ed., Academy Books, Rutland, VT, 1978.). Mr. Dexter serves me as a sounding board for discussing new evidence and hypotheses, and we almost always arrive at a shared conclusion that is wiser than if just the product of a single mind. Our field trips have ranged throughout Vermont and New England, as well as to New Mexico, Indiana and Ohio, Ecuador, Peru, Spain, Portugal, Algeria, Tunisia, Crete and Greece. Because of my CSC teaching commitments and the expense, I was unable to accompany his photographic excursions investigating matters of our common interest but at his own expense, to Oklahoma, Colorado, Quebec, Alberta, Egypt, South Africa, Israel, Turkey and Ireland. He has made numerous epigraphic discoveries in his own right, authored *Ogam Consaine and Tifinag Alphabets: Ancient Uses* (Rutland, Vt., Academy Books, 1984), and lent his photographic talents to the research topics of many of the most prominent epigraphers in America. His collection of color negatives and positives of artifacts relating to Old World diffusion to the Americas is unquestionably the finest in the world. I have just examined positive prints of **all** the photos he has taken in the past two weeks, and they are superb!

As you will observe, I make constant, daily use of an Apple Macintosh Plus, with Hard Disk, in all my personal activities. It has become the favorite computer among scholars everywhere. It facilitates everything I do. It is an epigrapher's dream! In seconds I can switch to **exotic scripts**, or ancient hieroglyphs:

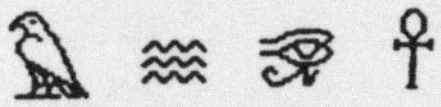 I can draw **anything** of which I can conceive a mental image. With my modem I can transmit any Mac-created writing or drawing anywhere in the world in seconds, by telephone, if the recipient also has a Mac and modem. This feature potentially can help overcome the obstacle of distance between Vermont, Indiana and Illinois.

As regards the Burrows Cave site and artifacts, let me list what I believe to be some certainties:

* The Burrows Cave carved and inscribed stones are not modern forgeries.

[My rationale, as stated 25 June 87 to Burrows/Cullen/Ward:]

"There is no doubt but what the many hundreds of stones would necessitate thousands of hours of skilled incising, by a veritable platoon of inscribers, all at home with a style of line, letter, and a cultural, mental and physical imagery foreign to modern forgers. With several notable exceptions, most are singular artistic compositions, not directly copiable from known illustrations of ancient relics. However, throughout there is a consistency of themes with little known artifacts that Mr. Dexter and I have seen in Ecuador, Spain, Portugal and North Africa from a time when Phoenician traders and their Libyan-Egyptian allies fanned out over the oceans seeking copper to make bronze, and were using a variety of alphabets. Some of them I perceive on these Wabash basin stones. They are often executed with great beauty, and in my opinion skilled epigraphers--of which there are very few in America--will eventually extract meaningful translations from many of them. Forging them would be virtually impossible, even for a specialist."

* There is evidence that the inscriptions are found elsewhere in the region, besides Burrows Cave. Proof[from the same letter]:

> "Of special importance are the pipestems found recently near a Vincennes golf course, bearing comparable inscriptions, plainly seen in Mr. Dexter's close-up photographs, demonstrating that the people of the burial cave influenced the local inhabitants of the area."

* As I stated in the same letter of 25 June 87: "In my opinion, the Burrows Cave ranks as one of the most important discoveries ever made in North American archaeology."

  I feel that the Burrows Cave site and material is so abundant and epigraphically challenging that it merits being a focus of laborious study for me and others surely the rest of my scholarly life.

* Whatever my future relationship with the Burrows Cave project, I recommend as the first objective to be accomplished:

  Have Russell buy back from the McLains the stones which he sold them, before it becomes even more expensive to do so. If all of them cannot be reacquired, I would put a priority on the "Flip Stone", the one that Russell saw staring him in the face, the "Key Stone" in the cave's plugged entrance, and the marble tablets bearing bas-reliefs of men and women. These are essential to telling the overall story of the Cave-Tomb in any future museum. If the McLains insist on retaining some things, my impression is that artifacts under six inches would be of lesser importance, but I did not have a chance to examine any of the latter in their home, and were passed over as being inaccessible. There might be some of these smaller items that would provide clues to as yet unperceived questions. There is no doubt in my mind but what this cave has yielded, already, the richest treasure trove of unfamiliar artifactual material in the history of North American archaeology.

Russell Burrows has informed me of your interest in protecting and furthering study of the Burrows Cave site and artifactual material. I applaud your concern and willingness to do so. He will have communicated to you, already, some of my apprehension at the difficulties of getting a fair appraisal of this evidence from other scholars--archaeologists, historians, and even epigraphers!

Never before has so much artifactual material turned up in one site that so radically challenges the present paradigm--that is mindset--of ancient history. The reigning dogma in textbooks is that there was no substantive transoceanic contact or transfer of cultural or genetic material prior to the Vikings and Columbus. Virtually all scholars whose education has solely been in American universities were taught this was the case. Their almost unanimous response to material such as the Burrows Cave is yielding is: "It cannot be true, therefore it must be false, and therefore be either a misinterpretation or counterfeit."

The second task will be to win over to the positive those friends within the Epigraphic Society whose knowledge should be called into play to help translate the inscriptions on the Barrows Cave material and the Vincennes pipestems. Unfortunately--because no one of us had been in the cave, and at least one of the artifacts could have been copied from illustrations published in Barry Fell's works--on the basis of what I have ascertained to have been very few pictures, Barry "shot from the hip" and pronounced them fraudulent, rejecting therefore all the rest, sight unseen. Therefore many of our friends in the network cautioned us, at a conference in Connecticut on June 5-6, against even coming to Vincennes.

Fell is truly a genius, insofar as his knowledge of ancient scripts, and ability to extract translations. But he is as fallible as the rest of us in many other areas. Intent upon thrusting forward on whatever avenue of evidence that he is following at the moment, he is besieged by letters by the score, daily, demanding his attention elsewhere. Naturally he has to be jealous of his time. Whether Gloria Farley or Barry was first to brand as modern forgeries the Vincennes Elephant plaque and Chief Ras inscriptions is beside the point. The allegation freed Barry from spending any time examining John Ward's collection.

Numerous Epigraphic Society members had questioned the existence of readable inscriptions on the stones Jack displayed at the Georgia Conference several years ago, and portrayed in his *Ancient Archives Among the Cornstalks*. I have told Jack that I feel uncomfortable, myself, at the low intensity of the signals(i.e. legibility) of the grooves upon those initial artifacts, even though I concede that he is correct in asserting that they bear inscriptions. The multitude of artifacts extracted from the Burrows Cave are obviously of a much higher level of intensity as to signal, and promise a greater chance of being decipherable.

Virginia Hourigan's pictures raised interest in many quarters, but when Jim Whitall's effort to visit the cave came to nought, that disposed many of my friends in the Epigraphic Society to become negatively inclined. At that point, the only person retaining confidence in the Burrows Cave artifacts was Virginia. Mr. Dexter and I were not present at the Early Sites Research Society meeting where she showed her Vincennes slides, but eventually they were sent for my study. I was awestruck! Mr. Dexter and I had seen so many comparable--but not identical--artifacts in Ecuador, Iberia and North Africa, that were as yet unpublished, so those from Illinois could not be counterfeit copies. So, disregarding our friends' warnings, we decided to come to see Jack's collection, first hand.

I am gratified that you would consider making me Project Director. The terms expressed to me by Mr. Burrows as representing your offer, I find quite acceptable. I was particularly pleased to hear of your concern at providing an opportunity to train young men and women of less advantaged background with the skills to investigate such matters, preparing them to become the future teachers--archaeologists, epigraphers, historians, photographers, archivists and museum curators--to educate succssive genertions about the new paradigm or perspective of history of the past that these artifacts are disclosing.

Mr. Burrows told me something of your vision of what you are interested in accomplishing, now that you are persuaded of the authenticity of the Cave artifacts. There are progressive levels of activity, and if I am to become Project Director, I need some indication of the extent of your intent, since successive levels imply greater expenditures. At present I perceive those levels as being the following, in descending level of immediacy, but increasing level of expense:

* Site protection. Build a protective fence around the entire area that Russell suspects may have additional cave tombs, and provide for some kind of vigilance against vandalism.
  Jack informed me, July 2, that this is already being done.
  I recommend that some kind of road be made so the site is more readily accessible to approved visitors and excavation.

* Site excavation. Contract with an open-minded Ph.D. in archaeology for a thorough dig of the cave.
  I consulted(July 3) with Dr. George Carter, Distinguished Professor Emeritus of Geography and Archaeology, Texas A. & M, author of *Earlier Than You Think*. dean of specialists in the study

of diffusion, and one of the founders of the Epigraphic Society. He has sufficient confidence in my past accomplishments to override Barry Fell's present attitude toward the Burrows Cave materials. What Carter finds most persuasive is the very volume of artifacts thus far extracted, which from my description, would be impossible to counterfiet. He made the following recommendations.

A committee of specialists should be contracted to do the dig. Finding the chief archaeologist he sees as posing the biggest problem, because most of them are so close-minded and biased against recognition of any evidence favoring transoceanic diffusion. Nevertheless he recommends one man, a distinguished archaeologist from the University of Illinois. Carter himself would be interested in being a member of said committee, and he recommended inclusion of a distinguished lady Ph.D. in linguistics (an acquaintance of mine) to take up the challenge of identifying and translating the various ancient scripts involved.

Warren W. Dexter and I are scheduled to show Dr. Carter our excellent photos of the Cave material, on July 20, at his summer home in South Brooksville, Maine. Since he is completely retired from Texas A & M, he welcomes the opportunity to become involved in this research, as well as the prospect of some income. His mind seems as active as ever, and he talked as if there were no physical impediments.

* Long-term site preservation It is impossible to predict how long the site excavation will take, or whether Russell will discover additional cave tombs--as the karst topography leads me to expect that extensive caves in the limestone are likely. As soon as possible, expert advice should be sought on how to shore up the cave roof against collapse in those areas where that seems a possibility, for the protection of excavators as well as subsequent visitors. It may eventually be feasible to open the cave or caves to guided tours, so safety is of prime concern.

* Burrows Cave Corporation So many short and long-term policy issues warrant the wisest decisions possible, that I suggest that governance on such issues be by vote of a Board of Directors, to the will of whom the Project Director is answerable, but who should be an *ex officio* and equal voting member of the Board.

* Burrows Cave Epigraphic Research Center It is my opinion that the cave contents warrant the creation of a museum devoted to their long term conservation and exhibition, in one place. Since permanent protection of the cave/caves is warranted, a strong case can be made for creation of the museum nearby, rather than in Indiana or somewhere else in Illinois. First of all, the same property owner controls the land immediately involved, and can envision and channel to a greater degree the economic and environmental impact of what ultimately may become a mecca for scientists and a tourist attraction, with associated facilities and residences.

If the on-site facilities for excavation(guard accomodations, restrooms, storage, etc.) are wisely planned from the outset, then an efficient, long-term design for exhibition, research and teaching objectives can be efficiently and effectively accompished.

For the present, it would seem advisable for me to honor my commitment at Castleton State College, and sustain my position within the Academic establishment, offering the one course this Fall Semester of 1987 on Ancient Vermont(actually Ancient America and Epigraphy.). If the aforementioned evolution of the Burrows Cave Epigraphic Research Center takes place, in 1988 I would begin residing there.

Ever since your offer, made through Russell Burrows, as to salary, housing and expenses, at some personal cost already I have been devoting almost every waking minute to furtherance of the foregoing objectives--as if I had been formally appointed Project Director. Therefore, if the present recommendations meet with your approval, I would expect that my remuneration should begin with this month of July, payable monthly, on the terms expressed by Russell as representing your offer. I would expect two months notice, from the Board of Directors, of termination of my appointment.

Sincerely,

Warren L. Cook

ERICH V[illegible]KEN

Los abajo firmantes, integrantes de la expedición a las cuevas descubiertas y denunciadas en el Ecuador por el Sr. Juan Moricz, nos comprometemos formalmente a no formular declaración alguna periodística, radiodifundida, televisada u otras de similar naturaleza, ni a publicar fotografía alguna relacionada con la expedición, sus incidencias, los objetos preciosos existentes en el interior de las cavernas, la ubicación geográfica del lugar descubierto, las teorías o hipótesis a que conduce el descubrimiento y en general respecto de todos los pormenores de la expedición. Toda declaración pública oficial a los organismos de difusión respecto del éxito, fracaso, consecuencias, resultados, objetivos, realizaciones y más detalles de la expedición deberá hacerla exclusivamente el descubridor Sr, Juan Moricz, Jefe único de la expedición, quien queda expresamente facultado por todos los firmantes para perseguir judicialmente a quien contraviniere el presente acuerdo, y para impedir la publicación o reproducción de toda fotorgrafía o declaración que se diere a publicidad contraviniendo las presentes disposiciones.

Unicamente el descubridor Sr. Juan Moricz, en ejercicio de sus derechos, podrá liberar de las obligaciones y limitaciones establecidas en el presente documento a cualquiera de los firmantes cuando lo juzgue conveniente.

En fé de lo cual firman el presente documento en Guayaquil a veintitrés de Julio de mil novecientos sesenta y nueve.-

[illegible] Juan Moricz

GASTON FERNÁNDEZ B

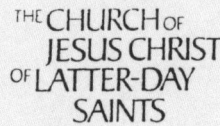

THE CHURCH OF
JESUS CHRIST
OF LATTER-DAY
SAINTS

HISTORICAL DEPARTMENT
MUSEUM OF CHURCH HISTORY AND ART
45 North West Temple Street
Salt Lake City, Utah 84150
Phone (801) 240-2299

June 14, 1993

Spedicato Emilio
Department of Mathematics
University of Bergamo
via Salvecchio 19,24110
Bergamo, ITALY

Dear Professor Spedicato:

I am sorry that I could not reach you before you left Salt Lake City in response to your question about the Michigan copper plates. I presume that you were interested in information about what we call the Savage-Soper collection, named after the two men who assembled it between 1907 and 1911--Daniel E. Soper and the Rev. James Savage, a Roman Catholic pastor, both of Detroit. Soper's portion of the collection was inherited by his son, Ellis C. Soper, from whom it went to Milton R. Hunter, a Latter-day Saint interested in the archaeology of ancient America, aboaut 1965. Upon Savage's death, a colleague retained the collection and donated it about 1930 to Notre Dame University and then in the 1960s it also came to Hunter. We obtained the collection by donation from Hunter's family.

The collection consists of pieces made of of slate of various shades, fired clay, copper, stone, and sandstone. The Savage collection includes 1,045 items, the Soper collection, 495 items. Most of the inscribed pieces are made of slate.

Some of the pieces are authentic period pieces, such as clay pipes. Most of the inscribed pieces are now considered to be fake. Dr. James E. Talmage, an LDS scholar and church leader, visited the site in 1907 and later subjected the pieces to scientific examination. Several American universities pronounced them fakes. The U.S. Geological Survey and Ohio State University determined that the copper was modern smelted copper from Arizona. Patina had been created by a thin acid bath. Tool marks were from a modern circular saw on the slate pieces and from a modern 1/64-inch tooth file on the copper pieces. Those who had found the pieces in the mounds had had the assistance of a Detroit sign painter and his son-in-law, a metal worker. Independent searching by Dr. Talmage in the mounds failed to find additional specimens. All of this evidence led Dr. Talmage to conclude that the pieces were modern fabrications. We support that conclusion.

I trust this information will answer your question. If I can be of further help, please let me know.

Sincerely,

Glen M. Leonard

BANCO CENTRAL DEL ECUADOR

COPIA

UCS-DRPC-021-98

Cuenca, 29 de enero de 1998

Señor
Luc Buergin
Basel
Suiza

Estimado Sr. Buerguin:

En referencia a la comunicación enviada por usted el 4 de enero del presente año, al Dr. Andrés Abad, Director Regional de Programas Culturales del Banco Central del Ecuador Sucursal Cuenca, al respecto debo manifestarle que:

- El Sr. Esteban Salazar ya no trabaja en el Banco; el Sr. José Maldonado es el Responsable de la Reserva de Arte, y el Sr. Patricio Sánchez de la Reserva Arqueológica.

- El Banco Central adquirió **ciertos** objetos de la colección del Padre Crespi en el año 1971. No se compraron todos, por cuanto en aquel entonces existía un Comité de Adquisiciones y una Comisión Técnica de Arte, y fueron ellos los que consideraron que no todas las piezas eran auténticas, que habían muchas réplicas.

- Dentro de las piezas que el Banco tiene almacenadas en sus Reservas de Arte y Arqueología, debo indicarle que las pinturas son réplicas de artistas de la Escuela Quiteña; y todos los objetos de cerámica son originales; y, estos son exhibidos periódicamente al público en el Museo del Banco, en diferentes temáticas.

- En lo que tiene relación con el material etnográfico, este se encuentra en la Comunidad de los Padres Salesianos de esta Ciudad, y su acceso no está permitido al público.

- La Comisión Técnica del Banco rechazó todo el material que estaba hecho en zinc, cobre y metal, porque consideraron que los grabados encontrados en estas láminas son réplicas de libros que el Padre Crespi mandaba a confeccionar con artesanos locales. Se ha encontrado como evidencia una cantidad de láminas trabajadas, que estaban elaboradas con restos de tanques de gasolina de vehículos.

BANCO CENTRAL DEL ECUADOR

UCS-DRPC-021-98
Página dos

Adicionalmente, adjunto le envío cuatro fotografías de los objetos que se encuentran en la Comunidad Salesiana.

Atentamente,

Ximena Lasso

Ximena Lasso Alvarez
UNIDAD COMUNICACIÓN SOCIAL

4 anexos

Thermoluminescence and Glozel

HUGH McKERRELL, VAGN MEJDAHL,
HENRI FRANÇOIS & GUY PORTAL

Nearly fifty years have elapsed since the name Glozel made headlines in the French press and divided the world into Glozelians and anti-Glozelians. After a long and intense controversy the anti-Glozelian view prevailed and Glozel became known as one of the classic archaeological fakes. But, as the authors of this article point out, the whole story has never been told: there were doubts mainly because the methods of investigation available at the time were insufficient for certainty in dating. Since then many new physical methods of dating have been developed and here the results of thermoluminescent dating of ceramics from Glozel are published and discussed. Between twenty and twenty-five objects have yielded dates of between 700 BC and AD 100. Hugh McKerrell is at the National Museum of Antiquities of Scotland, Edinburgh, Vagn Mejdahl is a member of the Danish Atomic Energy Commission at Risø, near Copenhagen, and Henri François and Guy Portal are at the Centre d'Études Nucléaire, Fontenay-aux-Roses, in France. These startling conclusions are bound to provoke much discussion (see Editorial comment, pp. 261–4).

The advance of new scientific methods, in particular the thermoluminescence technique for analysis of ceramic objects (Aitken and Fleming, 1972; Perlman *et al.*, 1972), have opened up new possibilities for investigation of the mysterious finds at Glozel. As a first contribution we describe in this article the thermoluminescence analysis of a number of typical Glozelian objects: inscribed clay tablets, face urns, sexual idols, small vessels (lamps) and *bobines*. Our results are in marked contrast with earlier assumptions of forgery: all objects investigated prove to be genuine and give a preliminary date within the period 700 BC–AD 100. The results indicate that Glozel may be more complex, but also more interesting, than has hitherto been assumed and seem to warrant a new, serious investigation.

The first Glozelian feature was discovered on 1 March 1924 by Émile Fradin. It was an oval hollow nearly 3 m. in length and 50 cm. in depth. The walls were made of stone with clay filling and the bottom was paved with 16 large tiles. The hollow showed signs of strong heating; the walls were covered in part by a thin layer of glass and on the bottom were pieces of ceramics also covered by glass. The hollow was later interpreted as a glass factory (Franchet, 1926) or a kiln (Morlet, 1969). This first discovery is of particular interest because it is generally accepted to be authentic while, on the other hand, the discoveries in and around the kiln seem to link it unquestionably with the finds as a whole.

In the following years A. Morlet, together with Fradin and many others, uncovered a large collection of strange objects. The most remarkable were the clay tablets (more than 60), densely covered with characters somewhat similar to the letters of the Phoenician alphabet. Other ceramic objects were: crude thick-walled urns with faces (called death masks), small vessels described as lamps, phallic and bisexual symbols, *bobines* and *fusaioles*. Many of these ceramic objects were rather badly fired. The finds further included: fragments of polished axes, tools of bone and schist (harpoons, fish-hooks, needles), and pebbles, bone and schist plates or rings with engravings or carvings of different animals, in particular deer,

Bull. Inst. r. Sci. nat. Belg. Bull. K. Belg. Inst. Nat. Wet.	45	4	Brux. 10.2.1969

NOTE PRELIMINAIRE SUR UN SPECIMEN CONSERVE DANS LA GLACE, D'UNE FORME ENCORE INCONNUE D'HOMINIDE VIVANT HOMO PONGOIDES (SP. SEU SUBSP. NOV.)

PAR

Bernard HEUVELMANS (Paris)

(Avec cinq planches hors texte)

Les circonstances dans lesquelles le présent spécimen a été examiné et étudié sont si particulières qu'il est indispensable de les mentionner ici.

Le samedi 14 décembre 1968, l'écrivain et journaliste scientifique Ivan T. SANDERSON, dont j'étais alors l'hôte dans le New Jersey (U.S.A.), à l'occasion d'un voyage d'études à travers l'Amérique du Nord, l'Amérique Centrale et l'Amérique du Sud, me proposa de l'accompagner dans le Middle West pour y examiner et éventuellement identifier le cadavre d'un être velu d'apparence humaine, inclus dans un bloc de glace. Cette pièce anatomique avait été exhibée depuis bien plus d'un an sur les champs de foire — le plus récemment à la S t o c k F a i r (Foire du Bétail) de Chicago — comme un homme ainsi conservé « depuis des siècles », ce qui suggérait au public sa nature « préhistorique ».

D'après l'informateur de SANDERSON, le bloc de glace, avec son inclusion, aurait été découvert par des pêcheurs au large du Kamtchatka ou, plus vaguement, dans la mer de Bering, mais serait parvenu en fin de compte à Hong-Kong, où son actuel propriétaire l'aurait acquis.

Sans me faire trop d'illusions sur l'importance possible de la pièce que nous allions voir, j'acceptai avec plaisir l'offre qui m'était faite. Depuis les quelque vingt années que je me suis spécialisé en Cryptozoologie (ou « Science des animaux cachés », à savoir la recherche et l'étude des espèces animales dont l'existence n'est pas encore officiellement reconnue par la Science, du fait de l'absence de pièces anatomiques), je me suis fait un devoir de toujours aller voir, dans la mesure de mes possi-

DÉCOUVERTE D'UN SINGE D'APPARENCE ANTHROPOÏDE EN AMÉRIQUE DU SUD.

Par le Docteur George MONTANDON.

(*Planches IV et V*).

La découverte que relatent ces lignes, si elle se confirme, ne sera pas sans conséquences dans le domaine zoo-anthropologique ; elle obligera à reviser certaines théories, elle soutiendra d'autres théories nouvelles [1].

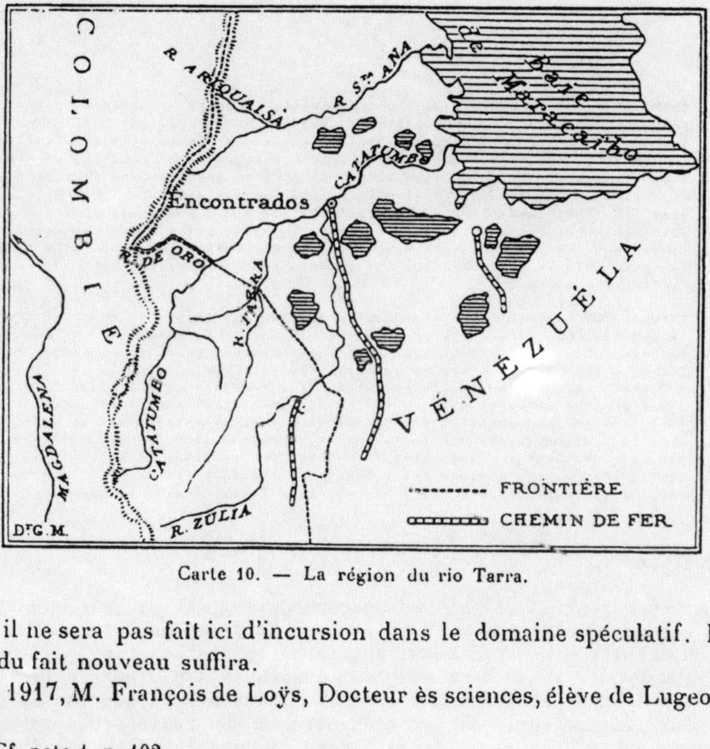

Carte 10. — La région du rio Tarra.

Mais il ne sera pas fait ici d'incursion dans le domaine spéculatif. L'exposé du fait nouveau suffira.

En 1917, M. François de Loÿs, Docteur ès sciences, élève de Lugeon, se

1. Cf. note 1, p. 192.

Chronologies in the Near East,
Aurenche O., Évin J. and Hours F. eds.
BAR International Series, 1987

RADIOCARBON CHRONOLOGY AND THE HISTORICAL CALENDAR IN EGYPT

HAAS Herbert,
DEVINE James,
WENKE Robert,
LEHNER Mark,
WOLFLI Willy
and BONANI Georg

ABSTRACT: The chronology of the Old Kingdom in Egypt has been reexamined with radiocarbon dating of 64 organic samples collected in 1984 from major documents in Giza and Saqqara. Small samples were dated with Accelerator Mass Spectrometry and large samples with liquid scintillation counting of benzene. The Sekhemkhet Pyramid dated oldest at 3097 BC and the Unas Pyramid youngest at 2719 BC. Historical reconstruction of documents and inscriptions assign the ages of 2645 and 2360 BC respectively for these monuments. The average age difference between the two chronologies is 374 years. Ten monuments were considered, radiocarbon ages were older in all cases. The range from oldest to youngest date is 368 years for the radiocarbon chronology and 285 for the historical calendar.

RÉSUMÉ: On réexamine la chronologie de l'ancien empire en Egypte à l'aide de 64 échantillons recueillis en 1984, en provenance de monuments de Ghizeh et Saqqara. Les petits échantillons ont été traités par l'accélérateur (AMS) et les plus gros par comptage en scintillation liquide (benzène). La date la plus ancienne obtenue pour la pyramide de Sekhemkhet est de 3097 BC et la plus jeune pour la pyramide d'Unas de 2719 BC. Les documents historiques et les inscriptions accordent à ces monuments des dates respectives de 2645 et 2360 ans. La différence moyenne entre les deux chronologies est de 374 ans. Dans les dix monuments considérés, les dates radiocarbone sont dans tous les cas plus anciennes. La moyenne entre les dates extrêmes est de 368 ans pour la chronologie radiocarbone et de 205 ans pour le calendrier historique.

Introduction

From the inception of the radiocarbon dating method there has been great interest in applying it to ancient Egyptian materials. The arid Egyptian climate preserved many artifacts suitable for radiocarbon dating, many of which were sampled in museums and other collections. Soon after initial applications of the radiocarbon method to Egyptian materials, significant disparities between the radiocarbon dates and well-established historical dates became apparent. But insufficient

КОМИТЕТ РОССИЙСКОЙ ФЕДЕРАЦИИ ПО
ГЕОЛОГИИ И ИСПОЛЬЗОВАНИЮ НЕДР «РОСКОМНЕДРА»

ЦЕНТРАЛЬНЫЙ
НАУЧНО-ИССЛЕДОВАТЕЛЬСКИЙ
ГЕОЛОГОРАЗВЕДОЧНЫЙ ИНСТИТУТ
ЦВЕТНЫХ И БЛАГОРОДНЫХ МЕТАЛЛОВ

ЦНИГРИ

МОСКВА, 113545,
ВАРШАВСКОЕ ШОССЕ, 129-б.
ТЕЛЕФОН: (095) 313-18-18
ТЕЛЕТАЙП: 114142 АДУЛЯР
ФАКС: (095) 315-27-01
Р/С 200620 в АБ Интерпрогрессбанк,
г. Москва, МФО 201508
К/С 402161100 ГРКЦ ГУ ЦБ РФ
МФО 201791

Международный информационный
центр УИ "МИЦУФИ"

29.11.96 № 18/1485

на № ____________ от ____________

Направляем Вам результаты лабораторных исследований Ш-образований из аллювиальных отложений р.Балбанью.

Ст.н.сотр. отдела
геологии,методов
поисков и экономики
россыпных месторож-
дений бл.металлов,
к.г-м.н.

[signature] Е.В.Матвеева

[Stamp: Комитет Российской Федерации по геологии и использованию недр • Центральный научно-исследов. геологоразвед. ин-т цветн. и благород. металлов]

Eine Bitte des Autors

Sind Ihnen weitere archäologische Kuriositäten bekannt? Oder beschäftigen auch Sie sich mit den ungelösten Rätseln und Geheimnissen dieser Welt? Dann schreiben Sie mir:

Luc Bürgin
c/o Herbig Verlag
Thomas-Wimmer-Ring 11
D-80539 München

Literaturverzeichnis und Quellennachweis

»Acambaro Revisited«, in: »The INFO Journal«, Nr. 2/1973
»Ältester Urmensch Asiens entdeckt«, in: »Basler Zeitung« vom 22. 11. 1995
»Alte Speere in der Braunkohle«, APA-Meldung vom 27. 2. 1997
Alvarez, Ximena Lasso: Brief an den Autor vom 29. 1. 1998
»Backscatter: Letters to the Editor«, in: »The Anomalist«, Nr. 5/1997
Bäsemann, Hinrich: »Neandertaler mit Geist und Kultur«, in: »Die Welt« vom 5. 8. 1995
Belting, Peter, Eenboom, Algund, und Lübbers, Conrad: »Antike Flugtechniken«, in: »Wissenschaft ohne Grenzen«, Nr. 1/1998
Bergier, Jacques: »Extraterrestrial Intervention«, Chicago 1974
Blinkhorn, Jorge E.: »Un verdadero mundo subterraneo en America«, in: »El Telegrafo« vom 28. 9. 1969
»Botschaft vom Unbekannten«, in: »Der Spiegel«, Nr. 12/1973
»Braten selbst erlegt«, in: »Der Spiegel«, Nr. 11/1997
Brinker, Helmut, und Goepper, Roger: »Kunstschätze aus China«, Zürich 1980
Brunés, Tons: »Rätsel der Urzeit«, Zug 1977
Bürgin, Luc: »Mondblitze – Unterdrückte Entdeckungen in Raumfahrt und Wissenschaft«, München 1994
–: »Irrtümer der Wissenschaft – Verkannte Genies, Erfinderpech und kapitale Fehlurteile«, München 1997
–: »Den heiligen Hain entdeckt«, in: »Basler Woche« vom 6. 3. 1998
Burrows, Russell: Briefe an den Autor vom 15. 9. 1997, 16. 9. 1997, 17. 9. 1997 und 9. 12. 1997
Burrows, Russell, und Rydholm, Fred: »The Mystery Cave of Many Faces«, Marquette 1992
Charroux, Robert: »Histoire inconnue des hommes«, Paris 1963
Chevalier, Remy: »I See Dots!«, in: »World Explorer«, Nr. 6/1995
Childress, David Hatcher: »Smithsoniangate«, in: »World Explorer«, Nr. 3/1993
–: »Are Dinosaurs Extinct?«, in: »World Explorer«, Nr. 4/1994

–: »Lake Monsters Still Survive«, in: »World Explorer«, Nr. 7/1996
Clottes, Jean, und Courtin, Jean: »Grotte Cosquer«, Sigmaringen 1995
Colani, Madeleine: »Mégalithes du Haut-Laos«, Paris 1935
Coleman, Loren, und Raynal, Michel: »De Loys's Photograph«, in: »The Anomalist«, Nr. 4/1996
Corliss, William R.: »Ancient Man: A Handbook of Puzzling Artifacts«, Glen Arm 1978
–: »Science Frontiers: Some Anomalies and Curiosities of Nature«, Glen Arm 1994
Cremo, Michael A., und Thompson, Richard L.: »Forbidden Archaeology«, San Diego 1993
Däniken, Erich von: »Aussaat und Kosmos«, Düsseldorf 1972
–: »Die Entlarvung der Entlarver«, in: »Ancient Skies«, Nr. 1/1985
–: »Zeichen für die Ewigkeit«, München 1997
–: »Das Erbe der Götter«, München 1997
»Das Weltphänomen Erich von Däniken«, Düsseldorf 1973
»Der Schatz im Quecksilbersee«, in: »Neue Zürcher Zeitung« vom 2. 12. 1997
Deyermenjian, Gregory: »Searching for Paititi: The Last Incan City«, in: »World Explorer«, Nr. 2/1992
–: »Expedition Report: The 1996 Pyramids of Paratoari/Pantiacolla Expedition«, Watertown 1996/1998
–: Brief an den Autor vom 5. 1. 1998
Dimakopoulou, Aikaterini: Brief an den Autor vom 16. 10. 1997
»Dinosaur Caught on Film?«, in: »Fortean Times«, Mai 1996
Drosnin, Michael: »Der Bibel-Code«, München 1997
Ercivan, Erdogan: »Das Sternentor der Pyramiden«, München 1997
»Erste Steinwerkzeuge menschlicher Vorfahren gefunden«, SDA-Meldung vom 27. 4. 1995
Ewe, Thorwald: »Neue Spuren von unseren Urahnen«, in: »Bild der Wissenschaft«, Nr. 11/1995
Fawcett, Percy H.: »Geheimnisse im brasilianischen Urwald«, Zürich 1953
Feder, Kenneth L.: »Frauds, Myths, and Mysteries: Science and Pseudoscience in Archaeology«, Mountain View 1990
Fiebag, Johannes: »Neue Entdeckungen in Bolivien und Peru«, in: »Ancient Skies«, Nr. 3/1995
–: Briefe an den Autor vom 14. 11. 1997 und 16. 11. 1997
Friend, Tim: »Ancient Hunters Traced in Amazon«, in: »USA Today« vom 19. 4. 1996

Gardner, Erle Stanley: »Acambaro Mystery«, in: »Desert Magazine«, Oktober 1969
Gheorghita, Florin: »Das Objekt von Aiud«, in: »Ancient Skies«, Nr. 3/1992
–: Briefe an den Autor vom 6. 11. 1993, 23. 11. 1993 und 20. 12. 1993
–: Leserbrief, in: »Magazin 2000«, Nr.5/1996
Groth, Klaus-Ulrich: Brief an den Autor vom 20. 10. 1997
Haas, Herbert (u. a.): »Radiocarbon Chronology and the Historical Calendar in Egypt«, in: »Chronologies in the Near East«, BAR International Series 379, Lyon 1987
Hall, E. T.: »The Glozel Affair«, in: »Nature«, Nr. 257/1975
Hansen, Evan: Briefe an den Autor vom 2. 12. 1997 und 2. 1. 1998
Hapgood, Charles H.: »Earths Shifting Crust«, London 1959
Harrington, Spencer: »Greek Gold Seized«, in: »Archaeology«, Nr. 1/1998
Hausdorf, Hartwig: »Neues von den ›High-Tech-Funden‹ aus Rußland«, in: »UFO-Kurier«, Nr. 37/1997
–: Brief an den Autor vom 14. 9. 1997
–: »Eiszeitliche Nanotechnik«, in: »Ancient Skies«, Nr. 2/1998
Hausdorf, Hartwig, und Krassa, Peter: »Satelliten der Götter«, München 1995
Hesemann, Michael: »Ich fand das Objekt von Aiud«, in: »Magazin 2000«, Nr. 108/1996
Heuvelmans, Bernard: »Note préliminaire sur un spécimen conservé dans la glace ...«, in: »Bulletin de l'Institut Royal des Sciences Naturelles de Belgique«, Nr. 4/1969
–: »L'homme de Néanderthal est toujours vivant«, Paris 1974
–: »Le grand serpent-de-mer«, Paris 1975
–: »Les derniers dragons d'Afrique«, Paris 1978
–: »Les bêtes humaines d'Afrique«, Paris 1980
Hitz, Hans-Rudolf: »Les inscriptions de Glozel: Essai de déchiffrement de l'écriture, Teil I.«, Ettingen/Basel 1997
–: »Les inscriptions de Glozel: Essai de déchiffrement de l'écriture, Teil II.«, Ettingen/Basel 1998
Homet, Marcel: »Söhne der Sonne«, Olten 1958
»Homo erectus baute Schiffe«, in: »Facts«, Nr. 11/1998
»Homo-Gattung älter als angenommen«, APA-Meldung vom 20. 11. 1996
Hubbard, Harry: Briefe an den Autor vom 22. 10. 1997, 23. 10. 1997, 27. 10. 1997, 6. 11. 1997, 7. 11. 1997, 13. 11. 1997, 17. 11. 1997, 21. 11. 1997, 23. 11. 1997, 19. 12. 1997 und 15. 1. 1998

»Inka und Vorläuferkulturen – Sammlung Carmen Oechsle«, Ausstellungskatalog, Zürich 1990
Irwine, Constance: »Kolumbus kam 2000 Jahre zu spät«, München 1968
Jean, Gérard: »Sur la piste de l'abominable homme des neiges«, in: »Anomalies«, Nr. 3/1997
Joseph, Frank: »The Lost Pyramids of Rock Lake«, St. Paul 1992
–: »Wisconsin's Drowned City of the Dead«, in: »Ancient American«, Nr. 14/1996
–: »Ancient Wonders of Japan«, in: »Ancient American«, Nr. 17/1997
–: »Underwater City Discovered in Japanese Waters!«, in: »Ancient American«, Nr. 17/1997
–: Briefe an den Autor vom 31. 8. 1997 und 6. 9. 1997
Juyou, Fu, und Songchang, Chen: »The Cultural Relics Unearthed from the Han Tombs at Mawangdui«, Changsha 1992
Kass, Robert E.: Brief an den Autor vom 15. 8. 1997
Katz, Moshe: »Computorah«, Jerusalem 1996
–: Brief an den Autor vom 19. 9. 1997
Kimura, Masaaki: »A Continent Lost in the Pacific Ocean«, Japan 1997
–: Brief an den Autor vom 14. 11. 1997
Kirchner, Gottfried: »Terra-X: Von Mallorca zum Ayers Rock«, München 1997
Kohlenberg, Karl F.: »Enträtselte Vorzeit«, München 1970
Koldewey, Robert: »Das wieder erstehende Babylon«, Leipzig 1913
–: »Das Ischtar-Tor in Babylon, nach den Ausgrabungen durch die deutsche Orient-Gesellschaft«, Leipzig 1918
Kolosimo, Peter: »Unbekanntes Universum«, Wiesbaden 1976
Kuckenburg, Martin: »Warum besiedelte der Mensch die Erde?«, in: »Universitas«, Nr. 1/1995
Langbein, Walter-Jörg: »Bevor die Sintflut kam«, München 1996
LeFevre, Don: Brief an den Autor vom 15. 12. 1997
Lee, Laura: »China's Secret Pyramids«, in: »Atlantis Rising«, Nr. 11/1997
Ley, Willy: »Drachen, Riesen«, Stuttgart 1953
Liris, Robert (u. a.): »Glozel – Les Graveurs du Silence«, Villars 1994
Loys, François de: »A Gap Filled in the Pedigree of Man?«, in: »The Illustrated London News« vom 15. 6. 1929
Matson, Dave E.: »How Good Are Those Young-earth Arguments?«, Pasadena 1994

May, Wayne: »Why a Special Report about the ›Mystery Cave‹?«, in: »Ancient American«, Nr. 16/1997
–: »Interview with Harry Hubbard, the Man in Search of a Lost Tomb«, in: »Ancient American«, Nr. 16/1997
McKerrell, Hugh (u. a.): »Thermoluminescence and Glozel«, in: »Antiquity«, Nr. 192/1974
Mehler, Stephen: »J. O. Kinnaman«, in: »World Explorer«, Nr. 7/1996
Menon, Shanti: »The New Americans«, in: »Discover«, Januar 1997
Mertz, Henriette: »The Mystic Symbol«, Gaithersburg 1986
Michalik, Marc: Brief an den Autor vom 4. 1. 1998
Miller, Marc, und Miller, Khryztian: »In Search of Loys' Giant Ape of South America«, in: »World Explorer«, Nr. 2/1992
Montandon, George: »Découverte d'un singe d'apparence anthropoïde en Amérique du Sud«, in: »Journal de la Société des Américanistes de Paris«, Nr. 21/1929
Nachtigall, Horst: »Die amerikanischen Megalithkulturen«, Berlin 1958
Napier, John: »Bigfoot«, London 1972
Nolane, Richard D.: »Sur les traces du Yéti«, 1993 (ohne Ortsangabe)
»Pekingmensch ist 100 000 Jahre älter«, APA-Meldung vom 2. 5. 1996
Pingel, Volker, und Song, Baoquan: »Über die Einsatzmöglichkeiten moderner Luftbildarchäologie«, in: »Rubin«, Nr. 1/1995
Prause, Gerhard: »Spuren der Geschichte«, München 1991
Preuschoft, Holger: »Müssen die Anfänge der Phylogenese der Hominiden revidiert werden?«, unveröffentlichtes Vortragsmanuskript, Bochum 1991
–: Brief an den Autor vom 29. 11. 1997
»Primitive Vorfahren des Menschen in China gefunden«, APA-Meldung vom 5. 4. 1996
Reinecke, Andreas: »Die ›Blumentöpfe‹ vom Tranh-Ninh-Plateau«, in: »Damals«, Nr. 2/1994
–: »Die Steingefäße in der Hochebene von Xieng Khoang in Laos«, in: »Das Altertum«, Vol. 40/1994
Riesman, David: »Glozel, a Mystery«, in: »Science«, Nr. 72/1930
Risi, Armin: »War die Vergangenheit des Menschen ganz anders, als heute gelehrt wird?«, in: »Magazin 2000«, Nr. 3/1997
Roosevelt, Anna: »Paleoindian Cave Dwellers in the Amazon«, in: »Science«, 19. 4. 1996
–: »Amazonian Indians: From Prehistory to the Present«, in: »American Anthropologist«, Nr. 1/1996

Rybnikar, Horatio: »Tomb Chronicles«, Melbourne 1996
–: »Pay no Attention to that Man behind the Curtain!«, in: »Ancient American«, Nr. 16/1997
–: »The Greatest Discovery in the History of Archaeology«, in: »Ancient American«, Nr. 16/1997
Sanderson, Ivan T.: »Investigating the Unexplained«, Englewood Cliffs 1972
Sarre, François de: »Krypto-Tier von einer prähistorischen Grotte«, in: »Magazin für Grenzwissenschaften«, Nr. 6/1993
Satinover, Jeffrey: »Cracking the Bible Code«, New York 1997
Schaffranke, Paul: »Why Alexander's Tomb Is in Illinois«, in: »Ancient American«, Nr. 16/1997
Scherz, James P.: Briefe an den Autor vom 24. 8. 1993 und 10. 9. 1997
Scherz, James P., und Burrows, Russell: »Rock Art Pieces from Burrows' Cave«, Marquette 1992
Schuster, Angela: »Secrecy Surrounds Search for Mysterious Maya City«, Archaeology Online News vom 27. Oktober 1997
Shuker, Karl P. N.: »Weltatlas der rätselhaften Phänomene«, Bindlach 1996
Siefer, Werner: »Ein Leonardo der Steinzeit«, in: »Focus«, Nr. 26/1995
»Spielten Neandertaler schon Flöte?«, in: »Basler Zeitung« vom 10. 4. 1996
»Splitter vom Ei«, in: »Der Spiegel«, Nr. 3/1995
Stöcklin, Stefan: »Das rätselhafte Ende der Neandertaler«, in: »Basler Zeitung« vom 5. 7. 1996
–: »Gesucht: Wie sah der Erfinder des ersten Werkzeugs aus?«, in: »Basler Zeitung« vom 5. 2. 1997
Thiermann, Ursula: »The Dots of Pantiacolla«, in: »South American Explorer«, Nr. 1/1977
–: »Dots Update«, in: »South American Explorer«, Nr. 2/1978
Tianchou, Fu: »Die unterirdische Tonarmee des Kaisers Qin Shi Huang«, Beijing 1988
Tierney, John T.: »Real Live Jurassic Park«, in »World Explorer«, Nr. 4/1994
–: »Pseudoscientific Attacks on Acamabaro Artifacts«, in »World Explorer«, Nr. 4/1994
–: »Acambaro Artifacts Validated«, in: »World Explorer«, Nr. 9/1997
Trento, Salvatore M.: »Field Guide to Mysterious Places of Eastern North America«, New York 1997
–: »Field Guide to Mysterious Places of the Pacific Coast«, New York 1997

»Update on the Egyptians of the Grand Canyon«, in: »World Explorer«, Nr. 5/1994
Uvarov, Valery: Brief an den Autor vom 25. 2. 1998
Vialou, Denis: Brief an den Autor vom 26. 2. 1998
Wälterlin, Urs: »Einblick in die Urzeit Australiens«, in: »Basler Zeitung« vom 23. 9. 1996
Wallace, William: »Pottery Puzzle«, in: »Fate«, Mai 1989
Wendt, Herbert: »Ich suchte Adam«, Hamm 1954
Whitcomb, Ben: »The Lost Pyramids of Rock Lake«, in: »Skin Diver«, Januar 1970
White, John, und Moseley, Beverley: »Burrows' Cave: Fraud or Find of the Century?«, in: »Ancient American«, Nr. 2/1993
Wild, Hermann: »Technologien von gestern: Chancen für morgen«, Bern 1996
Wilkins, Harold T.: »Mysteries of Ancient South America«, London 1946
Willis, Ronald J.: »The Coso Artifact«, in: »The INFO Journal«, Nr. 4/1969
–: »The Acambaro Figurines«, in: »The INFO Journal«, Nr. 2/1970
»Wir fanden die Wiege der Menschheit«, in: »La Plata Ruf«, Dezember 1969
Witztum, Doron, Rips, Eliyahu, und Rosenberg, Yoav: »Equidistant Letter Sequences in the Book of Genesis«, in: »Statistical Science«, Nr. 3/1994
Zillmer, Hans-Joachim: »Darwins Irrtum«, München 1998

Empfehlenswerte Zeitschriften

Folgende Fachzeitschriften berichten regelmäßig und in verständlicher Form über archäologische Rätsel und kuriose Funde:

»Ancient Skies«
Ancient Astronaut Society
CH-3803 Beatenberg

»Ancient American«
PO Box 370
Colfax
WI 54730
USA

»World Explorer«
403 Kemp Street
Kempton
Illinois 60946
USA

»The INFO Journal«
PO Box 367
Arlington
VA 22210-0367
USA

Register